Book Yourself Solid

一生、お客に困らない！
日本人の知らなかった
フリーエージェント起業術

独立開業で絶対に失敗しないための
頭のいい仕組みの作り方

マイケル・ポート
Michael Port

JN239004

DIRECT
PUBLISHING

BOOK YOURSELF SOLID
by Michael Port

Copyright ©2011 by Michael Port.
All Rights Reserved. This translation published under license.

Japanese translation rights arranged with
John Wiley & Sons International Rights, Inc.
through Japan UNI Agency,Inc., Tokyo

FOREWORD
成功する人の技術と精神が学べる1冊

　認めよう——**あなたは、ただ見込み客を顧客に替えるとか、口コミによって製品を宣伝するのではなく、一生の仕事がしたいと思っているはず**だ。能力を存分に発揮できずに過ごす毎日のあなたは、売れずに残った飛行機の席のようなものである。この本を手に取ったのは、自分はもっとうまくやれる、自分のビジネス感覚をもっと強力にすることができるとわかっているからだ。

　この本によって何が得られるか、それは**どれほど真剣に取り組むかにかかっている**。ザッと目を通してポイントを理解するだけではだめだ。時間をかけて練習問題を解いてみよう。数週間かけてこの本を読み進めよう。自分は学生で、クラスで一番になるために頑張っているつもりになろう。"なぜならあなたは一番だからだ"。来年のカレンダーを見て、予定が入っていな

いことに不満を感じたなら、この本をもう一度、もっとゆっくりと読んでみよう。

今この本を読む人（readers）は明日のリーダー（leaders）だ。あなたもきっとその1人だと思う。**ビジネス・オーナーの視点からこの本を読み、会社の文化を築くのにどんなアドバイスが必要か考えてみる**のだ。あなたの会社がどれほど成長するかは、誰にも予測できない。次のIBMを作り出すかもしれない。そのためには、ビジョンを未来に導く共通の価値観が必要になるだろう。

私はこの本の技術と精神に共感する。マイケルのアドバイスのほとんどが、次の2つの文章で表現される考え方から生まれている。

・感情的に魅力ある人になろう。
・返礼の法則に従って生きよう。

感情面で魅力的な人は人気があり、人気は人生を決定づける。確かにあなたには経験も職業倫理もあり、才能だってある。それなのに客足は遠のき、客がライバルに流れていくのを見ているだけだ。しかも、あなたは"自分がそのライバルよりも優れていることを知っている"。なぜなのだろう？　それは感情脳が論理脳の20倍以上も強力だからだ。顧客が欲しいのは、ただ単に質の高いコンサルティングや効果的なプロセスばかりではなく、素晴らしい経験である。顧客に対応する仕事の中の感情的な経験に注意を向けることは、自分自身を差別化し、人から人に伝えられていくブランドを作るための最も良い方法だろう。

本書『Book Yourself Solid（一生、お客に困らない！日本人の知らなかったフリーエージェント起業術）』には、どうすれば他の人々の役に立てるか、彼らとつながりを持つにはどうすればよいのかなど、他の人々の心にポジティブな感情を作り出す能力を高めるための実践的な方法がまとめられている。とりわけ本書には、ビジネスに一貫性のあるプロセスを構築することに関するアドバイスが書かれており、しかも"そのプロセスは顧客に非常に好

まれる"ものだ。

　種類を問わず、持続可能なビジネスを築くためには、返礼の法則を重視しなければならない。この法則は、ほとんどどんな場合でも人は自分が受けた恩恵に報いるものであり、活力や寛大さに対しては特にその傾向が強いということを前提としている。顧客があなたから付加価値を得れば、顧客はあなたとの関係に活力を添えてくれるだろう。顧客に（有形無形にかかわらず）十分なものを与えれば、転機が訪れ、顧客があなたに忠実になり、自分の影響力が及ぶ範囲であなたを売り込んでくれるようになるだろう。

　反対に、顧客から見てあなただけが得をするようなシナリオを作れば、ビジネスはただの繰り返しになる。仕事が来てそれを終えたら、再び自分で売り込みをするといったように。どんなビジネスでも、**勝利するには最後まで戦い抜かなければならない**。たとえあなたが『となりのサインフェルド』（訳注：米国で大人気だったテレビドラマ）に出てくるスープ・ナチ（訳注：偏屈な店主がいるスープ店）のような振る舞いをするエクセレント・プロバイダー（能力の高いプロバイダー）であっても、それは同じだ。

　返礼の法則に従ってビジネスを構築するか、しないか。おそらくその中間はない。欲ばかりを追求するのは強烈すぎるし、信念だけに頼るのでは不安定すぎる。本書は、いつでも顧客があなたにお返しをし、あなたの活躍を願いたくなるような一連の実践方法を指導する。

　この本を読み終えたとき、ある古いことわざを思い出した。言外の意味を深く考えさせられることわざだ。

"あなたの言ったことやしたことを忘れてしまったずっと後でも、人はあなたがどういう気分にさせてくれたかは覚えているだろう"。

——ティム・サンダース
『好かれる人は得をする！―仕事がぐんぐんうまくいく絶対法則』（ランダムハウス講談社）著者

謝辞

　謝辞の最初の行は、だいたいどの本でもこのようなものだ。本書への貢献に感謝の意を表したいすべての人をリストアップすれば、それだけで1冊の本になるだろう。自分で本を書いてみないと、この言葉がいかに正しいかを実感することはできない。
　だから、この本を形にしてくれた、そして私の人生と仕事を今日のように素晴らしいものにしてくれたすべての人々に……感謝したい。
　そして息子のジェイクに……君の善良さが私にエネルギーを与えてくれる。

AUTHOR'S NOTE
あなたの選択は正しい

> 天職をまっとうしなければ、人間の存在から輝きが失われる。
>
> オノレ・ド・バルザック

　2000年の初め、エンターテインメント企業のプログラミング担当副社長だった私は自分の仕事に全く満足しておらず、完全に幻滅していた。そこはまるで牢獄だった——長時間の仕事、反応を示さない同僚、仕事だけの人間関係。聞いたような話だって？　私はプロのビジネス・コーチ兼コンサルタント、すなわちサービスのプロとして新しいキャリアの道を歩み始めようと決意した。誰にも内緒で本を読み、研究し、調査し、コーチング・スキルを磨いて過ごした。計画をしっかり立ててから、アパートにある全部のカレンダーの、自分が解放される日付に大きな勝利のスマイルマークを描いた。辞表に署名し、封をして、いつでも提出できるようにした。ドアから駆け出して、自分が感じ考える通りに行動するのを抑えることはできなかった。

　おめでたいその日、ボーナスが入った封筒を受け取った私は銀行へと急

ぎ、小切手を換金し、胸を張って辞表を出した。その瞬間に感じた喜び、プライド、満足感はとてつもないものだった。軽やかな足どりで家に帰り、次の日目が覚めると、他人の役に立つビジネス・オーナーとしてのキャリアが始まった。

　しかし、長い間喜びに浸っていたわけではない。すぐに困った状況になったと気が付いたのだ。頭がおかしいと言われても仕方がないのだが、会社を興せば私は黙っていても顧客の方からやって来ると本気で思っていたのだ。私と会い、私を気に入って、私のサービスにお金を払ってくれるものと期待していた。ところが現実には、10セントの収入も生み出さない些細でせわしない用事をこなすだけ。私は家賃が非常に高いニューヨークのアパートをうなだれて歩き回り、おろおろし、自分を憐(あわ)れむしかなかった。

　半年間を絶望的な気持ちで過ごしたが、それが新たなステップに進むためのきっかけになった。私はうんざりしていた。限界だったのである。企業オーナーとしてのキャリアを、諦めるわけにはいかない。力を貸すべき運命にある人々を支え、ビジネスを成功させる機会を与えなければ。生まれたときから抱いていたこの気持ちが、最高潮に達した。

　ある底冷えする朝のことだった。お金に苦労しているというお寒い現実や、外の凍(い)てつく寒さについてくよくよ悩む代わりに、成功するため、そして支払いをするために来る日も来る日も16時間も働いた。より多くのリソースに触れ、顧客を引き付け、効果的なコミュニケーションを行い、サービスを売り、マーケティングをし、宣伝する方法について、入手できるすべてのものを調べた。何よりもまず、マーケティングと営業を意義のある精神的な追求に替えることで、マーケティングと営業を愛する方法を学びたいと思った。

　それが功を奏した。10カ月後、**私は対応しきれないほど多くの顧客からの予約でいっぱいになった**。けれども、私のビジネスにとって最も価値があったのは、お金に換わる小切手ではなかった。私が構築していた本当に重要なものは、**毎月ビジネスを推進させ、収入を上げるターンキー・システム**（訳注：鍵を回すだけで装置が稼働し、目的とする結果が得られるシステム）だった。自分の成功の秘訣を信頼できる数人の顧客に教えるようになると、

私は顧客が成功していくのを目の当たりにした。彼らの声には自信とプライドと、達成感が感じられた。彼らのビジネスは急成長を遂げたのだ！

　私の顧客はあらゆる種類のサービスのプロだが、彼らも予約で埋まるようになった。マッサージ・セラピスト、住宅ローン・ブローカー、会計士、セラピスト、鍼師、歯科医、美容室／スパの経営者、ブックキーパー、ウェブ／グラフィック・デザイナー、ビジネス・コンサルタント、カイロプラクター、プロのオーガナイザー（訳注：思考や空間を整理する、米国では一般的な職業。整理収納などのアドバイザー）、フィナンシャル・プランナー、バーチャル・アシスタント（訳注：離れたホームオフィスから事務サービスを提供する仕事）、医療提供者、保険ブローカー、弁護士、個人トレーナー、旅行代理店、写真家、理学療法士、ピラティス／ヨガのインストラクター、コーチ、不動産仲介業者、リフレクソロジスト、プロの販売員、自然療法医などが、抱えきれないほどの顧客を得るようになった。

　すぐに私は、人に伝えることができる完全に再現可能なシステムの設計に取り掛かった。それが「予約でいっぱいにしよう（Book Yourself Solid）」システム（訳注："Book Yourself Solid" は本書の原題でもあるが、特に本書の書名を表す場合を除き、本書中では直訳である「予約でいっぱいにしよう」を使っている。）であり、あなたがこれから手中に収めるシステムである。またこれは、ライブ・セミナーや「予約でいっぱいにしよう」集中コーチング・プログラムで、世界中の数千人というサービスのプロたちに教えてきたのと同じシステムだ。結果は強力である。

「予約でいっぱいにしよう」システムを採り入れた顧客の93％以上が、最初の1年以内に顧客の数を34％以上増やし、収益を42％以上増加させた。

　しかもこれは私がこの本を出す前の数字である。本書の原書『Book Yourself Solid（一生、お客に困らない！日本人の知らなかったフリーエージェント起業術）』は2006年4月に出版されると、Amazon.com のベストセラー・ランキングで2位になった。以降この本は、米国、英国、そしてカナダ中のプロのサービス提供者にとっていつまでも新鮮なリソースであり続けている。また、スペイン語、ベトナム語、ブルガリア語、ポーランド語、

インドネシア語、中国語、韓国語にも翻訳された。大学院レベルのビジネス・スクールのカリキュラムに含まれており、職能団体が推薦する書籍として宣伝され、例えば全米不動産業者協会は、本書『Book Yourself Solid（フリーエージェント起業術）』を「必読書」に指定していた。

　問題なのは、本はいったん出版されてしまうとそれで終わり、ということである。けれども、この数年の間に、スピーチやコーチング・プログラムを実行しながら、私はシステムの重要な部分に変更を加え、その他の部分を微調整し、新たに最新の資料を付け加えた。第2版の作成に入ったのである。第2版は、**「予約でいっぱいにしよう」システムの優れた部分はそのままに、必要不可欠な部分を明確化し、不要な箇所を削除して、知る必要の全くない内容を排除した**。価格設定に関する全く新たな章を設け、最新のソーシャル・メディア・マーケティングについての章も増やした。**新版はぐっと読みやすく、より迅速かつ効果的に理解することができ、より大きくより印象的で有益な結果をもたらす**はずだ。

　あなたが専門職の自営業者として成功することがいかに現実的か、今すぐにはっきりと理解してほしい。ダニエル・ピンク（『フリーエージェント社会の到来―「雇われない生き方」は何を変えるか』――『Monthly Labor Review（月刊労働レビュー）』誌1996年10月号で報告されたアン・E・ポルヴィカの研究「臨時雇用と代替雇用へ：選択できるか？」を引用して）によれば、「フルタイムの独立契約者は、同じ仕事をする被雇用者と比較して平均15％多く稼いでいる」。さらにダニエル・ピンクは、（エイクエント・パートナーズの調査に基づいて）「年収7万5,000ドル以上の個人所得がある独立した専門職は、会社員のおよそ2倍いる」ことを示している。事実、エイクエント・パートナーズの調査からは、米国人の4人に1人が現在独立した専門職に就いていることが明らかになっている。

　これは素晴らしいニュースではないか。**独立するというあなたの選択が正しいことが証明されている**のだ。しかし、さらに大きな視野で考えてみたい。可能性がもっと大きいとしたらどうだろう。**毎月1万ドルを稼いでいたら、人生がどう変わるかを想像**してみよう。月収が2万ドル、3万ドル、あるいは

4万ドルだったとしたら？　毎月10万ドルではどうだろう。驚くばかりの違いだ。個人的な経験から、そこから可能性の世界が開かれると言える。そして、あなたにもそれができる！　**「予約でいっぱいにしよう」システムは最大かつ最も有益な方法であなたを立ち上がらせ、世の中に送り出す**のだから。

　あなたは自分の仕事を宣伝し、手遅れになる前に自分の専門分野で頼りになる人材になるために必要なスキルを学ばなければならない。この本を2年後に読み始めてもらいたいとは思わない。今のあなたが得るにふさわしい報酬のすべてを手に入れてほしいのだ。

　ビジネスで期待する、あるいは望むようなレベルの成功にまだ到達していないのなら、あなたが起こさなければならないのは、たった1つの小さな変化だけだ。「予約でいっぱいにしよう」システムの真っただ中に飛び込もう。こうした1つの行動がきっかけで、月収や個人的な満足感を求めてあなたは全力疾走（歩くのではなく、走るのでもない、全力疾走だ！）するようになるだろう。そしてそれがビジネスを、人生を変える。自分で生み出すことができる自由、豊かさ、利益、そして喜びのすべてについて考えてみよう。「予約でいっぱいにしよう」システムがビジネスや人生を変えられることは間違いない。もちろん、これを活用するかどうかはあなた次第だ。

　あなたは仕事を愛している。優れた仕事をすることができる。あなたは他の人の役に立つために存在している。そしてあなたのサービスは群を抜いている。今こそ予約でいっぱいにするときである。

　利益を生み出す、意義のある、確実に予約でいっぱいの、あなたが望むだけ多くの顧客であふれかえるビジネスを展開するための方法を教えよう。顧客は、あなたが最高の仕事をする相手であり、あなたに活力とひらめきを与え、気前よくあなたに支払ってくれる。

　独立したビジネスを構築するときには、私が毎日感じているような高揚感をあなたにも感じてほしい。「予約でいっぱいにしよう」システムはあなたに刺激を与えるだけではなく、システムのおかげで自分の中にあるすべてのことを学び、学び直し、試し、磨きをかけることにしっかりと集中し続けることができるだろう。**成功の秘訣は、私たちが共に行う取り組みの中だけに**

あるのではない。あなたの中にあるのだ。本書はあなたの有能さを高めるのに役立つだろう。

　私たちは皆、互いに学び合いながら、同じ道を歩んでいる。全員が喜び、愛、成功、そして幸福を求めている。あなたには、自分が顧客の生活、自分自身、そして社会全体に大きな違いを生み出していると信じ続けてほしい。

　心から望むだけ多くの顧客を集めることに集中しよう。「予約でいっぱいにしよう」システムに、寛大で広い心を持って取り組んでもらいたい。頭をよぎる先入観は完全に取り除くか、少なくとも脇に置くこと。この強力なプロセスを、段階を追って明らかにしていこう。

　「予約でいっぱいにしよう」のやり方は、豊かさ、喜び、そして意義に満ちている。あなたの手を取ってこの道を進めることができるのは非常に光栄だ。あなたのように天賦の才、資質、およびスキルを基盤としてサービス業を構築したいと考える、これまで何千という専門職の役に立ってきたが、私にとってそれは喜びであり、幸運だった。彼らはあなたと同じように、天賦の才、資質、そしてスキルを基盤としてサービス業を構築したいと考えていた。そしてあなたも彼ら同様に、私に意欲と活力をくれる。なぜならあなたは他の人の役に立つためにひたむきに取り組んできたからだ。あなたは間もなく大躍進し、その大躍進はその信念、内なる強さ、そして自信によって維持され続けるだろう。

　たわいもない、真剣な、重要な、戦略的な、個人的な、あるいは専門的な質問が浮かんできたら、私に連絡してほしい。いつでもあなたからの連絡を待っている。私や私のチームに対して何か質問がある場合は、guestions@michaelport.com までメールをどうぞ。私でお役に立てることがあるなら、連絡してみてほしい。

　さあ、始めよう。予約でいっぱいの自分になるために！

大きな視点で考えよう
マイケル・ポート

PREFACE
「予約でいっぱい」になる簡単ステップ

　「予約でいっぱいにしよう」システムは、実践的な原則と精神的な原則の両方で裏付けられている。

　なぜ現在望むほど多くの顧客を得られていないのか、実践的な観点から見て2つの単純な理由があると考えられる。**より多くの顧客を引き付け、確保するために何をすればいいのかわかっていない。**あるいはすべきことはわかっているのだが、**それを実行していない**のである。

　「予約でいっぱいにしよう」システムは、**そうした問題の両方を解決する手助けをするために作られている。**対応できないほどたくさんの顧客から予約を受けるのに必要な情報を、すべてお教えしようと思う。情報の中には、戦略、テクニック、ヒントがある。何をすればいいかもうわかっていながら実行していない場合は、あなたを奮起させて行動に移させよう。そして、諦め

ることなく夢のビジネスを築く助けになろう。

　精神的な観点から見ると、**もし何か言いたいことがあるのなら、伝えたいメッセージがあるのなら、役に立ちたい人がいるのなら、世の中にはあなたがサービスするよう"運命づけられている"人がいる**はずだと私は思う。自分のターゲット市場に存在しているのだから、その人たちにサービスを提供する可能性もあるだろうというのではない。"運命"なのである。あなたが携わっているサービス業の分野は、そのような仕組みになっているのだ。今そのことがわからなくても、この本を読み終えて、「予約でいっぱいにしよう」システムに従い始めれば、理解できるようになるだろう。

　このシステムは４つの要素で構成されている。

1．あなたの基盤
2．信用と信頼の構築
3．簡潔な営業・完璧な価格設定
4．セルフ・プロモーション戦略

　まずはあなたのサービス・ビジネスの揺るぎない基盤を打ち立てることから始めよう。サービス業のプロとしてこの上ない成功を収めたいと真剣に考えているのなら、よりどころとなる確固たる基盤がなければならない。

　基盤があってこそ、信用と信頼を構築するための戦略を定め、実行する準備ができる。あなたはその分野の信頼できる専門家と見なされ、あなたがサービスを提供したいと思う人々から信用を得られるようになるだろう。あなたのサービスに、顧客が望む最適の価格を付けることができるようになり、効果的で最高に誠実な営業トークのやり方もわかるだろう。そうなれば、いやそうなって初めて、７つの中核的なセルフ・プロモーション戦略を実行することができ、結果として才能を基礎とするプロモーション戦略を活用して、あなたが提供する価値あるサービスの認知度を高められる。この戦略は、正真正銘、本物の戦略なのだ。

　活力と意欲を与えてくれる顧客であふれるサービス業を設計する一助とな

るために、本書には練習問題と予約でいっぱいにするための行動ステップが盛り込まれている。これらは、ビジネスをより大きな視野でとらえるのに役立つ。望むだけの多くの顧客にサービスを提供するまでの道筋を歩き終えるために必要な行動を、段階を踏んで、最後まで経験してもらう。

　この本を読むだけでも間違いなく大きな価値があるのだが、真の価値──そして成功──が得られるかどうかは、**練習問題を解き、概要を説明した「予約でいっぱいにしよう」行動ステップを実行することで、積極的に関わり、十分に参加するというあなたの決断にかかっている**。そうした行動をとることで、個人として成長しビジネスを発展させる進化の過程を開始し、自分ができると考える成功を実現できるようになるだろう。

　このシステムに従えば、あなたのためになるだろう。飛ばして読んだり、終わっていないのに先に進んだりしてはいけない──「予約でいっぱいにしよう」7つの中核的なセルフ・プロモーション戦略は、基盤、信頼の構築、価格設定、そして営業戦略の準備が整って初めて効果的に実行されるのだから。サービスのプロがマーケティングや営業を嫌いになる大きな理由の1つには、なくてはならないこれらの要素をしっかりと確立せずに売り込みしようとしていることがある。それでは、調理しない肉を食べるようなものである──嫌いになるのももっともだ。だから、いくら飛ばして先に進みたい気持ちに駆られても、どうかシステムに従って、プロセスが徐々に明らかになっていくのを確認してほしい。

　あなたのように多くの才能を持ち、やる気のあるサービスのプロがマーケティングや営業を避けるのは、マーケティングや営業のプロセスが押しつけがましく、自己中心的で、下品と紙一重だと考えるようになったからだ。こうした保守的な理論は、「予約でいっぱいにしよう」のやり方ではない。それは顧客を手っ取り早く獲得しようという典型的な考え方である。こうした思考に陥ったり、こうした存在になったりしては"絶対に"いけない。そうなってしまったら、豊かさと誠実さとは対照的な、欠乏と不名誉という考え方に則った経営をすることになる。

以下の質問を自らに問うてみよう。

- どうすれば、仕事の中で十分な自己表現をして、自分とサービスをする相手にとっての意義を生み出すことができるか？
- 自分が輝くために、自分が最も得意とし、才能がある分野でのみ仕事をするにはどうすればいいか？
- 自分が目的を持って築き、深めた人間関係はいくつあるか？
- 理想的な顧客にもっと耳を傾け、サービスを行うにはどうすればいいか？
- サービスの内容で人々をあっと言わせるにはどうすればいいか？
- 顧客に約束した以上のサービスを行うにはどうすればいいか？
- 他のサービスのプロと協力して、より豊かさを生み出すにはどうすればいいか？

　これらの質問を常に自らに問い続け、ビジネスの確固たる基盤を打ち立て、市場で信用と信頼を構築し、提供するサービスに価格をつけて販売する方法を学び、７つの核となるセルフ・プロモーション戦略を活用すれば、あなたはすぐに予約で埋まるようになるだろう。
　準備はいいだろうか？　では始めよう！

＊ Facebook、LinkedIn、Twitter、Youtube などは米国およびその他の国における商標および登録商標です。
＊本書に掲載したソフトウェアの情報、仕様、使い方などは変更される場合があります。

一生、お客に困らない！
日本人の知らなかったフリーエージェント起業術　目次
Book Yourself Solid

FOREWORD 成功する人の技術と精神が学べる１冊　ティム・サンダース ………… 001

AUTHOR'S NOTE あなたの選択は正しい ………………………………………… 005

PREFACE 「予約でいっぱい」になる簡単ステップ ………………………………… 011

PART1 あなたの基盤

CHAPTER1 入場制限ポリシー

価値のない顧客は捨て去るべし ………………………………………………… 026
入場制限は、顧客がいなくてもやるべきか ……………………………………… 028
顧客を切るのは、顧客にとってもいいこと ……………………………………… 029
老人と少年とロバの教訓 ………………………………………………………… 031
何を持っているかより、どんな人間か …………………………………………… 032
永遠に続くプロセス──顧客リストの整理 ……………………………………… 038

CHAPTER2 なぜ、あなたから買うのか

ステップ１：ターゲット市場を特定する …………………………………………… 040
ステップ２：市場には差し迫ったニーズと、切実な望みが存在する ……………… 050
ステップ３：顧客が得られる最大の結果を決定する ……………………………… 052
ステップ４：投資対象としてふさわしいことを証明する …………………………… 052

子供のように遊び、笑えばいい 057
クライアントはあなたの手助けを求めている 057

CHAPTER3 パーソナル・ブランドの構築

ブランディング――どんな存在として知られたいか 059
障害物を取り除かなければならない 062
"あなた"はただ１人の存在である 068
パーソナル・ブランドの３つの構成要素 071
"誰に何をするか"の主張 071
"なぜそれをするか"の主張 072
"キャッチフレーズ" 072
ローマは１日にしてならず 076

CHAPTER4 対話――仕事内容の伝え方

「対話」を構成する５つのパート 084
自然な「対話」をできるようにするには 090

PART2 信用と信頼の構築

CHAPTER5 自分を何者と位置付けるか

いかにして信頼を構築していくか 097
プロなら厳守しなければならないサービスの基準 099

第一人者になること、地位を確立すること	101
「そう、あなたはやらなければならない！」	102
どこから手をつけるべきか	103
自分をエキスパートと見なす	105
好かれやすさには、勝利に近づくパワーがある	107

CHAPTER6 営業サイクル

さりげない会話を信頼関係に替えていく	110
他人を友人に、友人を顧客に替える	111
人とのつながりを作る6つの重要なカギ	112
営業サイクルのプロセス	118
「招待される」のはみんな大好き	130
営業サイクルを活用し、顧客に無条件に尽くす	134

CHAPTER7 情報としての製品の力

あなたのサービスをパッケージ化する	136
製品を作るための5つのステップ	142
簡潔な3ステップで製品を発売する	148
トラフィックを集めるための事業協力	153
ビジネスの発展に不可欠なステップ	155

PART3 簡潔な営業・完璧な価格設定

CHAPTER8 完璧な価格設定

- 貧困思考を受け入れない　161
- 完璧な価格設定モデル　162
- いつ価格を下げるべきか　167
- では、いつ価格を上げたらいいか　172
- 価格設定についての規制に注意せよ　175

CHAPTER9 簡潔なる営業

- 窮屈な考え方を解き放つ　177
- 解決策と利益の観点から営業プロセスを見る　178
- 営業会話が"うまくいかない"理由　179
- 予約でいっぱいにするための中核システム　180
- 超シンプルな営業会話とは　181
- 営業のための4つの定型表現　182
- フォローアップする達人になる　183
- 典型的な営業と反対のことをやればいい　184

PART4 セルフ・プロモーション戦略

CHAPTER10 ネットワーキング戦略

- あのうんざりする「ネットワーキング」とは大違い　193
- 豊かさと愛のネットワーキングにシフトする　194
- ネットワーキング戦略のルール　196

ハートはあるか？	196
あなたが共有すべき"形のない資産"	197
ネットワーキングの機会	208
ネットワーキング・イベントですべきこと	210
ネットワーキング・イベントでしてはいけないこと	214
ソーシャル・メディアの将来性	215
ネットワーキングし続けることが重要だ	217
大切なのは、個々のテクニックよりも原則である	217

CHAPTER11 ダイレクト・アウトリーチ戦略

ダイレクト・アウトリーチで心掛けるべきこと	222
つながりたいなら、相手のことを知らなければならない	233
運命の鎖の輪は一度に1つずつ扱われねばならない	237
"社会的知性"が成功を確実なものにする	238
関係を築くべき20人のリスト	240
新たな段階：主張する	242
ダイレクト・アウトリーチ計画	245
終始一貫してやり続ける	245

CHAPTER12 系統的な紹介戦略

過去の紹介を分析する	247
紹介の機会を見出す	248
紹介プロセスを始める	248

CHAPTER13 連絡を取り続ける戦略

そのコンテンツは潜在顧客にとって有益か	261

製品およびサービスのオファー ……………………………………………… 263
連絡を取り続けるためのツール ……………………………………………… 265
連絡を取り続ける戦略を自動化する ………………………………………… 270

CHAPTER14 スピーチ戦略

スピーチ戦略におけるセルフ・プロモーション ……………………………… 275
他者によるプロモーション …………………………………………………… 279
あなたが接触する団体や組織の階層は ……………………………………… 280
聴衆の見つけ方 ……………………………………………………………… 284
スピーチの機会を得る ………………………………………………………… 285
プレゼンテーションの計画を立てる …………………………………………… 291
メッセージを伝える …………………………………………………………… 294
人前でスピーチをするのが得意でなかったら ………………………………… 296

CHAPTER15 ライティング戦略

書かないで済ませる方法もある ……………………………………………… 300
5つのライティング戦略 ……………………………………………………… 301
編集者に力を貸す …………………………………………………………… 319

CHAPTER16 ウェブ戦略

Section1 ウェブサイトをデザインする …………………………………… 324

ウェブサイトを持つ目的とメリット …………………………………………… 324
オンライン上で犯す最大の間違いとは ……………………………………… 326
コンテンツと組み立て──情報を分類する ………………………………… 327
ウェブサイトで戦略を活かすための基本 ……………………………………… 329
サービスのプロにも有効な10のフォーマット ………………………………… 332

ウェブ・デザイナーに期待できること ……………………………………………………… **338**

Section2 ウェブサイトに訪問者を呼ぶ ……………………………… **340**

9つのウェブ・トラフィック戦略 ……………………………………………………… **340**
潜在顧客をリピーターにする2つの原則 ……………………………………………… **354**

Section3 ソーシャル・メディア・
プラットフォームの構築 ……………………………… **358**

ソーシャル・メディア・サイトの活用法 ……………………………………………… **359**
Facebook──最大・最強のプラットフォーム ……………………………………… **360**
LinkedIn──ビジネス上のつながりを強化する ……………………………………… **371**
Twitter──「いま」と「つながり」を生かせる場 ……………………………………… **376**
オンライン・ビデオ──知名度を高める強力な機会 ………………………………… **384**
本気のソーシャル・メディア導入 ……………………………………………………… **396**

APPENDIX 最終的な考察 ……………………………………………………………… **399**

参考資料 ………………………………………………………………………………… **403**

PART1
あなたの基盤

予約でいっぱいにするためには、確かな基盤を持つことが必要になる。基盤作りの第一歩は、次のような行動だ。

- 理想的な顧客を選び、自分に意欲と活力を与えてくれる人々とだけ仕事ができるようにする。
- あなたが売るものを人々が買う理由を理解する。
- 独自のブランドを構築し、記憶に残るユニークな存在になる。
- ややこしい、あるいは面白味がないと思わせずに、あなたの仕事について話す。

PART1の過程では、よりどころとすべき土台を持つために、基盤を築くプロセスを順を追って説明していく。その基盤は、ビジネスの発展やマーケティング、そして——あえて付け加えるが——個人としての成長のすべてを支える、完璧に設計された構造をしている。というのも、自ら事業を起こすためには、サービス業の場合は特に、常に個人的な内省を行って精神的に成長していかなければならないからだ。

基盤を築くのは、パズルを組み立てるのに少し似ている。一度に1ピースずつ手に取って埋めていこう。完成させる頃には、予約でいっぱいにするための基盤ができあがっている。

CHAPTER1
入場制限ポリシー

> 誰にでも合わせようとして意見を変える人は、やがて自分がなくなっていく。
>
> ——レイモンド・ハル

　友人から、招待客限定の特別イベントに一緒に行こうと誘われたとしよう。到着してドアに近づくと、2本の輝く真鍮(しんちゅう)の棒の間に、入場制限のための赤いベルベットのロープが張られているのを見つけて驚く。きちんとした身なりの男があなたの名前を尋ね、招待者リストをチェックする。あなたの名前があることを確認すると、彼はにっこり微笑んでロープの一方を外し、あなたを通してパーティー会場に入れてくれる。スターになったような気分だ。

　あなたには、最も理想的、すなわち活力と意欲を与えてくれる顧客のみを許可する入場制限ポリシーがあるだろうか？　ないのなら、すぐにポリシーを作ろう。なぜかって？

　第一に、**大好きな顧客と仕事をするときは、心から仕事を楽しめる**からだ。

あらゆる瞬間を愛おしく思うだろう。仕事をしている時間のすべてを愛するとき、"最高の"仕事ができるだろう。それは予約でいっぱいにするためにはなくてはならないものである。

　第二に、**あなたの顧客は"あなた自身"**だからだ。顧客はあなたを表すものであり、あなたの延長でもある。10代の頃、付き合う友達について母親か父親に責められたときのことを覚えているだろうか。両親は、特定の友達があなたの評判を悪くするとか、悪い影響を与えるとか言ったのではないだろうか。若いときはずいぶんと不公平に感じたかもしれないが、人は付き合う仲間次第であるというのは真実だ。これをビジネスの必須条件にしよう。**顧客選びは、友人を選ぶのと同じくらい慎重に。**

　基盤を築く最初のステップは、理想とする顧客、すなわちあなたが最高の仕事をする個人または企業、活力と意欲を与えてくれる人または環境を選ぶことである。仕事相手として理想的な顧客と思われる個人または組織の、具体的な特徴を明らかにする手助けをしようと思う。その後、厳格な選別プロセスを策定して、より多くの理想的な顧客を見つける。また、今持っている理想に満たない顧客のリストを削除するのにも力を貸すつもりだ。

　開業した頃、私はお金のある顧客であれば誰の依頼でも引き受けていたが、やがて、顧客を選ぶとはどういうことかを考えるようになった。それは、自分にとって理想的な顧客のためにだけ仕事をする、ということである。

　そして、顧客を選択してよかったと思う。現在私は、理想的な顧客のための入場制限ポリシーに従っている。このポリシーによって生産性と幸福度は高まり、最高の仕事をすることができ、自分では抱えきれないほどの顧客や紹介を手に入れているのだ。あなたもそうなるだろう。

　最大の喜び、繁栄、豊かさを得るために、自分に最もふさわしい仕事をしているときや、意欲と活力を与えてくれる人たちと一緒にいるときの自分がどんな人間か考えてみよう。次に、理想的とは言えない顧客と仕事をしているときに感じるイライラや緊張、不安のすべてについて考えよう。あまり良いものではないだろう。

自分が理想とする顧客、仕事をしてお金をもらえるなんて信じられないと思えるような顧客を相手に仕事をして毎日を送れるなんて、素晴らしいじゃないか。どんな人と仕事がしたいかを明確にし、理想に満たないもので妥協したりしないと確信を持って決断すれば、その理想は絶対に叶う。理想の顧客を明らかにして決断すれば、後は単に今いるどの顧客が条件を満たすのか、理想の顧客をもっと獲得するためにはどうすればいいのかを把握するだけである。

価値のない顧客は捨て去るべし

　作家でありビジネスの権威でもあるトム・ピーターズに従って、さらに進んでいこう。『トム・ピーターズのサラリーマン大逆襲作戦（3）知能販のプロになれ！』の中でピーターズは、**価値のない顧客は捨てろ**と言っている。「顧客を捨てるだって!?」衝撃を受けたあなたが反論の声や悲鳴を上げるのが聞こえてくる。「これは顧客を獲得するための本だろう。捨てるためのものじゃない！」

　しかし、ピーターズが言っているのはあくまでも**"価値のない"顧客だ──すべての顧客ではない**。厳しいように思えるが、考えてみよう。価値のない顧客とは、関わるのが恐ろしい、あなたの生気を奪う、涙が出るほど退屈な、あなたをイライラさせる、あるいはもっとひどければ、愛情あふれる性格のあなたを、顧客──またはあなた自身──に肉体的に危害を及ぼしてやりたいとまで思わせる連中だ。

　価値のない顧客を捨てることなどできないと"考える"には、多くの理由があるのは十分承知しているし、はじめはとても怖いように思えることもわかっているが、一緒に頑張ろう。**この考えを受け入れて、これは愛情豊かな教師からの健全なアドバイスであり、予約でいっぱいにするための過程で必要なステップだと信じよう。**

　エネルギーをすり減らし、空虚な気持ちにさせる顧客（そういった意味で

は顧客に限らないが）を、なぜ抱えているのだろう。自分でビジネスを始めた最初の年、私は1週間で10名の顧客を切り捨てた。それは簡単ではなく、自分の信念が正しいと強く信じることが必要だったが、感情的そして金銭的な見返りには驚くべきものがあった。そして3カ月もしないうちに、切り捨てた10名を上回る16名の顧客を獲得したのである。利益を増やしただけではなく、私はそれまでにないほどの安らぎと落ち着きを感じるようになり、顧客と仕事をもっと楽しめるようになった。

「顧客でも友人でも、非常に素晴らしく、わくわくさせてくれる、超素敵で最高の人たちと仕事をしながら毎日を送るか、それとも私の生気を吸い取る顧客をどうにかこうにか我慢しながら仕事をし、不快で耐えがたい時間をまだ過ごすのか」と自分に尋ねたとき、私に選択の余地はなかった。一時の金銭的損失には、見返りが得られるだけの価値があるとわかっていたからだ。

1.1.1 練習問題 望まない顧客のタイプを明らかにするために、許容できない特徴や行動はどんなものかを考えてみよう。何に対してうんざりするか、何があったらやる気をなくすか。あなたとあなたのビジネスを守るための入場制限ロープを通るべきで"ない"のは、どんなタイプの人だろうか。

1.1.2 練習問題 では、今のあなたの顧客についてじっくりと厳しく検討していこう。自分に完全に正直になること。顧客リストの中で、作成したばかりの、あなたとあなたのビジネスを守るための入場制限ロープを通っては"いけない"人々のプロフィールに該当するのは誰か？

> **1.1.3 予約でいっぱいにするための行動ステップ** 前の練習問題で名前の挙がった、価値のない顧客を捨てよう。1人の顧客かもしれないし、全員を書き出すのにもう2ページ必要かもしれない（無理にでも安全地帯から抜け出してもらうと警告していただろうか？ もしまだだったら、今警告する）。心臓がドキドキしている？ 考えただけで胃がムカムカする？ 冷や汗が出てきた？ それとも、価値のない顧客を捨てていいと言われ、興奮して小躍りしているだろうか。両方の感覚を同時に味わっているかもしれない——それはごく普通の反応だ。

　予約でいっぱいにするための行動ステップは大胆な行動で、勇気が要る。だが、勇気とは恐れを知らないことではない。恐れを持ち、恐れを使って前に進み、強くなることを言う。しようと決めたことを実行するために恐怖を断ち切ったときに感じるプライドほど、報われる感情はない。一度に1歩ずつ進むのは簡単だとわかるだろう。リストにある価値のない顧客のうち、1人の名前だけを挙げることから始めよう。それをやり遂げたときに能力が高まったという感覚を感じられれば、その結果やる気が高まり、価値のない顧客が誰1人としていなくなるまで、顧客リストの整理を続けていくようになるだろう。

入場制限は、顧客がいなくてもやるべきか

　「でもマイケル、ビジネスを始めたばかりで、価値のない顧客はおろか、まだ顧客がいない場合はどうしたらいいんだ？」確かに、いいところに気が付いた。自分は幸運だと思おう！ **初日にもう入場制限ロープポリシーを作成できるのだから、この先価値のない顧客について心配する必要は絶対にない**はずだ。

　早速、あなたの入場制限ロープポリシーを作ろう。新しく事業を始めよう

としていて、この時点で検討すべき顧客が多くはない、あるいは全くいない場合は、練習問題に取り組んでいく中で、今または過去の同僚、友人、以前に雇ったサービス提供者のことまでを考えてみる。過去の経験を生かして、今後のための入場制限ロープポリシーを作ることができるだろう。あなたの意欲をかき立てたのは誰で、殴ってやりたくなったのは誰か。慎む。巻き戻す。忘れてならないのは、愛と優しさ。**愛と優しさだ。**

顧客を切るのは、顧客にとってもいいこと

　リストから顧客を削除するという考えに悩んでいるなら、それが自分のためであるのと同じくらいあなたの顧客の利益になるということを肝に銘じよう。虚しく疲れ果てていると感じている、あるいは顧客に苛立って顧客との関わりを恐れているとしたら、あなたはその顧客に対して最高とは程遠いレベルの仕事しかしていないし、そのことで苦しんでいるのはあなたと顧客の両方なのである。そうした顧客には、彼らに対し最高の仕事をすることができる、最高の仕事をするであろう誰か他の人を紹介する義理があるのだ。自分が最高の仕事を提供していない相手と仕事をしているとしたら、誠実ではない。

　前に話したように、**あなたの顧客は"あなた自身"**だ。顧客が世間であなたのことを他の人に話すとき、その顧客はあなたの代弁者なのである。

　あなたが相手にしたいのは誰だろう。価値のない顧客かそれとも理想的な顧客か。あなたとあなたのサービスにとても満足し、他の人にあなたについて話し、彼らのようなより理想的な顧客を紹介してくれる可能性の最も高い人たちも、理想の顧客である。あなたの周りをうろうろする、価値のない顧客の数が少なければ少ないほど、理想的な顧客を得る余地が広がり、より多くの紹介が得られるだろう。

　顧客は私にとっては家族のようなものだ。だから、難しいのはわかる。顧客との厳しい関係に頭を悩ませ、マイナスのエネルギーを感じる、張り詰め

た辛い時期を私も経験した。そうした関係に疲労困憊し、顧客に最高の価値を提供することができなかった。理想に届かない顧客を相手に、高い生産性で効率的に、首尾良く仕事をすることは、私にとっては不可能だった。

かつて私が使っていた庭師と、理想に満たない顧客だった"私自身"のエピソードをお教えしよう。さまざまな理由から、私と庭師はお互いに合わなかった。理由の1つは、私があまりにも頻繁に思いつきで芝生を刈るので、庭師のスタッフが来ても刈るものが何もなかったということだった。芝を刈ってもらう代わりに、家の他の用事を頼んだ。そうすることは筋が通っていると思っていたのだ。

いずれにしても、要するに彼と私の間には問題があった。彼は私が理想の顧客でないとわかっていながらも、それを言わずに私に合わせていたのだが、だんだん腹を立てるようになり、ついには爆発して愚かな行動に出たために、私は彼を辞めさせざるを得なくなった。おそらく、彼は価値のない顧客を捨てるのに良い気持ちではいられなかった、あるいはそんな考えが頭をよぎることすらもなかったのではないか。もちろん、価値のない顧客を切り捨てるのは、顧客の木を剪定するように簡単にはいかなかっただろう。それでももし彼が、状況を悪化させ、しまいにあんな悪い態度をとることがなかったら、彼にとって理想的と思われる他の顧客を紹介することができたかもしれない。彼が、理想に届かない顧客を手放すという予約でいっぱいにするための行動ステップを実行できなかったために、私たちはどちらも状況に不満を感じ、彼の評判を危険にさらすことになってしまった。

理想的でない顧客を相手に仕事をしていると、こういうことが起こる可能性がある。故意であろうとなかろうと、いつかは対立が生じる。そうした顧客にはイライラを感じるようになるからだ。彼らは彼らであなたが優れたサービスを提供していないと考えるだろうし、それは正しい。理想に満たない状況に居続けるのは、あなたのためにも顧客のためにもならない。私の庭師と同じ間違いをしないでほしい。間違ってしまえば、かつての顧客は世間の誰に対しても、あなたが仕事相手として最悪の人間だと言うだろう。

当然のことだが、**価値のない顧客が"悪い"わけではない。あなたにふさわしくないだけ**である。あなたにとって理想的でない顧客が、他の誰かにとって理想的だという可能性はある。

　だから、覚えておいてほしいのだが、顧客をお払い箱にする必要はない。顧客がよりふさわしい業者を見つけられるよう、力を貸さなければならないだけだ。あなたは機転が利き、そつがなく、愛情あふれる人のはずだ。適切な場合は、顧客にもっと適していると思われる同業者に紹介してみることだってできるかもしれない。

　できれば常に、シンプルに考えること。言ってみよう、「私はあなたにサービスを提供するのに最適な人間ではありません」「私たちは合わないと思います」。

　価値のない顧客を捨てるとき、常に好意的な反応が返ってくるだろうか？　おそらくそうではない。まずあなたの頭をよぎるのが、「世の中の誰にも、自分のことを悪く思ってほしくない」だとしたら、私も同じ気持ちだ。私だってみんなに好かれたい。けれども、充実した人生を送るためには難しいやり取りが必要だし、すべての人を喜ばすことは不可能だ。

　以下に挙げる寓話が示すように、試すのさえも無駄である。

老人と少年とロバの教訓

　老人と少年、そしてロバが街に向かっていた。少年がロバに乗り、老人がその横を歩いていると、通り過ぎる中に、年寄りが歩いて子供がロバに乗っているなんて恥ずかしいと言う人たちがいた。2人は批判がもっともかもしれないと考え、老人がロバに乗って少年が歩くことにした。

　しばらく進むと、通りすがりの人が「ひどいじゃないか！　あの男は子供を歩かせているぞ」と言うのを聞いたので、2人とも歩くことに決めた。

　するとすぐに誰かが、ちゃんとしたロバに乗れるのに歩くなんてバカじゃないかと言ったので、2人は一緒にロバに乗った。

今度はすれちがった人が、小さなロバに2人で乗るなんてロバがかわいそうだと言った。少年と老人はその通りだろうと言って、ロバを担ぐことにした。橋にさしかかったとき、2人はロバから手を離してしまい、ロバは川に落ちて溺れてしまった。

この話の教訓とは？ "すべての人を喜ばそうとすれば、元も子もなくなってしまう"かもしれない、ということだ。

要するに、**あなたは自分が共鳴する性質を人の中に探している**のだから、まだ獲得していない顧客についてただ考えるだけで終わってしまうのはよくない。あなたの入場制限ロープポリシーとは、理想的な顧客を取り込むための濾過システムだ。

ただし、ロープを緩めるかきつくするかは自由に選択することができる。最初の顧客を退けるように求めているわけでは（必ずしも）ない。あなたが何に直面しているのかはわかっている。ビジネスを始めるとき、より多くの顧客を相手に仕事ができるよう、入場制限ロープを少し緩くしておきたいと思うなら、そうすればいい。ただし、**VIPルームに入れるのはどんな人が理想的で、どんな人がそうでないのかを把握する**こと。いずれ予約でいっぱいになったときには、入場制限ロープを張って制限をより厳しくし、活力と意欲を与えてくれる、――そして最も大事なことだが――あなたが最高の仕事をすることができる顧客とだけ仕事ができるようにするはずだから。

何を持っているかより、どんな人間か

理想的な顧客を相手に仕事をするメリットは数多く、また意味がある。

- 最高の仕事をしようという純粋なエネルギーが生まれる。
- 元気が出て、心が動かされる。
- 顧客との結びつきが深まる。

- 成功したと感じ、自信が持てる。
- 仕事が重要なもので、人生を変えつつあることがわかる。
- あなたの不思議な力が現実になる。

私が理想とするのは、次のような資質を備えた顧客だ。

- 快活（明るさに満ち溢れ、素直にわくわくする）
- 立ち直りが早い（回復し続ける）
- 精神力が強い（恐怖に立ち向かう）
- 大きな視点で考える（プロジェクトが多くの人にメリットをもたらす）
- 価値重視（私や他の人たちとの関係から価値を得る）
- 生来の協調性がある（自らの解決策に貢献し、集中する）
- 対応が迅速（今日話したことを明日完了させている）
- ポジティブ（生まれながらに楽天的）

　あなたのリストは全く違っているかもしれない。特定のタイプの顧客としか仕事をしたくないと思っているかもしれない。信頼性、あるいは長期目標を重視しているかもしれない。どのくらいの頻度で共に仕事をしたか、共に取り組む仕事の数はいくつかが最優先事項の場合もあるだろう。顧客の経済状態も１つの要素かもしれないが、忘れてはいけない——それは多くの要素の１つにすぎないのだ。経済状態を第一に考えるサービスのプロの多くは、往々にして結局は理想に満たない顧客を相手に仕事をすることになってしまう。だから気を付けよう——**潜在顧客の経済状態は、多くの検討事項の１つでしかない**。注目してほしいのだが、私のリストは理想とする顧客の"資質"——**彼らが"何を持っているか"やどんな状況にあるかではなく、彼らが"どんな人間か"を第一に考えている**。

1.1.4 練習問題　理想とするのはどんな顧客かを明確にしよう。どんなタイプの人の近くにいたいか。彼らは何をするのが好きか。どんな話をするか。どんな人と交際しているか。どんな倫理基準に従っているか。どんな方法で学んでいるか。社会にどのように貢献しているか。にこやかで、社交的で、創造的か。あなたは人生においてどんな環境を築きたいか。あなたを守る入場制限ロープポリシーを通過するのは誰か。理想の顧客に持っていてほしい"資質、価値"または"性格"のリストを作成しよう。

1.1.5 練習問題　次に、現在の顧客基盤について見ていこう。関わることが一番楽しいのは誰か。会うのが楽しみなのは誰か。あなたに仕事を任せるのに気が進まないと感じている顧客は誰か。"お金をもらって仕事ができるなんて信じられないと思える顧客は誰か"。これまでに仕事をした顧客や人で、心から付き合いたいと思う人の名前を書き出そう。

1.1.6 練習問題　その人たちを頭の中にはっきりと思い描こう。彼らと仕事をするのが楽しい理由のトップ5を書き出してみよう。彼らと仕事をすることの何に魅力を感じるのか。

1.1.7 練習問題　ではもっと深めていこう。理想的な顧客としか仕事をしていないとしたら、あなたが"最高の"仕事をするために、顧客が絶対に備えて"いなければならない"資質とは何か。正直になって、人を締め出すのを気に病まないこと。利己的になろう。自分のことを考えよう。この練習問題に関しては、最高の中の最高の顧客とだけ仕事を

> する前提に立とう。勇気を持って大胆に。考えたり、思考にフィルターをかけたりせずに書き出そう。

　最後の2つのリストに、どんな違いがあっただろう。最初から核心を突いたかもしれない。正しい方向に向かっているかもしれない。あるいは完璧な顧客との仕事の機会をいくつか見出すかもしれない。
　理想的な顧客がどういう人かを把握し、明確にした資質の75%以上を持つ顧客だけを選択することで、もっと楽しめるようになり、より優れた結果を達成し、信じられないほどの喜びと充足感をビジネスで体験できるようになる。
　これはとても有益な方法だ。なぜなら仕事をしたいと心から願う理想の顧客を他にも見つけられるようになるからだ。人は自分があなたにとってどれほど大切な存在かを知ってうれしく思い、あなたが彼らのような人たちにも最高の仕事をしているとわかれば、あなたにますます仕事をお願いしたくなり、顧客の期待は高まる。
　これらの要件を検討し、**どうすればこれらをフィルターに変えることができるか**について考えてみよう。私の場合、自分は巨大な発電機のようなものだ。ガソリン（すなわちプロジェクトまたは顧客）を摂取すればするほど、生み出す力は大きくなる。しかし間違った種類の燃料を使えば、プッスンプッスンと音を立て始め、故障してしまう。人気のスポーツカーがディーゼル燃料で走ると想像してみよう——カッコイイものではない。間違った燃料を入れてしまったら、オープンカーにだってできない。システムが円滑にきちんと機能し続けるためには、どのエンジンにも濾過システムが必要だ。不完全な顧客を取り除く顧客選別システムを構築する必要があるのと同じように。
　私の顧客フィルターとは、次のようなものである。

・顧客と仕事をした後は活力が高まり、わくわくする。

- 私の顧客は率直なフィードバックを求めており、そればかりでなくフィードバックを得た後で対応策を講じる。
- 私の顧客には、一部の人をまごつかせ、驚かせるほどの信念がある。
- 私の顧客は犠牲者ではない。自らに責任を課し、他の人たちが良くなることを考えている。
- 私の顧客は、価値ある個人的な関係および職業上の関係を常に求め、育(はぐく)んでいる。
- 私の顧客は、他の人からの情報や協力的な取り組みに刺激を感じ、活力を得る。
- 私の顧客は逸話や興味深いスピーチを用いて、個人的な話を共有する。
- 私の顧客はやるべきことを先延ばしにしない。新たな機会には素早く反応する。
- 私の顧客は生来楽天的であり、不平不満を言わない。

1.1.8 練習問題 完璧な顧客に通過してほしいフィルターとは、どんなものか。

●中間層の顧客が起こしている変化

　価値のない顧客を排除したら、理想的な顧客を受け入れる余地が生まれるはずだ。「予約でいっぱいにしよう」システムを用いてますます多くの理想的な顧客を引き付ける際、あなたは前よりも幸せで、生き生きとして、活動的で、生産性が高まっている自分を見つけることになる。あなたは奮(ふる)い立つだろう。最高の自分と最高のサービスを顧客に提供し、その時間の一瞬一瞬が愛おしく感じられることだろう。

1.1.9 練習問題 3列の単純な表を書いてみよう。最初の列には「理想的な顧客」、次の列に「価値のない顧客」、3番目の列に「その他すべての人々」と表示する。次にあなたの顧客をこれら3つのグループに分ける。気持ちを抑えたり、誰かを対象から外したりしてはいけない。

あなたがサービスを提供する相手は、どうやら今の理想の顧客だけではないようだ。**あなたは中間層の顧客、つまり理想的でも価値がないわけでもない顧客の多くが変化を起こしている**ことに気付き始めるかもしれない。なぜか。価値のない顧客と仕事をしている間は、あなたは最高の仕事をしていなかったからだ。それが他の顧客に影響を及ぼさなかったと思うなら、考え直すべきである。価値のない顧客を手放した結果あなたが生み出す新たなエネルギーとより良い環境は、**あなたと中間層の顧客との関係を再び活気づかせ、彼らの多くを理想的な顧客に替える**可能性がとても高い。

1.1.10 練習問題 中間層の顧客を再び燃え立たせるためのあなた自身の考えを引き出そう。たとえうっかりしていたにせよ、あなたのやり方が、顧客の何人かが理想に届かない原因になった可能性はないか、よく考えてみることだ。新たに刺激を与えることができる、あるいは一緒にする仕事により大きな情熱を生じさせる方法はあるか。最初から、もっと明確に期待を設定し管理する必要はあるか。新しい方法で顧客の意欲をかき立てる、または刺激を与えることによって、あなたたちの間にあるエネルギーを豊かにすることはできるか。やってみよう——左脳の論理的思考は少しの間お休みにして、右脳の想像力を暴れさせるのだ。

「予約でいっぱいにしよう」の方法を採り入れることで、顧客との関係がどう変わり始めるか、注意深く観察しよう。中間層の顧客の中には、脱落する

人もいるかもしれないし、得点を増やし、理想的な顧客の範疇に適合するようになる顧客もいるかもしれない。

> 十分な自己表現をし、自分の価値や考え方を行動でしっかり示せば、あなたは自然と、仕事相手として最適な顧客を引き付け、彼らを自分自身に引き寄せることだろう。

永遠に続くプロセス──顧客リストの整理

　ここまでに取り組んできたプロセスは、あなたが定期的に行わなければならないものである。どんな関係も変化していくのは当たり前なのだから、**顧客リストの整理は永遠に続くプロセス**だ。今持っている理想的な顧客との良好で力強い関係は、いずれかの時点で壁にぶつかる可能性があるし、それぞれが別の道を行くようになるかもしれない。時間が経つにつれてプロセスに慣れていくだろう。このプロセスからは非常にたくさんの見返りが得られるので、努力する価値は十分にある。

　トム・ピーターズに総括してもらおう。「これはあなたの人生だ。あなたの顧客は"あなた自身"である。こうした判断を下すのは公平で理にかなっており、また必須なのだ。それを避けるのは誠実さに欠ける」。

　私はさらにもう1歩進めて、**そうすることはあなたができる最良で最も賢明なビジネスおよび人生の決断の1つである**、と言おう。あなたの成功と幸福のためにはどうしても必要なことだ。**定期的に顧客を整理すれば、いつの間にか仕事をするのが楽しい顧客で予約をいっぱいにできる**だろう。

CHAPTER2
なぜ、あなたから買うのか

> 何よりもまず、準備しておくことが成功の秘訣である。
>
> ――ヘンリー・フォード

　「予約でいっぱいにしよう」システムを構築するための次のステップでは、必要な段階を飛ばしているような、あるいは思い切った行動をとっているような気がすることだろう。いずれにしても、時間を費やす価値は十分にある。最も重要なのは、**プロセスに従うこと**だ。しっかり付いてきてほしい。予約でいっぱいにするために一緒に頑張っていこう。

　次の４つのステップに従えば、あなたの売るものを人々が買う理由をはっきりと理解しやすくなる。その点を理解することが、サービスに対する需要を絶え間なく生み出すためには欠かせない。

ステップ１：ターゲット市場を特定する
ステップ２：ターゲット市場の差し迫ったニーズと、切実な望みを理解する

ステップ3：顧客が得られる最大の結果を決定する
ステップ4：投資対象としてふさわしい機会がもたらす利益を明らかにし、証明する

ステップ1：ターゲット市場を特定する

　仕事をする相手に求める資質についてはすでに検討したので、今度は**ターゲット市場、すなわちサービスを提供する人または企業のグループを具体的に明確にしていこう**。例えば、あなたのターゲット市場は、ブリティッシュコロンビア州バンクーバーに住む高齢者かもしれない。あるいは、自分で在宅ネットワークビジネスを経営している母親の場合もあるだろうし、整形外科医かもしれない。**理想的な顧客は、あなたがサービスを提供しようと決めたターゲット市場に属する小グループである。**

　覚えていてほしいのだが、**理想的な顧客とはあなたに活力と意欲を与えてくれる人々**であり、**ターゲット市場とはあなたがサービスに最も情熱を注ぐ人口グループ**のことだ。理想の顧客を明らかにするのと同じように、正しいターゲット市場を特定することが重要である。

　また、**ターゲット市場とニッチの違いを理解する**のも大切である。ビジネスの構築をテーマにした研究を行ったり、それについて書かれた書籍を読んだりした経験があれば、どちらの言葉も耳にしたことがあるかもしれないし、ターゲットとニッチを区別しないで使っているのを聞いたことがあるかもしれない。しかし、「予約でいっぱいにしよう」システムでは、2つの用語は同じ意味では"ない"。これらには重要な違いがある。**ターゲット市場はあなたがサービスを提供する人のグループ**であり、**ニッチとはターゲット市場に対しあなたが専門に行うサービス**のことを言う。例えば、あなたと私はどちらも同じターゲット市場、すなわちサービスのプロに対しサービスを提供しているが、提供するサービスの内容は異なっている、とする。私は顧客の獲得を専門にし、あなたは顧客によるビジネス・システムの構築に力を

貸す、というケースが考えられる。ニッチについては第3章で扱うことにしよう。提供するサービスについて考える前に、ターゲット市場を明確にしなければならない。

　ターゲット市場の特定や選択はすでに行っている人も、このセクションを飛ばさないでほしい。サービスのプロが苦労しているのは、往々にして、十分に具体的なターゲット市場を選んでいないか、あるいはサービスの実行に情熱を感じられるかどうかではなく、**最も理屈にかなった見返りの大きな選択は何かを考えてターゲット市場を選んでいるから**なのだ。あなた自身が成功するために、たとえ必要ないと思ってもこのセクションを最後まで読むこと。信じてもらいたい。**ターゲット市場をとことん具体的に明らかにしなければ、またはあなたにとって適切なターゲット市場を選ばなければ、本書の他の部分は全く効果を発揮しない**だろう。それに、もしかするとあなたは自分が明らかにすることに目を見張る可能性だってある。

　ターゲット市場を選択する主な理由は3つだ。

1. あなたが提供しなければならないサービスを求めている潜在顧客をどこで見つけたらいいか、判断するのに役立つ。ターゲット市場を把握していれば、どこで集中的なマーケティングを行うべきか、魅力的で受け入れられやすいサービスとは何かを知ることができる。どの団体に働きかけたらいいか、どの雑誌に文書で連絡を取ればいいか、人脈を結ぶべき影響力のある人たちは誰かがわかる——潜在顧客がどこに集まっているのかがわかるのである。そうすれば、ほら！ どの市場に参入すべきかがわかる。

2. 事実上すべてのターゲット市場には、すでに何らかのコミュニケーション・ネットワークが構築されている。あなたの仕事をマーケティングするために、顧客にあなたのメッセージを広めてもらう必要がある。顧客の側でコミュニケーション・ネットワークがすでに設けられていれば、顧客同士があなたについて話すことも、マーケティング・メッセージを極めてより迅速に伝えることも可能だ。コミュニケー

ション・ネットワークとは何か。人々のグループによる意志の疎通を助けるために設定された環境、すなわち団体、ソーシャル・ネットワーキング・サイト、クラブ、各種出版物、イベントなどのことである。
3．最後に、ターゲット市場を選択することで、そこに属する人々に、あなたが彼らのために自分の一生の仕事に打ち込んできたとわかってもらうことができる。

> マーケティングおよび営業とは、人を丸め込んだり、強要したり、言いなりにさせてサービスを買わせようとすることではない。サービスを提供するよう運命づけられている相手──あなたのサービスをすでに必要とし、探し求めている人──の前に行き、サービスを提供することである。

　サービスを行う運命にある人たちに近づくためには、彼らをどこで見つけたらいいかを知る必要がある。だから、サービスを提供する極めて具体的なターゲット市場を明らかにすることが、あなたにとって不可欠なステップなのだ。

　すべての人のために何でもできる存在になりたいとどんなに思っても、それは不可能だ。たとえそうなれたとしても、あなた自身と顧客に害を及ぼすことになるだろう。**あなたのサービスを最も必要とし、あなたが提供しなければならないサービスから最大の利益を得られる顧客のためにだけ力を貸せるように市場を限定すれば、顧客に対してより優れたサービスを行え、より多くの時間、エネルギー、そして専門知識を提供することができる。**

　起業したばかり、あるいはビジネスを始めてしばらく経つがまだ予約で埋まるほどでない場合は、よりたくさんの人にマーケティングするほど、より多くの顧客を獲得できるという前提に立って、あらゆる人にマーケティングしたくなるのも無理はない。市場を限定してより多くの顧客を得る、というのは直感に反するように思われるかもしれないが、それこそが首尾良く予約でいっぱいにするためにしなければならないことなのだ。

市場を限定するのを、こんなふうに考えてみたらどうか。どちらがいいだろう——大きな池にいる小さな魚か、それとも小さな池の大きな魚か。ターゲット市場を具体的に特定していれば、多くの利益が上がる分野を自分で開拓するのはぐっと簡単だ。小さな池にいる大きな魚なら、他の池で泳いでみないかという誘いを、対応できないほどたくさん受けることになるだろう。

　サービス業を成長させる主要な方法は2つ。まずは、**1つのターゲット市場を選択し、時間をかけてその市場に新しい製品やサービスを追加し続けて**いくやり方である。例えば、ターゲット市場が健康に関する専門家で、あなたが現在ウェブ・デザイン・サービスを彼らに提供しているとしたら、ビジネスが成長するのに伴い、検索エンジン最適化サービスや、ペイパークリック広告（PPC広告）サービスの提供を始めることもできるだろう。

　2つ目の方法は、**1つのターゲット市場で予約を数多く受けられるようになったら、別の業種のターゲット市場で同じサービスをマーケティングし、販売し始める**ことだ。もし今ウッドフロア製造業者にサービスを提供しているとしたら、同じサービスをタイルフロアの製造業者に提供してもいいだろう。その市場で足場を固めたら、カーペット製造業者に焦点を移すこともできる。

　私の顧客の1人、マイク・バークレー氏はライセンスを持つ鍼医で、鍼と漢方薬を用いた男女の不妊治療を専門としている。バークレー医師の治療は有名で、常に予約はいっぱい。超過密スケジュールと言っていいほどなので、診察の予約がとれた人はラッキーだ。なぜかって？　もちろん腕が良いというのもあるが、バークレー医師が最も興味が持てる最高の仕事をすることができるターゲット市場を選択し、その結果潜在顧客が「彼なら自分の問題を解決してくれる」と考えたからでもある。

　あなたはこんなふうに思うかもしれない。「専門分野を絞って、特定の人や特定業種の特定の種類の会社とだけ仕事をするなんて、自分の機会を制限してしまうことになるんじゃないか。それに、もし飽きてしまったらどうするんだ」。

2番目の質問に先に答えよう。もし飽きっぽい人間なら、何をしても飽きるだろう。自分がすると決めた物事に集中し続けることができないのはなぜか、時間をかけて考えてみた方がいい。あるいはもしかしたら、ワクワクを感じたり、情熱を傾けたりできない、興味の持てないターゲット市場を選んでしまった可能性もある。

　時間が経てば、別の分野に進出することは可能だ。バークレー医師は現在、同じターゲット市場で例えば栄養、ヨガ、心理療法など他のサービスを提供し、不妊問題の解決に尽力している。鍼を用いた不妊治療で知られるようになったために、患者に新たなサービスを提供できるようになったのだ。

　ビジネスを始めた当初、私は健康の専門家が予約でいっぱいになるよう手助けをしていた。幸いにも私のサービスに対するニーズを生み出すことができたので、健康業界におけるサービスによって積み上げた評価をバネにして、金融サービスなどの別のターゲット市場に参入した。**専門知識と評判を確立すれば、ターゲット市場を広げる道を選ぶこともできる**（現在私は、事実上すべてのタイプのサービスのプロを顧客としている）。だから、早く予約でいっぱいにしたいと思ったら、極めて具体的なターゲット市場を選び、予約で埋まるまでそのターゲット市場にこだわることである。その後で、望むなら他の市場に進出することもできるし、元々の市場にとどまって製品やサービスのラインを拡大することもできる。

●情熱を傾けられるターゲット市場を特定すべし

　これまでターゲット市場を選択したことがないとしたら、今がチャンスだ。あなたに力を貸したい。あなたには、自分が最も情熱を感じられることは何か、何にワクワクするか、あまりにも楽しいために仕事というよりは遊びのような気がするほどで、持って生まれた才能や知識を最大限活用できることは何か、考えてみてほしい。

　顧客本位ではなく**あなた自身のニーズ、望み、情熱を考えるところから始める**のはなぜなのか。理由は極めて単純である。仕事に情熱を感じていなけ

れば、仕事を心から楽しんでいなければ、仕事があなたにとって意義のあるものでなければ、成功するのに必要な時間やエネルギーを捧げたりはしないからだ。エネルギーを注ぎ込めなければ、100万年経とうと、あなたがターゲット市場の人たちに力を貸すのに最もふさわしい人間だということを納得してもらうのは、絶対に不可能なのである。

　私が顧客と仕事をしていてよく気付くことだが、彼らは筋が通っている、または最も多くの利益を上げると思われることに基づいてターゲット市場を選択している。そういう顧客は、最終的に飽きてしまって不満がたまり、予約でいっぱいにするのに苦労するという結果になる。そういった間違いはしないことだ。**ワクワクできる、そして一生懸命サービスを提供できるターゲット市場で仕事をする**のが必須条件である。条件が満たされなければ、ビジネスを成長させるのはたちまち退屈な仕事と化し、惨めな気持ちになるだろう。熱心になれるターゲット市場を選べば、ビジネスの成長は遊びと同じように感じられ、喜びをもたらしてくれるはずだ。

　情熱を傾けられるターゲット市場を特定しなさいというのは、骨の折れる課題に思えるかもしれない。もしかしたらあなたには、左脳の論理的思考に基づいてビジネス上の決断を行う習慣があるかもしれない。それとも、直感に従う習慣がないのだろうか。身に覚えがあるという人には、もう一度お願いするが、あなたが抱いているかもしれない、このように"するべきだ"という先入観を捨てて、特別なビジネス上の決断をするためには他のやり方があるかもしれないという可能性に対して柔軟になろう。

　直感に従って、新たな考え方や、利用できる無限の可能性を受け入れるのを自分に許すのは、非論理的に思えるかもしれない。けれども、先入観にとらわれずにこのプロセスに取り掛かれれば、それが完璧に理にかなっていることがわかるのではないだろうか。

　顧客のことを考えてはならないという意味ではない。起業してしばらく経つのなら、望むほど多くの顧客を抱えていないとしても、このプロセスにとってあなたの顧客は有益だ。今サービスを提供している顧客について検討してみよう。顧客に共通の特徴——例えば特定の業種、地理的位置、年齢、

性別、職業などがないか探してみよう。ほとんどの顧客に1つかそれ以上の共通要素があるとわかったら、あなたは自然とそれらの要素に魅力を感じている、あるいはそれらの要素の方があなたに引き寄せられているのかもしれない。おそらく、ターゲット市場の方はすでにあなたを選んでいるのに、ただあなたの方が、実際にターゲット市場を特定し、マーケティングをターゲット市場に注力するほど十分な時間をかけて、ターゲット市場についてじっくり考えたことがないのである。

1.2.1練習問題 しばらくの間以下の質問について考えて、頭に浮かんだ内容を何でも書き留めよう。そうすることで、あなたがサービスを提供するのに最適なターゲット市場についての手がかりが得られる。情熱、持って生まれた才能、すでに得ている知識、もっと学びたいことが鍵だ。
- あなたが提供するサービスを使用する、さまざまな人々のグループをすべて挙げよう。
- それらのグループの中で、最も密接な関係がある、最も関心が持てる、または一緒に仕事をしてワクワクするのはどのグループか。
- 知り合いがいる、またはすでに顧客がいるのはどのグループか。
- あなたが最もよく知っているのはどのグループか。反対に、もっと知りたいという魅力を感じるのはどのグループか。
- 仕事に関連することで、最も情熱を感じるのは何か。
- 仕事に生かしている、生まれながらの自分の才能と長所は何か。
- 自分の専門分野において、自分が最も詳しいのはどんな側面か。

1.2.2練習問題 自分の人生における経験と興味について考えてみよう。境遇が似ているとか、趣味が共通なら、もっと心からターゲット

市場に自分を重ね合わせ、共感することができるだろう。
- あなたと特定のターゲット市場を結びつけると思われる、共感を覚える境遇または役割は何か。
- あなたとターゲット市場を結びつけると思われる、関心事または趣味はあるか。

　上記の質問について考えてみたところで、何か新たな可能性が浮上し始めているだろうか。2、3例を見てみよう。質問に対する答えのいくつかを、どのようにすればターゲット市場でのサービス提供に組み入れることができるかを理解するのに役立つかもしれない。

- もしもあなたがグラフィック・デザイナーで、家族全員が建設業に従事しているとしたら、たぶん建設業界をターゲット市場に選ぶだろう。なぜならあなたは建設業界に属する人たちの感性について知っているし、内部の事情についても詳しいからだ。
- あなたが健康に関する専門家で、幼い頃から両親のいずれかが慢性的な病気に苦しんでいたとする。そのような状況を経験するというのはどういうことかをよく知っているので、慢性病を抱える人たちの気持ちが理解できるし、彼らの役に立ちたいと思うはずである。
- かつてはセミプロのアスリートで、今カイロプラクターをしているのなら、スポーツ選手を相手に仕事をするのが本当に楽しいだろう。
- あなたが会計士で、10代のときに家族が事業に失敗して倒産していたとすれば、自営業者を相手に仕事をし、あなたの家族と同じ目に遭わないよう力を貸したいと思うかもしれない。
- 以前は専業主婦だったヘア・スタイリストなら、うまく付き合えて楽しく仕事ができる専業主婦をターゲット市場に選ぶだろう。
- ファッションに魅力を感じ、もっと学びたいと思っているウェブ・デザイナーなら、ファッション業界をターゲット市場にするかもしれない。

・子供が大好きで、子供と自然に通じ合えるヨガのインストラクターで、独創性に富み、想像力が豊かで忍耐強いとしたら、子供をターゲット市場にしたいと思うはずだ。

最後の例をとりあげて、もっとじっくり検討してみよう。このヨガ・インストラクターが予約でいっぱいだとする。おそらく、彼女が予約で埋まっているのは、ただ単に子供向けヨガの特別なテクニックの専門家であるというだけでなく、根っから子供が好きだからだ。この差別化要因が、一般的な人々にサービスを提供することに注力した場合よりもはるかに早いスピードで彼女が予約でいっぱいになるのに一役買ったのである。

情熱、持って生まれた才能、知識、人生の経験、そして興味や趣味までが、より具体的なターゲット市場を選択するのにどんなふうに役立つか、わかってきただろうか。このプロセスを楽しんで、じっくりと研究してみてほしい。

> **1.2.3練習問題**　今度は、次の質問に答えるだけだ。あなたのターゲット市場は誰か？　選ぶ準備がまだできていなければ、心に訴えてくる、可能性のあるターゲット市場のリストを作ろう。しばらく（だがあまり長い時間ではいけない）そのままにしておいた後で、1つを選ぶ。その時点で確信が持てなくても、次のいくつかの章を読んでいくうちによりはっきりしてくるだろう。

直感に従うのを忘れないように。一番サービスを提供したいターゲット市場をある程度は"把握して"いながら、何らかの理由で自分の理解を軽視する顧客と仕事をした経験が、私には数えきれないほどある。この練習問題に取り組むときは、表面的にはどれほど突飛で、愚かで、非現実的に思えたとしても、心の中にある非難の気持ちを抑えて、少なくともすべての可能性について考えるようにしよう。

●行き詰まりを感じたら

　ターゲット市場の選択が簡単にはいかない人もいる。とても難しく感じるかもしれないし、ターゲット市場を特定することがどれほど重要か何度も言われているのにそれがすぐに容易にできないと、選ばなくてはというプレッシャーに圧倒されて不快な気分になるかもしれない。

　行き詰まってしまうのは、自分自身やプロセスをあまりに真剣にとらえすぎるのが1つの要因だ。おおごとにしてしまって、最後には何から何までや自分自身にますますストレスを感じるようになる。突如として、このプロセスは私たちを打ちのめす別のものに変わってしまう。言うまでもなく、苛立ちや自責の念は想像力と直感をただもっと阻害するだけで、気が付くとまるで回し車を走るハムスターのような、恐ろしいサイクルに入っている。どこまで走っても、ゴールはない。

　2、3回深呼吸をして、自分を解放しよう。**楽しむ気持ちでプロセスに取り組むことができるか、考えてみる。**このプロセスはジグソー・パズルのようなものだと思おう。難しいけれども楽しい。できるだけ早く終わらせるのが大切なのではない。大事なのは**過程を楽しんで、ふさわしいターゲット市場を見つけること**だ。

　どんなジグソー・パズルでも、まずすべてのピースを分類して四隅にはめるピースを見つける。見つけたり合わせたりするのが一番簡単なピースだ。それから時間をかけて残りのピースを分けていく。1つずつピースを手に取って、箱に書かれた大きな絵と比べる。一度に1ピースずつ当てはめていけば、それが何になるのかわかる。疲れたり、飽きたり、イライラしてきたら、あるいは他の何かに興味をそそられたりした場合は、立ち上がって外に行こう。出かけている間は、パズルを完成させられるかどうかでイライラしないこと。

　1、2時間費やす日もあれば、数分でやめる日があってもいい。時々は数秒の間手を止めて、通りがかりに1つか2つピースを正しい位置に置いたり

してもいい。友人や家族が訪ねてきて、あなたが数日間頭を悩ませていたピースをきちんとはめてくれることだってあるかもしれない。

　一生懸命サービスをすることができるターゲット市場を選ぶことは、家族や友人、あるいはあなたを導いてくれるプロのビジネス・コーチの助けを求めつつ、広い心と楽しむ気持ちを持ってプロセスに取り掛かれば、楽しく、非常にやりがいがあることだ。

　ステップ１の練習問題をもう一度、楽しむ気持ちでやってみよう。分析してはいけない。どんな答えが思い浮かんでも、ただ書き留めること。ゲーム感覚で、思いつく限りたくさんのアイデアと可能性をリストアップする。それでもまだ難しければ、誰かを遊びに誘う。プロセスに関係のない誰かが、あなたが客観的に考えられなかったアイデアを思いついて提案してくれるかもしれない。覚えていてほしいのだが、このプロセスでは**心の中にある非難の気持ちを抑えよう**。必要なら、しばらくの間プロセスのことは全部忘れて先に進むことだ。選ばなければならないというプレッシャーを解放することで、阻害されていたアイデアが頭の中を駆け巡るようになる。

ステップ２：市場には差し迫ったニーズと、切実な望みが存在する

　ターゲット市場は差し迫ったニーズと切実な望みを抱えているため、あなたやあなたの提供するサービスを探し求めないではいられない。そのためそうした**ニーズや望みを特定し、ターゲット市場がやって来た場合に対応できる**ことが非常に重要で、それができなければ絶好の機会を逃してしまう。

　売りたいものや、潜在顧客が買うべきだと自分が考えるものではなく、潜在顧客が買いたいものを提供しなければならない。自分のサービスを、顧客の視点――差し迫ったニーズと切実な望み――から考えることができなければならない。

顧客の差し迫ったニーズとは、**すぐになければならないもの**であるが、たいていは急を要する問題だったり、往々にして遠ざかりたいと思っていることだったりする。切実な望みとは**将来手に入れたいもの**のことだ。確かに今すぐ欲しいと思ってはいるのだが、その望みはより大きな夢の一部で、自分たちがその望みに近づいていくのを確かめたいと思っているのかもしれない。

1.2.4 練習問題　あなたの顧客の5つの"差し迫ったニーズ"は何か（直ちに解決しなければならない問題は何か）。

例： あなたにこの本を買う気にさせた差し迫ったニーズとは、クライアント（そしてお金）を増やす必要があるとわかっているのに、ビジネスのマーケティングをどこからどのように始めたらいいかがわかっていないために感じるストレスかもしれない。請求書が実際に積み重なり始めて怖いと思っているのかもしれない。あるいはサービスを売るのに何をすべきかわかってはいるが、実行していないだけなのかもしれない。やるべきことを先延ばしにしているから、結果的にビジネスがつまずいているのだ。

1.2.5 練習問題　あなたの顧客の5つの"切実な望み"は何か（何に近づきたいと思っているか）。

例： ここでもあなたを例にとろう。あなたの切実な望みとは、望むだけ多くの顧客を獲得し、自信を持ってうまくいっていると感じることかもしれない。毎年実際に休暇を取りたいと思っているだけかもしれないし、あるいは大好きな仕事をして大金を稼ぐのを含めて、ビジネスを繁栄させることがすべてかもしれない。

ステップ3：顧客が得られる最大の結果を決定する

　このシンプルなステップが、人々があなたの売るものを買う理由を理解するのに最も重要なことかもしれない。

　顧客が実現する、またはあなたが力を貸すことで顧客が得られる一番の結果は何か。もちろん、顧客が実現、経験、または得るのにあなたが一役買えることがたくさんあることはわかっている。しかし顧客があなたのところに来るのは、概して大きな問題を1つ解決したいとか、1つの大きな結果を達成したいとかいう場合である。そして、あなたがなぜこの本を買ったのかと言えば、顧客を増やしたいから。以上。それだけである。

　この本を読んで得られることは他にたくさんあるだろうか。もちろんだ——自信を深め、より重い責任を実感し、友人を増やす（この点については後で触れる）ことができるなど、さまざまなメリットがある。だが、要するにあなたはもっとたくさん顧客が欲しいのであり、「予約でいっぱいにしよう」システムがその約束を守ってくれる。事実、あなたが提供するどの製品またはサービスにも、**大きな約束が1つなければならない。**あなたの仕事は、サービスを行う際に**その約束を果たすこと**である。

> **1.2.6 練習問題**　あなたが与える最大の成果について説明しよう。

ステップ4：投資対象としてふさわしいことを証明する

　ターゲット市場の潜在顧客は、**あなたのサービスや製品を、投資に対しか**

なりの利益が得られる機会ととらえているだろうか。

そのはずだ。あなたのサービスや製品を買う場合、潜在顧客はそれらを投資に適した機会と考えている"に違いない"。彼らは、得られる利益は投資する額よりも大きいと思っているはずである。

私の経験から言うと、**顧客はあなたのサービスへの投資の少なくとも20倍の利益を得なければならない**。利益の形はあなたが提供するサービスによってさまざまだが、**金銭的、感情的、物質的、そして精神的な利益**（financial、emotional、physical、spiritual）の４つのカテゴリーに分けられ、英語の頭文字をとってFEPSと呼ぶことにする。投資に対する利益は高くなければならないだけでなく、顧客があなたからサービスを買う前に、利益を得られる可能性が証明されていなければならない。

例として金銭的な利益を考えてみよう。私が49ドルの製品を売れば、購入者は最低1,000ドルの金銭的な利益が得られることが期待できる。BookedSolidUniversity.comで私のコーチング・プログラムを購入する場合、1,500ドルの金銭投資が必要だが、平均的な参加者は新たな顧客ビジネスで３万ドル以上の収益を見込むことができる（さらに、自信や集中力、思考の明晰さが高まるなどといった他のFEPSも忘れてはいけない）。誰かが私に３万ドルで講演を依頼した場合、参加者の金銭的な利益は総じて最低60万ドルにはなるだろう。

残念ながら、サービスのプロである私たちは、顧客の投資利益がいかに重要かを忘れてしまうことがある。あなたに仕事を頼むことで顧客が得られる投資利益とは、どんなものか。顧客があなたのサービスに対して行う金銭的、感情的、物質的、または精神的な投資よりも大きいだろうか。大きいなら、どれくらい大きいか。20倍か。

ここで再び、マイク・バークレー医師（バークレー生殖・女性の健康センター（Berkley Center for Reproductive Wellness & Women's Health）http://www.berkleycenter.com/）の例を挙げる。バークレー医師と仕事を始めた当時、ターゲット市場はよく定義されていたのに対し、彼はサービスを投資に適した機会とは位置付けていなかった。サービスの目玉——鍼(はり)の技

術、鍼の効果、鍼がホルモンバランスをどう整えるか——を売っていたのだが、重要な"**投資に対する利益**"**との関連付け**をしていなかったのである。サービスに投資することで得られる利益を、金銭的、感情的、物質的、精神的な観点から明確にする必要性がわかっていなかった。

　妊娠する可能性が著しく高まると考えれば、潜在的な患者は進んで医師の治療に投資しようとするだろうか。もちろんするだろう。実際のところ、バークレー医師の成功はすでに証明されている。鍼治療と体外受精（IVF）治療を並行して平均3カ月後に、極めて多くの患者が妊娠している。今や不妊治療を行う夫婦ならほとんどが皆、医師の治療に投資したいと考えるだろう。投資によって得られる感情的、物質的、および精神的な利益がどんなものか、想像できるだろう。

　ビジネスを成功させる秘訣は、**顧客が何を求めているかを把握して、それを提供する**ことにある。自分の仕事について話すよりも、顧客の問題を解消する解決策を明確に、具体的に、そして詳細に伝えることに注力しよう。人はあなたの仕事を買うのではない。"あなたが使う方法、テクニック、技術の名前で顧客はあなたを雇うわけではない！"　あなたがどんな投資利益を与えられるかを理解する顧客なら、あなたに仕事を依頼できるチャンスに飛びつくはずである。

　あなたの解決策が潜在顧客にとって投資にふさわしい機会であることを明白にするためには、**顧客の利益を明らかにし、証明する必要**がある。あなたが提供する機会——鍼、資金計画、ウェブサイトのデザイン、キャリア・カウンセリング、管理職のコーチング、インテリア・デザイン——はあなたの仕事にすぎない。これらはあなたが提供する実際のサービスである。顧客が買うのは"表向き"であって、"実際に"買うものは違う。

　例えば、私が提供するのは、"表向き"は次のようなものだ。

・予約でいっぱいにする方法に関する本
・予約でいっぱいにする方法を教えるコーチング・プログラム
・予約でいっぱいにする方法を指導するライブ・セミナー

・「予約でいっぱいにしよう」システムの認定コーチのライセンス

ただし、これらは主要なサービスと専門的な提供物にすぎない。こうした提供物によって得られる中核的な利益はもっと深い。利益は目に見える成果の場合もあるが、形がない場合の方が多い。利益は、サービスが顧客の生活の質に与える影響である。**利益――あなたのサービスのおかげで顧客が経験できるFEPS――があるから、あなたが提供するサービスは投資に適した機会になる。**人はそれを買うのだ。その点を決して忘れてはいけない。

この方法の効果についてより意識するために、こう考えたらどうだろう。もしもあなたに、今から90日で何を実現させたいかを聞いたら、より多くの顧客を手に入れたい、あるいはもっとたくさんお金を稼ぎたいと言うかもしれない。だが、より多くの顧客を得ることが、実際にあなたに与えてくれるものとは何なのだろう。銀行口座の残高や、20ドル、50ドル、100ドル札で膨らんだ財布以上のものをくれるのだろうか。

本当のところ、あなたが実際に欲しいのは顧客でも現金でもない。本当に重要なのは、**経済的な自由、心の平和、家族との時間を望んでいる、あるいはどうやりくりしたらいいかの心配を減らしたいと思っている**ということだ。そうだろう？

この点を強調するために、本書を読み、「予約でいっぱいにしよう」ライブイベントやコーチング・プログラムに参加することで得られる、より深い利益の例をさらにいくつか挙げよう。

・マーケティングや営業に対する見方のパラダイム・シフト。それによって、信頼の置ける慣れた方法でサービスに対する要求を永遠に生み出すことができるようになる。
・自分自身と、直面しているビジネス上の問題に対処する能力に対する自信を深める。
・実行する必要があり、プラスの成果を目の当たりにするとわかっている措置を講じるとき、プライドと達成感を感じられる。

- 物質や感情面のストレスや、家族が暮らす家の住宅ローンの支払いができないかもしれないという心配から解放される。
- 十分な自己表現をするために、目的および機会との精神的な結びつきを深める。
- その他にもたくさんある……。

　核となる利益を特定することがどのように、より深く、より個人的に、感情的につながりのあるレベルでターゲット市場に語りかけ、心を動かすかわかるだろうか。金銭的、感情的、物質的、精神的な利益を明らかにすればするほど、より早く新たな顧客を引き付けるようになるだろう。**人は結果と、結果がもたらす利益を買うのである。だから、あなたが提供する解決策と、解決策がその後にもたらす結果と利益について考えなければならない**のだ。

> **1.2.7 練習問題**　あなたのサービスによって顧客が経験する、確実な利益は何か。

　あなたに仕事を任せると決めたとき、顧客は実際に何を買うことになるのか、わかっただろうか？　あなたは顧客に直接会って、あるいは文書やインターネット、広告、ビジネス・ミーティング、電話などでコミュニケーションをとるたびに、顧客が得られる利益を繰り返しはっきりと話すことだ。顧客が使っているのを耳にしたことがある言葉を使って、顧客が抱える極めて大きな問題に対する解決策を非常に具体的に表現しよう。

　簡単なように思えたとしても、これは繰り返す価値がある。独自のブランドを打ち立てて、私の顧客に、大好きな仕事をしてお金を稼ぎたいと考える人がいるとしたら、彼女に会うたびに私は、自己ブランドによって自由が得られ、自分の顧客に関しては今後一切"妥協"しなくてよいことを繰り返し伝えるだろう。それが彼女にとって切実な望みであることを理解しているので、理想的な顧客とだけ仕事をするようになれば、どれほどの意欲を感じる

ようになるのかを彼女に気付かせる。利益を一番に考えさせるようにすれば、自分のビジネスのビジョンが十分に現実化することがはっきりわかり、目標の達成に集中し続けられる。

子供のように遊び、笑えばいい

　これまで説明してきたビジネス・コンセプトが厳しいと感じられるようになってきたら、**あらゆる行動に陽気さやユーモアを見出し、楽しみが増えるのと同時に顧客の役にも立てられるような方法を考える**のを忘れないようにしよう。要するに、私たちはただ顧客の獲得について話しているだけなのだ。確かに重要なテーマではあるが、重苦しい話ではないのである。**人生や仕事にどうしたら遊びをもっと取り入れられるか**、考えてみよう。ためらうことなく、こんな自分になろう。

・陽気で個性的──自分らしくいよう
・エネルギー満タン──熱意は人に伝わりやすい
・人を大いに笑わせる──世界最強の営業テクニック

　子供は平均で1日450回笑うが、大人は15回しか笑わないそうだ。もしそれが正しければ、そして愛する我が息子ジェイクとの経験を踏まえて言わせてもらえば、**どうして楽しい時間が435回も少ないなんてことになったのだろうか**。子供のような遊びの感覚を採り入れれば、予約でいっぱいのビジネスにもう1歩近づくだろう。

クライアントはあなたの手助けを求めている

　これからは、**顧客にとってのあなたの役割は、極めて重要で信頼できるア**

ドバイザーであると考えよう。あなたには、必要としている顧客にサービスを提供する道義的責任がある。顧客に助言や忠告をし、相談に乗ったり指導したりする以外のことをするのは、顧客にとって大きな迷惑になるだろう。自分は顧客の人生における指導者だと考えよう。

　私たちはみな、人に信じてほしいと思っている。その人の立場になってみれば将来の計画を立てられる。自分を信頼できるアドバイザーととらえれば、顧客はあなたを決して忘れない。数カ月、あるいは何年も経った後であなたのところに戻ってくることもあるだろう。信頼は時間をかけて積み上げていくものだから、今日結んだ関わりがずっと後にならないと発展しないことも考えられる。人の役に立つという考え方、使命、義務を共有し続けることだ。顧客に次々と利益を与えて、あなたが提供するサービスの約束をどのように果たすことができるかを正しく示そう。

　営業でたびたび用いられる頭文字に、「A、B、C (always be closing：契約を成立させろ)」がある。ゲッ！　私から言わせれば安っぽい営業トークだ。私なら、「A、B、C (always be communicating：常にコミュニケーションをとろう)」と言う。あなたがどんなふうに人の力になれるのかを、あらゆる人に知ってもらうのだ。だがその前にやることがある……。

1. ターゲット市場を選択する。
2. ターゲット市場の差し迫ったニーズと、切実な望みを理解する。
3. 顧客が得られる最大の結果を決定する。
4. その多大な結果がもたらす、核となるしっかりとした（金銭的、感情的、物質的、精神的）利益を明らかにする。

　もうわかっただろうか？　よかった。

CHAPTER3
パーソナル・ブランドの構築

> 自分を押し殺したり、他人に軽視されるのを許したりするたびに、要するにあなたは創造主から与えられたオーナーズ・マニュアルを無視し、設計を破壊しているのだ。
> ——オプラ・ウィンフリー

ブランディング——どんな存在として知られたいか

　ターゲット市場を定めたことで、その差し迫ったニーズと切実な望み、あなたが力を貸してターゲット市場が獲得できた大きな成果、あなたが提供する、ターゲット市場にとって投資する価値のある機会による利益については明確になった。**そこで、市場でどのような存在として知られるようになりたいか——魅力的かつ忘れられない方法で——を決めるための計画を立てることができる。**

　パーソナル・ブランドを構築すれば、それが可能になるだろう。ブランド

は必ずしも大企業のためのものではない。いやむしろ、あなたの成功にとって重要な鍵の役割を果たすはずだ。パーソナル・ブランドは、あなたがどんな人で、**サービスを提供する相手は誰で、なぜ人生と仕事をターゲット市場の役に立つために捧げることを選んだのかを、明確に、かつ一貫して定めている**。さらにはそれを表現し、伝えるのにも効果を発揮することだろう。その結果、あなたは理想に満たない顧客ではなく、最も理想的な顧客を引き付けることができる。パーソナル・ブランディングとは、単にあなたが何をするかや、ウェブサイトやビジネス・カードでどんな印象を与えるかよりも、はるかに重要なものだ。それは"**あなたそのもの**"――ただ１人のあなた自身なのである。パーソナル・ブランディングによって、**あなたは他のすべての人々との差別化を図ることができる**――あなたが何者で、何を表現し、何をするのかについて、ユニークな点はどこかについて。

　ブランドは、スキルや才能であなたのことを世の中に知ってもらうためのものである。いや、それ以上だ――ブランドとはあなたが何を支持しているかの表れである。成功する人は、自分のスタイルを見つけ、そのスタイルに基づいてブランドを構築し、ブランドを通じて自分自身を大胆に表現している。世の中にあなたの正真正銘の価値を知らせることは効果的で、あなたを記憶に残る存在にしてくれる。

　知っている人の中で、最も成功を収めた人について考えてみよう。エンターテインメント業界が例として最適だ。ジム・キャリーはテレビ番組『In Living Color（イン・リビング・カラー）』で、オーバーなしぐさや表情で笑わせる肉体派コメディアンとしての地位を確立させ、ジェリー・サインフェルドはわかりきったことをよく観察するという知的なコメディ・スタイルで有名になった。ウーピー・ゴールドバーグは全く異なるアプローチをとり、キャリア、母親業、そしてそれらをすべて手に入れようとする危なっかしさをネタにしたスタンダップ・コメディ（訳注：アメリカのお笑い芸。１人でステージに立ち、話術の面白さで観客を笑わせるもの）で気持ちを明かした。彼女は物語や感情を駆使し、感情の琴線に触れて私たちを笑わせる。

コメディのスタイルはそれぞれ極めて多様であり、さまざまなタイプの人々を魅了する。ジム・キャリーの芸が好きな人もいれば、特別好きではない人もいる。同じことはジェリーにもウーピーにも当てはまる。

　あなたのパーソナル・ブランドが大胆で、本物で、簡潔であればあるほど、共に仕事をする運命にある人々を引き付けるのはより簡単になるだろう。それがパーソナル・ブランドの効果である──ブランドがあなたを決定する。ただし、まずはブランドを定義しなければならない。パーソナル・ブランドはあなたに、あなたを理解し、あなたを"手に入れる"楽しくて素晴らしい顧客を魅了する能力を与えてくれるだろう。そしてあなたの方も彼らを"手に入れる"のだ。前述のコメディアンはそれぞれ、有名になってからレパートリーを広げた。いや、ジェリー・サインフェルドは例外で、同じスタイルを貫いて常に成功を収めてきた。サインフェルドがスリラー映画で錯乱した反社会的人間を演じることは、これからもないと思う。

　あなたに似ていて、あなたと同じように考え、あなたと同じようなことを話し、感じるパーソナル・ブランド──すぐにあなたの本質だとわかるもの──を構築すること。パーソナル・ブランドの条件とは、次のようなものである。

- 明確である。
- 一貫性がある。
- 本物である。
- 記憶に残る。
- 意義がある。
- 魂がこもっている。
- 個人的である。

　パーソナル・ブランドには3つの構成要素がある。

- 第一は、あなたが誰にサービスを提供し、その人が実行または獲得する

のにあなたがどんな力になれるかを踏まえた、**あなたが"誰に何をするか"の主張**。
- 第二は、**あなたが"なぜそれをするか"の主張**で、これは毎日起きて仕事に行く理由——あなたが何を支持しているかを踏まえたものである。もちろん、あなたが支持する事柄はたくさんあるだろうが、名前を託すとしたら最も重要なものを選ぶことになるだろう。
- 第三は**あなたの"キャッチフレーズ"**だ。これら3つの要素について、もっと詳しく見ていこう。だがその前に……。

障害物を取り除かなければならない

　自分のパーソナル・ブランドを作る前に、うっかりしたにせよ生じさせてしまっている障害に対処することが重要だ。そうした障害のために、あなたは成功の実現から遠のいている可能性がある。

　個人的な障害をパーソナル・ブランディングに関係づけて論じることはあまりないかもしれないが、今話しているのはあなたの人生である。可能な限り大きな目標を目指して競いたいのではないか？　もちろんそうだ。

　次の質問は、**どのように世間で知られるようになりたいかについて、考えを明確にするのに役立つ**。真剣に考えてみよう。

> 個人の成長やビジネスの発展のための地球上で最高の戦略とは、思い切った自己表現である。

"あなたは十分な自己表現ができているか？"
　これもまた妙な質問だと思うだろう。それでもあえて聞くのは、精力的で情熱的、熱烈な、挑発的、精神的に強い、勇敢、活気にあふれた、生き生きした、明るい、そして尊敬されるパーソナル・ブランドを構築するためには、**十分に自己表現しなければならないから**である。扉に掲げた看板の後ろに隠

れることはできないし、いかなる方法、または形においても自分自身に折り合いをつけてはいけない。そんなことになったら、あなたがサービスを提供するはずの人たちの興味を引くことなど決してできないだろう。

　ビジネス・オーナーとして、おそらくあなたはすでに"ビジネスに取り組んでいる"――自動マーケティング・システムの設定など、ビジネスそのものを支える枠組みを構築していることと思う――し、また顧客へのサービス提供という"仕事も行っている"だろう。"自分自身をどうブランド化するか"はそれと同じく極めて重要であり、あなたがどのように"自分自身を磨く努力"をしているかを表すものでもある。

　あなたは、ビジネスの領域において、妥協したり、自分自身に折り合いをつけたりしたことはあるだろうか？　例えば、仕事をしていて、不満はあるがまあいいだろうとか、自分の品位を落としたような気がしながらそのままにしてしまったことはあるだろうか？
「いや、私は信念を曲げない。妥協したことも自分の気持ちを裏切ったこともない」と思うかもしれない。もしそれが本当なら、あなたは特異な存在だ。ときには妥協したり、誠実でなかったりするのは、極めて普通なのである。そういうものだ。

　過去にどこで問題に直面したかを正しく把握することが、非常に役立つだろう。独立して自分のビジネスを起こし、経営するのは困難な仕事なので、思い出さないようにしている経験や、過去に苦労して対処した問題を理解すれば、多くの痛みや苦しみを今すぐ取り除くことができる。

　1.3.1 練習問題　現在または過去に、ビジネスを行う上で信念を曲げた、不満なものを受け入れた、あるいは品位を危うくした経験のある方法をリストアップしよう。

> **1.3.2練習問題** 反対の面はどうだろう。仕事の面で、自分が生き生きとして活力がみなぎる――十分な自己表現ができる――と感じた事例をうまく活用しよう。何をしても円滑に進んだときのことだ。感覚を総動員しよう。生きていると強く感じられたのは、どんなときだったろうか。

> **1.3.3練習問題** では、信念を曲げた状況と、最も十分に自己表現ができたと感じた状況の2つを比較してみよう。しっかりと自分を表現できたと感じられる状況で仕事ができるようにするために、どうすれば自分の行動を変えて、自由な表現を使って臆することなく話すことができるだろうか。今後妥協したり自分に折り合いをつけたりするのを確実にやめるために、どのようにコミュニケーションをとればいいか。

> **1.3.4練習問題** はっきりと、もっと自分を表現して話す練習ができそうな（かなり容易な）状況から始めよう。

> **1.3.5練習問題** さらに、もっと大胆に意見を述べられるようになるために努力したいと思う、（やや難しいと思われる）状況をいくつか書き出そう。

　練習問題をこなす理由は2つ。1つには、あなたが顧客のどんな役に立てるかを彼らが理解するのに、あなたが力を貸すことができるからだ。2つ目は、個人およびプロとしての意志が明確であることを確かめられるからである。
　意志が明らかになれば、自信を持って優雅に目標に向かって進むことがで

きる。**意志に矛盾があれば、気付かないうちに成功の妨げになってしまう。**あなたを夢から遠ざけてしまうのだ。相反する意志はエネルギーを消耗させ、あなたを混乱させる。パーソナル・ブランドの独自性の観点から見ると、**矛盾のある意志から生まれるものは、詰まるところ魅力のないメッセージであり、成功を手に入れることはできなくなる。**

　このコンセプトをうまく説明する話がある。私の父は一流の精神科医で、私はずっと父と父の仕事を大変尊敬してきた。だから、特に父には、私と私が成し遂げたことを誇りに思ってほしかった。これは自然なことではないだろうか。
　サービス業を始めた頃、私は多大な時間をかけて、自分が提供するサービスと、それを世間にどうやって知らせたらいいかについて明確にした。
　当時の私はきちんとそれを実行した——というより、実行したと思っていた。私は自分が何に取り掛かっているかを皆に知らせたのだが、大したことは起こらなかった。顧客は数人得たものの、前に言ったように支払いに苦労していたし、返ってくる反応には全く満足していなかった。
　数カ月が経ち、万策尽きた私は自分のブランドをきちんと評価することにした。手始めはウェブサイトだ。部屋に閉じこもり、ウェブサイトを隅から隅まで一字一句目を通した私は、椅子に腰かけて、驚いて呆然と画面を見つめていた。サイト全体の印象は、本当の私らしくなかった——まるで父が話しているかのようだった。まったくのところ、これなら父が認めてくれるだろうと思うことを伝えていたのである。
　私は父とは違う。そもそも医師ではないし、父のように信用もないので、思い切った目立つ行動は避け、その代わりに安全策をとり、父が私のしていることに賛成してくれるようにと心の中で願っていた。
　この話がなぜ関連するのかというと、起業した頃、私は顧客がビジネスの発展に関連付けている、個人としての成長の問題により注力していたからである。私は人々が仕事により満足を感じ、より成功するための力になりたかった。そのため私は2つのまさに矛盾する意志を抱えていた。1つは大成

功するビジネスを構築することで、もう１つ（矛盾する意志）は父に誇らしく思ってもらうことだ。父が認めないことはしないというのが根底にある原動力だった。その点に矛盾があったのだが、考えてみれば、**ビジネス上の問題の多くは見方を変えれば実は単に個人の問題なのである。**

　今だって、ビジネス・コーチ、作家、講演者としての私の仕事の多くは、人々がビジネス上の問題と結びつけている個人の問題を切り抜けるのに一役買うことである。いくら想像力をたくましくしたところで、私に心理療法ができるわけではないが、多くの場合非常に深いレベルで人々と関わり合っている。

　決まりきった境界線——父が賛成すると私が"思う"ことの範囲——の中にとどまることによって、私は著しく自分に制限をかけていた。本当の自分でいる自由を自分に与えていなかったのである。縛られていたせいで、自分の経験や考え方を生かして情熱を傾けることが十分にできなかった。そのために独自性が極めてわかりにくく、特徴のないものになってしまった。そのうえ実際には、父が本当の私を受け入れてくれないと考える証拠も本当の理由もなかったのである。

　それどころか、真実は逆だった。父は私に、誰でもない私自身になることを望んでいたのだ。私にとっては心のよりどころとなるいい話である。

　自分の意志を明確にするためには、現在抱えている矛盾のある意志を排除しなければならない。あなたの現実は今持っている意志で作られているのだ。現実を変えたいなら、意志を変えなければならない。本書を通して、人生と同様にビジネスに対する意志があなたとあなたの顧客にとって明確になるだろう。

1.3.6 練習問題　ビジネスに関係する、最も重要な意志を１つ特定しなさい。
例：予約でいっぱいにするつもりだ。

1.3.7 練習問題 明らかになった意志の中で、矛盾している可能性がある意志を特定することができるかどうか、じっくりと検討して確かめよう。矛盾しているかもしれない意志は意識下にあることが多いので、見極めるのがより難しい。また、ほとんどの場合が恐怖に根差したものである。

例： 予約でいっぱいになったら、自分の時間がなくなってしまうに違いない。予約でいっぱいにするためには、自分で自分の宣伝をしなければならなくなる。自己宣伝をすれば惨めな気持ちになり、無力な気がしてしまうだろう。あるいは予約でいっぱいにしたいのだが、自己宣伝は魅力がないと"思っている"かもしれない。

1.3.8 予約でいっぱいにするための行動ステップ 矛盾する意志を明らかにして理解することは、そうした意志を手放すための最初の大きなステップだ。認識は重要ではあるが、矛盾する意志がポジティブな意志に影響を及ぼしたり、阻害したりするのを防ぐためには必ずしも十分ではない。プロセスの次のステップでは、根底にある恐怖は何かを突き止めよう。恐怖を明らかにできれば、それを解放するためのステップを始めることができる。

このステップでは、**全面的に支えになってくれる誠実な友人を1人か2人、極めて慎重に選び、新たな見識を共有してもらう**ことが重要である。友人は心から支援してくれる、あなたの変化に快く手を貸してくれる人でなければならない。ビジネスだろうと個人であろうと、生活に変化を起こし始めると、最も心から愛する友人や家族が、変化のプロセスに脅威を感じてしまう可能性がある。彼らはあなたに成功してほしいとはっきりと願っている一方で、意識下には矛盾する意志を抱えていて、あなたを安全地帯にとどめておくことで自分たちも安全地帯を維持したいと強く思っている。そのような

人たちには、この練習問題を行うための助けを求めない方がいい。

　意志と矛盾する意志を1〜2人の人と共有し、それらが心からの不安なのか、それとも根拠のない恐怖なのかを認識できるよう、友人に助けを求める。それから問題を解決するための方法を出し合おう。

　このステップは1人でやってもよいが、私たちは自分が感じている恐怖にあまりにも近すぎて、恐怖がはっきり見えなくなっていることが多い。力になってくれる友人、指導者、またはプロのコーチで、自分よりも客観的な人がいれば、この問題を広い視野でとらえるのに一役買ってくれるもしれない。

"あなた"はただ1人の存在である

　あなたがただ1人の存在であるのは、多くの場合こういう"資質"——自分にとってはあまりに自然なので、考えることさえもしない"個性"——があるからだ。そして、それが最高のパーソナル・ブランドになる。スーザンの例がこの点をうまく表している。

　スーザンは40代前半の元気な女性で、「自分は何をするために生まれたのか」を知って自分のビジネスを立ち上げたいと、私の手助けを求めてやってきた。スーザンにとっては特に辛い時期で、離婚したばかりで自立する必要があった。ご想像の通り、彼女は何をしたらいいのか不安に思っていた。以前、スーザンはウォール街で働くトレーダーとして成功していたが、そんな輝かしい時代からもう20年以上が過ぎていた。

　私は彼女に奇妙な癖には何があるかと尋ねると、スーザンは、「奇妙な癖？　そんなものはありません」と答えた。やや気分を害したようだった。「わかりました。ではあなたの友人関係について話してください。何が基盤になっていますか？」と聞くと、一瞬のためらいもなくスーザンは、「女友達はいつも、愛情表現やセックスについてのアドバイスを求めてきます」と答えた。

「興味深い。なんとかなりそうだ」と私は思った。

そしてスーザンは、真っ赤なトングサンダル（訳注：鼻緒の付いたサンダル）（歩くときにパタパタいうようなタイプのものではない）をプレゼントに贈る、珍しい習慣を持っていることを話してくれた。忘れないでほしいのだが、彼女は"奇妙な癖などない"と言ったその人だ。

このユニークで普通ではない面白い癖について、もっと詳しく話すよう促してよく聞いてみると、スーザンが十分な自己表現ができるのは、40代以上の女性がなぜ注目すべきセクシーな存在（およびそれ以上の存在）なのか、どうすればそういう存在になれるのか、なぜそうならなければならないかを考え、集中しているときだということが明らかになった。多くの矛盾する意志を解決しなければならないのは確かだが、スーザンは自分の癖を利用して"スカーレット・トング・ソサエティ"を設立しようと決めた。これは、自分に性的な魅力があることを認めたい40代以上の女性のための、招待客限定の社交クラブである。

あなたには真っ赤なサンダルを贈る習慣はないだろうが、**独自の、場合によっては奇妙でさえある何かを持っているかもしれない**。それが、あなたが本当に表現したいことであり、他の人々がそれに気付いて反応してくれるだろう。

1.3.9 練習問題 どんな秘密の癖が、あるいは持って生まれた才能が、富、幸福、そしてとどまるところを知らないビジネスの成功をもたらすために出番を待っているのか知るために、次の質問に答えよう。
- あなたがユニークなのはどんなところか？
- あなたを記憶に残る人にしてくれる3つの特徴は何か？
- 遺伝子に組み込まれているあなたの特別な才能は何か？ 子供の頃から何が得意だったか？
- いつも人にほめられるのは、どんなことか？
- 私生活の中で、話すのが大好きで全く飽きないのはどんなことか？

・仕事について聞かれたとき、絶対に飽きないで話せるのはどんなことか？

　自分の個性や癖は自分にとっては身近すぎるために、他の人の注目を集めるとは思えないことが多い。**上記の質問をいくつか、知っているさまざまな人たちに尋ね、あなたやあなたの性格について答えてもらおう。**あなたがどんな人間かに関する共通の真実が見つかるばかりでなく、とても感動的で温かいEメールが返ってくるだろう――約束する。やってみよう。

1.3.10 予約でいっぱいにするための行動ステップ　5人以上の人たち（友人、家族、顧客、隣人、知り合いなど、あなたの人生のさまざまなすべての側面を代表する人々）にEメールを送ろう。

・あなたの個性または癖の中で、好きなものを5つ教えてくれるように頼む。
・これまでにあなたと一緒に味わった、面白い経験、またはユニークな経験について尋ねる。
・ひるんだり、気後れしたりしないよう伝える。

　あなたが仕事を愛し、自分の仕事を世の中の人々に伝えなければ、あなたのビジネスは失敗に終わる運命にあることを忘れてはいけない。そして重要なことがある。**十分に自分を表現できれば、マーケティングが大好きになる**だろう。

　そして自己宣伝に対して相反する意志を持つことは絶対になくなる。断られたときでも、この世の終わりだと感じたりはしない。にっこり笑って次のチャンスに向かっていけるだろう。なぜなら、自分を表現できる能力はあなたの自信のレベルに正比例し、逆に自信がなければ、表現する能力も低いからである。

あなた自身に関するこの洞察に優れた新しい情報があれば、道を選択し独立したビジネス・オーナーになるという挑戦をすでにうまくやり遂げたとわかって感激するはずだ。ただし、容易な課題ではない。自分のパーソナル・ブランド作りを始めるときには、これらの見識のすべてを肝に銘じよう。

パーソナル・ブランドの３つの構成要素

本章の冒頭でも言及したように、パーソナル・ブランドには３つの構成要素がある。

1. "誰に何をするか"の主張
2. "なぜそれをするか"の主張
3. "キャッチフレーズ"

"誰に何をするか"および"なぜそれをするか"の主張、そして"キャッチフレーズ"を作成するときには、**徹底して十分に自分を表現できたと感じるまで、パーソナル・ブランドのこれら３つの側面に特別に焦点を当ててほしい**。このプロセスには１週間かかるかもしれないし、何カ月も必要かもしれない。私の場合は半年かかったが、それは迅速にプロセスを進められるこの本が、当時はなかったからだ。重要なのは、時間をかけてすべてをじっくりと考えてみることである。

"誰に何をするか"の主張

"誰に何をするか"の主張によって、あなたが誰に力を貸し、その人が何をするのに一役買うことができるかを人々に正確に知ってもらう。これは、あなたのサービスを買うかどうか検討する際に**人々が最初にあなたにかける**

フィルターだ。潜在顧客はその主張を見て、あなたが特定の状況において彼らのような人々の役に立つかどうかを検討するだろう。

"なぜそれをするか"の主張

あなたの"誰に何をするか"の主張に共感する潜在顧客は、感情的、哲学的、あるいは精神的なレベルにおいてあなたとつながりを持つことができるかどうか知りたいと思うはずだ。つまり潜在顧客は、あなたの"なぜそれをするか"の主張――あなたが仕事をする理由、あなたが支持するもの――と自分を結びつけて考えられるかどうかを知りたいのだ。要するに、**毎日起きて仕事をする理由**である。

あなたの"なぜそれをするか"の主張に共鳴する人なら、**その理由を深いレベルで感じ、まるで磁石のごとく強く引き付けられる**だろう。同じ業界に属する人の多くがあなたの"誰に何をするか"の主張に同意するだろう。

同じように、"なぜそれをするか"の主張とキャッチフレーズは、必ずしも極めてユニークである必要はない。ただあなたにとって、そしてあなたが"サービスを提供する運命にある"人々にとって、深い意味のあるものでなければならない。

"キャッチフレーズ"

私の存在は、「小さく考えることに飽き飽きしたら、呼ぶべき男」として知られるようになったのだが、それは偶然ではない。「小さく考えることに飽き飽きしたら、呼ぶべき男」は、"なぜそれをするか"の主張を説明し証明してくれる完璧なキャッチフレーズであり、自分が何者で、何を世の中に提供するかについて人々がもっと大きな視点から考える手助けをしたいと実感した日から、何度も何度もそう言い続けてきた言葉なのである。

"なぜそれをするか"の主張に基づくキャッチフレーズは、絶対に聞き飽きることのない言葉である。誰かがあなたをキャッチフレーズで呼ぶのを初めて聞いたら、きっと嬉し泣きするだろう。

　独自の選択方法で、人々があなたを定義できるようなシンプルな文を1つ作ろう。その文を言ったり聞いたりしても決して飽きることはないだろう。なぜならそれはあなたの主張、あなたにとって何が重要かを踏まえて作られているからだ。そして最も重要なことだが、**その文はあなたにとって非常に深く、本当に何らかの意味を持つばかりではなく、あなたがサービスを提供する運命にある人々を共感させることができる**。キャッチフレーズを読んだり聞いたりするときが、あなたのサービス、製品、またはプログラムを購入するかどうかを人々が判断しなければならない決定的な瞬間になるだろう。"キャッチフレーズ"によって、人はあなたと一緒にいてどう感じるのかがわかる。**キャッチフレーズはあなたが根本的にどんな人かを物語り、またあなたが世の中で成し遂げたい、または経験したいことの本質だ**。キャッチフレーズをより大きなビジョンとして考えよう。そのビジョンはビジネスにおいてあなたがすることにとってのひらめきである。"なぜそれをするか"の主張とそれに関連する"キャッチフレーズ"は、他の人の人生にポジティブかつ意味のある方法で影響を及ぼす手段なのである。

　気付いているかもしれないが、私のキャッチフレーズは必ずしも自分のターゲット市場だけに向けたものではない。このキャッチフレーズは多くの人々の心に響くだろう。自分が何者で、世の中に何を提供するかについて大きな観点から考えたいと思っているのは、プロのサービス提供者だけではないのだ。

　けれども私は、地球上のすべての人ではなく、私のキャッチフレーズに刺激を受けた人々のグループにサービスを提供することを選んだ。あなたのキャッチフレーズも、自分のターゲット市場に的を絞ったものである必要は必ずしもない。**キャッチフレーズとは、あなたが一般に人々と、"そして"ターゲット市場の理想的な顧客との間に結ぶ感情的なつながり**である。あなたがサービスを提供するターゲット市場では、多くの人々がサービスを行っ

ている。あなたの"キャッチフレーズ"が心に響く人もいれば、響かない人もいるだろう。だが、あなたがサービスを提供する運命にある人々なら、共感してくれるはずだ。

なぜあなたは、他の人々にサービスを提供することに人生を捧げているのだろう。どうやって変化を生み出したいと思っているのだろうか。

> 変化を起こしたくないのなら、サービスのプロではなく他の職業で身を立てることを考えるべきだ。サービスという言葉が、重要な意味を持つのである。

まとめよう。

1. "誰に何をするか"の主張（私の場合は、サービスのプロが予約でいっぱいになるように力を貸すこと）
2. "なぜそれをするか"の主張（私の場合は、自分が何者で、何を世の中に提供するかについて人々が大きな視点から考える手助けをしたいから）
3. "キャッチフレーズ"（例：「小さく考えることに飽き飽きしたら、呼ぶべき男」）

> **1.3.11 練習問題** まずは基本から。シンプルかつ率直であるよう心がけよう。あなたの"誰に何をするか"の主張は何か。誰がどんなことをするのに力を貸すのか。第2章で説明したターゲット市場を参照しよう。最初は、今明瞭かつ正確なことだけを考え出そう――くれぐれも5歳児でも理解できるようなものであること。心に浮かんだ可能性をできるだけ多くリストアップしてほしい。この文章を完成させよう。「私は……に力を貸す」。
> 例：「私は……サービスのプロが予約でいっぱいになるように力を貸す」

（あるいは5歳の子供向けだとしたら、「お店のものがもっとたくさん売れるようにお手伝いをする」だろうか）

1.3.12練習問題　再び安全地帯から抜け出すときが来た。非難する気持ちを脇にやり、大きな視野で考えるようにしよう。とにかく、本当に"大きな"、これまでに考えたことも夢見たこともないくらい大きな視野だ。最高に理想的で意欲があり、想像力に富んでいて力がみなぎる自分になろう。あなたの目的は何か。仕事を通じて何を実現させたいか。あなたの仕事はあなた自身の表現であることを忘れないように。思いついたことは何でもリストアップしよう。

1.3.13練習問題　上の内容を頭に置きながら、"なぜそれをするか"の主張をできれば少なくとも3つ作成しよう。

1.3.14予約でいっぱいにするための行動ステップ　"なぜそれをするか"の主張がすぐに簡単に見つからない場合は、あなたをよく知っていて助けになる友人または仲間を集めて、一緒に意見を出してくれるよう依頼すること。自分自身のことはあまりに自然で、"なぜそれをするか"の主張の重要な要素になると認識さえしていない場合が多い。外部からの情報や、より客観的な見方を採り入れることは、大変効果がある。

1.3.15練習問題　あなたが現在気に入っている"なぜそれをするか"の主張を言い表し、証明するキャッチフレーズの候補を3〜5つ作成しよう。

ローマは1日にしてならず

　私のパーソナル・ブランドには、適したものはなかなか見つからなかった。非常に多くのバージョンについて検討し、私にとって効果的な"なぜそれをするか"の主張とキャッチフレーズが作れるまでに1カ月も要した。しかしそれでも、完璧なブランド・メッセージ、または自分の考えを表す主張を見つけなければならないというプレッシャーはなかった。いつでも変えられるとわかっていたので、心配していなかった。自分が支持するものを言い表すキャッチフレーズ作りはプロセスであり、完成するまで変更を重ねることになるだろうとわかっていたのだ。だが、**とにかく何かを作ってスタートさせなければ、何を手に入れることができただろうか**。きっと何も得られなかっただろう。

　最初に"誰に何をするか"の主張、「プロのサービス提供者がより多くの顧客を獲得するために力を貸す」を明確にした。

　それから"なぜそれをするか"の主張、「自分が何者で、何を世の中に提供するかについて人々が大きな視点から考える手助けをしたい」を明確にした。

　もっと時間がかかったのは、"キャッチフレーズ"の決定だ。キャッチフレーズを見つけようと本当に一生懸命に取り組み、およそ半年かかった。毎日考え続けたのだが、うまいキャッチフレーズが浮かんだのは偶然だったのだから驚きだ。そのとき、私はたくさんの人々と一緒に、それぞれのビジネスについて計画を立ててアイデアを出し合い、自分の仕事について話していた。

　私は他の人たちを困らせ、からかったり疑問を投げかけたりしていて、こう言った。「どうしてわざわざ君なんか雇うんだよ」。わざと難癖をつけていたのだが、とうとう1人の女性が私に仕返しをしようと、「そうよ、まったくなんであなたなんか雇うのよ」と言った。そのとき思わず私は、「それは

私が、小さく考えることに飽き飽きしたら、呼ぶべき男だからだ」と答えてしまった。すると、まるでみんなが息を呑んだかのように、急に部屋全体が静まり返った。すぐにかの女性は叫んだ。「そうよ！"いかにもあなたらしいわ！"」。部屋にいたすべての人が歓声を上げ、雰囲気は変わり興奮に包まれた。

　それでも、そのキャッチフレーズについて深く考えるようになったのはそれから数週間後、シンク・ビッグ・レボリューションのためのアイデアをある仲間に話しているときだった。シンク・ビッグ・レボリューションは無料のオンライン・ソーシャル・ネットワークで、自分が何者で何を世の中に提供するかについて大きな視点でとらえるために人々が集まってくる。

　私はワクワクしていたが、同時に疑問に感じてもいた。「この"大きな"というのがはっきりしない。『小さく考えることに飽き飽きしたら、呼ぶべき男』というキャッチフレーズを思いついたものの、確信が持てなかったのである。実際のところ誰かそれを気にすると思う？」 彼女は笑ってこう言った。「マイケル、あなたって鈍いの？」「わかってるよ、でももっと具体的に言ってくれよ」。彼女は、私と一緒にいるのが好きなのは、自分が何者で何を世の中に提供するかについて非常に大きな視点から考えられるからだと説明してくれた。

　そしてうれしいことに、『ニューヨーク・タイムズ』紙のベストセラーになった私の著書、『The Think Big Manifesto（仮邦題：シンク・ビッグ・マニフェスト）』を基盤としたウェブサイト ThinkBigRevolution.com で、キャッチフレーズは現実のものとなった（このサイトは今でも無料で閲覧することができるし、今後も無料の予定だ。最初から大きな観点から考えることは誰にもできない。あなたも一緒にシンク・ビッグ・レボリューションに参加しよう）。

　そのとき私は、自分が何者で何を世の中に提供するかについて大きな視点でとらえられるよう、人々の役に立ちたいという気持ちは、私にとってあまりに自然なものだったので、大したことではないように思えたのだとわかっ

た。私ほど自然にそういう気持ちにならない人たちと話してみなければ、必要な考え方を知ることはできなかった。まさに最も自然に浮かんできたことそのものが、人々を私に引き付け、私の製品を買い、プログラムやセミナーに出席したいという気持ちを人々に植え付けたのだった。

"なぜそれをするか"の主張とキャッチフレーズを使って、なぜこの仕事をしているのかを人々に知ってもらうようになってから、**それに共感した人たちは、私の主張やキャッチフレーズをどれほど深く理解できるかについてすぐに意見を述べてくれる**とわかった。それに"共感できない"人たちが、意見を言ってくれることはない。それでいい。主張やキャッチフレーズは、一緒に仕事をするべき人々を引き付けるためのものだからだ。そうでない人たちは、共感を覚える他の誰かに魅力を感じるだろうし、あなたも理想に満たない顧客に囲まれる羽目には絶対にならないはずだ。

　老人と少年とロバの話を思い出そう。予約でいっぱいにするためのプロセスは、できるだけ多くの人たちを喜ばせるための方法ではない。**あなたならではのユニークなメッセージを、聞きたいと思う人たちに伝える方法**である。すべての人に訴えかけようとして効果が弱まってしまったパーソナル・ブランディングでは、それは叶わない。**大胆な、制限なしの自己表現によってのみ実現できる**のだ。ただ1人のあなたになる、そして何かを支持する——大々的に——ためのプロセスなのである。

CHAPTER4
対話―仕事内容の伝え方

> 会話とは対話であって、独り言ではない。心地良い会話があまりにも少ないのはそのためだ。知的な会話のできる人間はごくまれなので、遭遇することは滅多にない。
>
> ──トルーマン・カポーティ──

　サービスのプロの多くが好調なビジネスを構築できない主な理由は、どんな解決策や利益を提供することができるかを、明確かつ説得力のある方法で正確に説明するのに悪戦苦闘しているからだ。彼らは、**難しそうだとか面白味がないとか、他の人と同じだという印象を与えずに──そのうえエレベーター・ピッチを使わずに──自分の仕事について話す方法がわかっていない**。そう、聞き間違いではない。エレベーター・ピッチは"使わない"のだ。

　エレベーター・ピッチ（またの名をセールス・トーク、あるいは30秒のコマーシャルという）とは、エレベーターが1階から5階に上るまでの時間に自分の仕事を説明し、人にすごいと思わせるためのトークのことである。

　エレベーター・ピッチについて、私は何年もの間数千人の聴衆に聞き取り調査を行ってきた。「皆さんの中で、誰かのセールス・トークを"聞く"の

が大、大、大好きな人はどれくらいいますか？」 各講演の合間にこう尋ねると、誰も手を挙げない。「では、自分で商品のセールス・トークを"する"のが大、大、大好きな人は何人いるでしょうか？」 やはり手を挙げる人はいない。

どうなっているんだ？ 誰もがセールス・トークを聞くのもするのも嫌だとしたら、いまだにそのやり方が教えられているのは一体どういうわけなのか。言うまでもなく、**自分の仕事について説明できるようになる必要がある**からだ——それはわかる。だが、**サービスのプロの場合、エレベーター・ピッチを使うこと自体適切ではない**のである。効果がないばかりか、自分が愚かに見えてしまうし、もっと悪いことにとても不快に思われてしまう。

エレベーター・ピッチは、資金提供を期待する"起業家"がベンチャー投資家やエンジェル・インベスター（訳注：資金を提供し経営のアドバイスを行うなどして、ベンチャーを育てる個人投資家）にアイデアを売り込むために生まれたもので、サービスのプロが潜在顧客との信頼関係を築くためのものではない。ベンチャー投資家は、アイデアが優れているかどうかをエレベーター・ピッチの優劣を根拠に判断する場合が多く、そうした状況においては、エレベーター・ピッチは完璧に理にかなっている。

だが、顧客と"サービスのプロ"の関係はそのような方法で深まっていくわけではない。サービスのプロは、信頼の置けるアドバイザーとしての地位を確立しようと努力しているのであって、例えば金属探知機能付きサンダルといった新製品を製造するための資金を調達しようとしているのではない。背景もエネルギーの注ぎ方も全く異なるのだ。

素晴らしき仲間であるサービスのプロの皆さんをサポートするべく、私にはセールス・トークを封印し、サービスを提供する専門家向けのビジネス辞書からこの言葉をなくす使命がある。あなたも一緒にこの任務を負い、セールス・トークに頼らず仕事の内容を説明する方法を学んでもらいたい。では、どうすればいいのか。

私が"会話"と呼んでいる奇想天外なコンセプトを使おう。よくわからな

い？　そうだろう。本章を通して、**「予約でいっぱいにしようの対話」**の方法をお教えしよう。創造的――台本はない！――な会話が、あなたやあなたのサービス、製品、プログラムについての好奇心や興味をかき立てる。「予約でいっぱいにしようの対話」を活用すれば、潜在顧客、あるいは紹介源と意義のある会話（"会話"こそうってつけの言葉だ）をすることができるようになるだろう。

　対話は、あなたが手を貸す人々がどんな人間か、どんな困難に直面していて、あなたがどんなふうに彼らの役に立つことができるか、彼らがあなたのサービスによって得られる成果や利益は何かを、生き生きと鮮やかに表現する。「お仕事は何ですか」という質問からは、「ビジネス・コンサルタントです」「マッサージ・セラピストです」「グラフィック・デザイナーです」といった無味乾燥で退屈なありふれた反応、つまり、たいていの場合礼儀正しいうなずきと挨拶、あるいはぎこちない沈黙とうつろな視線程度のものしか生まれない。対話とは、それに代わるものである。

　相手からつまらない反応が返ってきてしまったら、それ以上自分や自分のサービスのことを話したところで、押しつけがましく聞こえてしまう。もっと悪ければ、お決まりの答えに対して、30秒で自分をロック・スターのように見せようと、大げさでもったいぶった、誇張したセールス・トークをしてしまう可能性もある。残念ながら、退屈な答えが返ってきた後で極端に熱狂的なエレベーター・ピッチを始めても、聞いている方がクレジットカードをすぐさま取り出さなければいけないような気持ちになるという展開は、あまり期待できないと思う。

　しかし、これから学ぶのは、潜在顧客または紹介をもたらしてくれる相手との、有意義で、人と人とのつながりを大切にする"対話"を生み出す、「予約でいっぱいにするため」の方法である。対話とは、**それぞれ相手が言わなければならないことに対し実際に関心を持っている２人の人間の間の会話**だと考えよう。この方法が素晴らしいのは、あなたが売っているものを人々が買う理由について正しく理解した上でやり取りが行われている点だ。人々がなぜあなたが売っているものを買うのかという理由は、すでに第２章で行っ

た取り組みによって明らかになっているはずである。

　前に作った"誰に何をするか"の主張は、自分の仕事についての会話を始める最初のステップとして素晴らしいのと同時に、優れたツールでもある。あなたはもう、相手の心をつかんで積極的に会話に引き込み、単なる丁寧な確認ではなく、質問を引き出すことができると確信しているはずだ。**人に"一方的に"話すのではなく、人"と"話さなければならない。**ということはつまり人の話も聞かなければならないし、相手が何に興味を持ち、彼らのニーズは何であるかをよく理解しなければならない。何しろ、彼らのニーズとはあなたが提供するサービスそのものかもしれないのだ。あらかじめ作った台本通りの話をするのは絶対禁止。そんなことをするなんて、列車の脱線事故が起きるのを、ただ待っているようなものだ。

　「予約でいっぱいにしようの対話」のショート、ミディアム、ロングの各バージョンを活用すれば、さまざまな状況でさまざまな人々と会話をすることができるようになる。そう、いつでも準備万端というわけだ。あなたはどんな人にサービスを提供しているかを話し、相手の答えに耳を傾ける。相手の反応を足掛かりにしていけば、いつの間にか有益で興味深い会話をしている。そしてそれこそが、難しそうだとか面白味がないとか、もっと悪ければ、知らないうちにとても不快だと思われたりすることもなく、自分の仕事について話すカギなのである。

> 「お仕事は何ですか」という質問はしょっちゅう耳にするが、この質問に自分の専門分野だけを答えるのは間違いだ。

　あなたという人間は、その職業をはるかに超えた存在だ。総称としてのラベルはもう捨ててしまおう。教師、医師、デザイナー、会計士、鍼師、個人のフィットネス・トレーナー、ヨガ・インストラクター、コンサルタント、コーチなどといった言葉で表せば、あなたはその他大勢の1人である。

　ちょっと考えてみよう。あなたが例えばヨガのインストラクターで、あなたの力を本当に必要としている、理想的な顧客になってくれそうな人と会う

としよう。唯一の問題は、ヨガやヨガ・インストラクターとはどんなものかについてその人が先入観を持っており、その先入観はあなたに成功をもたらしてくれるようなものではないということである。

　こんなシナリオを想像してみよう。潜在顧客に仕事は何かと尋ねられたあなたが、「ヨガのインストラクターです」と答える。すると、何が起きたかもわからぬうちに、あなたは相手の顔が歪み、左の眉と左の上唇がつり上がって鼻の穴が膨らむのを目にする。その潜在顧客はこう言うのだ。「あら、そうなの……昔近所にヨガのインストラクターが住んでいたことがあったわ。その人は本当に変わり者で、おかげでひどい目に遭ったのよ。彼女のせいで、引っ越さなければならなくなったくらいなんだから。すごく気に入っていたアパートなのに！　大勢の人がひっきりなしに出入りしていて、奇妙な音楽を大きな音で鳴らすわ、この世の終わりみたいな呪文を唱えるわ——きっとカルト教団の信者だったに違いないと思うの。それに延々と焚くお香の煙が私の部屋まで入ってきて、あのひどい臭いといったら、信じられないくらいよ」。

　おやおや。

　自分の仕事について話すとき、相手にこんな反応をしてほしいだろうか？

　こういったことは、ヨガ・インストラクターに限らずどのサービス業でも起こり得る。例えば、株式仲買人が、映画の『Boiler Room（ボイラー・ルーム）』（罪もない人たちから一生の蓄えをだまし取ろうとする株式仲買人を描いた2000年の作品）に出てくる株式仲買人くらいにしかなじみのない人に会う、といったような場合だ。素敵な光景とは言いがたい。

　あなたはどれほど職業上の肩書を超えた人間か？　「予約でいっぱいにしようの対話」は、**あなたと同じ職業名を持つすべての人たちからあなたを際立たせることができる**だろう。「予約でいっぱいにしようの対話」は、あなたとあなたのサービス、製品、そしてプログラムがどのようにユニークなのかを強調する機会を与えてくれる——だから、情熱を持って取り組もう。

　しかし、「予約でいっぱいにしようの対話」を履歴書のように読んでしまったら、相手を涙が出るほど退屈させるに違いない。口にしないまでも、彼ら

はきっとこう思うだろう。「どうだっていいじゃないか。だから何だよ。何の関係があるっていうんだよ」。あなたの潜在顧客が知りたいのは、「私に何の得があるのか」ということなのだから。

● 「予約でいっぱいにしようの対話」を作るプロセス

では、「予約でいっぱいにしようの対話」を最も小さな構成要素に分解し、これまでの章で一生懸命に取り組んで得られたすべての情報を集めて、対話をまとめていくことにしよう。あなたはすでにターゲット市場を選択し、"誰に何をするか"および"なぜそれをするか"の主張と"キャッチフレーズ"を作って、パーソナル・ブランドを展開し始めている。これから、行ったすべての練習問題を復習し、中心となるメッセージを完成させる。練習問題をしっかりと理解していれば、「予約でいっぱいにしようの対話」を作るのは比較的簡単なプロセスになるだろう。しかも、この強力な手段があなたのビジネスやメッセージを一変させるはずだ。

「対話」を構成する5つのパート

すべてを合わせて、いくつか異なる対話のバージョン（ショート、ミディアム、ロング）を作ろう。どうか、どうか忘れないでもらいたいのだが、これはスピーチを作るのではない。「予約でいっぱいにしようの対話」、すなわち"会話"の中味として考えられるものを想像できるよう、ここでは骨組みをいくつか示す。

> **1.4.1 練習問題**　以下の5つのパートについては、これまでの練習問題ですでに答えが出ているので、その内容を以下の形式に当てはめていけばいい。

> パートⅠ：あなたのターゲット市場について1つの文に要約する。
> パートⅡ：ターゲット市場が直面している最大かつ最も危機的な3つの問題を特定し、簡潔に説明する。
> パートⅢ：これらの問題をどう解決し、顧客が投資するのにふさわしい機会をどのように提供するかをリストアップする。
> パートⅣ：顧客の目標達成にあなたが力を貸した、会話の相手に最も関連のある最大の成果について説明する。
> パートⅤ：顧客の経験にとって役立つ、より深い、核となる利益を明らかにする。

　これで、難解だとか面白味がないと相手に思わせることなく仕事の内容を説明するのに有益な大まかな内容がわかった。それどころか、あなたはスーパースターのような印象を与えることだろう。なぜなら、この概要、つまり枠組みを使えば、他の人と有意義な会話ができるからである。

　繰り返しになるのは承知だが、非常に重要なのであえて言わせてもらう。**これはスピーチではない。形式にこだわり続けてはいけない。必ずその場に合わせて対話を組み立てること**。骨組みは役に立つが、すべての会話にこの枠組みのあらゆる要素を盛り込む必要はないかもしれない。蓋を開けてみれば、相手がずっとしゃべりっぱなしで、果てはあなたが言うべきことを代わりにきちんと話してしまう、などということも考えられる。そんなときはただ座ってリラックスしていればいい。

　要するに、上の5つの要素を準備しておけば、あなたには仕事について話すために必要なことが揃っているのだから、高い報酬を支払ってくれる、価値の高い顧客からの予約でいっぱいの、興味をそそる魅力的なビジネスを円滑に構築することができる（先に取り組んだ**練習問題のそれぞれのパートが、次の会話にどのように適合するのかに注意し、また自然な会話をした結果、各パートがどのように進行していくかについても注目する**こと）。

●簡潔で要を得ているバージョン

　短いバージョンからやってみよう。これは本質的には"誰に何をするか"の主張を広げたものだ。

・私は（パートⅠ）が……（パートⅤを挿入）するための力になる。

(例) スーパーのレジ待ちの列にて。
ボビー　はじめまして、マイケル。お仕事は何をしていらっしゃるのですか？
MP　中小企業向けのアドバイザーです。（パートⅠ）中小企業のオーナーが（パートⅡ）顧客を増やす手伝いをしています。
ボビー　おお、それは非常に興味深い。妻が自宅でビジネスをしているんですが、彼女の力になってもらえませんか。
MP　奥様のお仕事や、どんなサポートを必要としていると思われるのか、もう少しお話ししていただけませんか。
　これで、会話が成立だ……。

●中程度の長さのバージョン

「予約でいっぱいにしようの対話」は必要に応じて簡単に変えることができる。中程度の長さのバージョンを作って、それを少し短くしてみよう。

・私は（パートⅠ）の力になる。
・あなたはどう（パートⅠとⅡを挿入）すればいいのかを知っていますか？
・そうですね、私の仕事は（パートⅢとⅤを挿入）です。

(例) 業界の会合

リサ　はじめまして、マイケル。お仕事は何をしていらっしゃるの？
MP　中小企業向けのアドバイザーです。（パートⅠ）中小企業のオーナーが（パートⅡ）顧客を増やすためのお手伝いをさせてもらっています。
リサ　それはとても大切なことですね……顧客を増やすんですか。
MP　全くその通りです。企業の経営者はもっと顧客を探そうといつも努力はしているのですが、マーケティングや営業が嫌いだとよくこぼしています（パートⅠと、どちらかと言えばパートⅡ）。
リサ　白状していいかしら、マイケル。私もそんな経営者の1人なんです。新しい顧客をいつも必要としていながら、マーケティングも営業も本当に大嫌いなの！
MP　そういう話はよく聞きます！　でも、必ずしもマーケティングや営業を嫌う必要はないんですよ。実は、あなたのような方にマーケティングや営業が"大好きになる"方法や、心から望む多くの顧客を獲得するための方法を教えているんです（どちらかと言えばパートⅡ、パートⅢ、およびパートⅤ）。
リサ　もう少し詳しく教えてください！　お願いします！
　　　これで本当に会話が成立している！

●ロング・バージョン

長くても超簡単だ。次の形式にパートⅠからⅤを挿入すればいいだけだ。

- （パートⅠを入れる）がどのように仕事をしているか、（パートⅡの一部を含める）をどう感じているかを知っているか？
- 私の仕事は（パートⅢをはっきりと説明する）です。
- 結果は（パートⅣを明らかにする）になります。
- （パートⅤをたくさん挿入する）といった利益が得られます。

（例） カクテルパーティーでの気軽な会話

ジョー やあ、マイケル。仕事は何を？

MP 聞いてくれてありがとう、ジョー。どれほど多くの専門職の自営業者が（パートI）、独りで仕事をすることで期待できる自由を夢見て独立しても、結局は孤立し、不満を感じ、多くの場合はお金に苦労することになるか知っているかい（パートII）？　そういう人は周りにいる？

ジョー ああ、いるとも。実は姉のジェーンがまさにそうなんだ。

MP へぇー、そうなのか。お姉さんは自分の限界以上に働いていて、全然リラックスできそうにもないし、いつでもお金のストレスを抱えているんじゃないかな？　いやもっと悪ければ、独立しなければよかったと思い始めているんじゃないだろうか（パートIIに近い）。

ジョー そうだ、全くその通りだよ！　姉を励まそうとしてきたんだけど、どうやって彼女の力になったらいいのか、正直もうわからないんだ。

MP そうだろうね。お姉さんには、1人じゃないことを教えてあげるといい。同じような状況にいる人たちは驚くほど多いんだよ。本当によくある話で、事実、僕はセミナーやコーチング・プログラムを通して、お姉さんのような人たちに予約でいっぱいにするためのシステムを教えているんだ（パートIII）。おかげさまで、僕のプログラムに参加した人の90％以上が、1年以内に顧客の数を30％以上増やし、収入を40％以上も多くすることができた（パートIV）。だから、希望はある！

ジョー わぁ！　それはすごいじゃないか。姉の客の数も増えたらいいんだけどなぁ。

MP そう、すごいことだけど、大事なのはただ顧客を増やしてお金を稼ぐことじゃないんだ。お姉さんは自分が何者で、世の中にどんなサービスを提供するかについて今よりもじっくり考えるようになって、これ以上心配する必要がなくなる。自分が力を貸す運命にある人たちを相手に、情熱を注いで仕事をすることができるようになる（パートV）。

（ジョーはため息をついて、意味ありげに一瞬言葉を切り、やがてこう言う……）

ジョー 君の仕事のことを聞いてすごくよかったよ。姉に連絡させるように

したいんだけど、どうすればいいかな？　君の力が本当に必要だと思うんだ。

MP　君の名刺をくれれば、月曜日に君に連絡して、お姉さんに紹介してもらえるようにしよう。

ジョー　そうしてくれるとありがたいよ、マイケル。ただでさえ忙しいのに、用事を増やさなくてもよくなったよ。

MP　それと……僕が自分のシステムについて書いた『Book Yourself Solid（フリーエージェント起業術）』という本があるんだけど、君からのプレゼントとして、僕のサインを入れて1冊お姉さんに送ってもいいかな。

ジョー　それはいい考えだ。ありがとう。僕にメールしてくれたら姉の住所を教えるから、送ってもらえるかい？

　これは、あなたの仕事について実際に誰かと会話をするための極めて優れたやり方だ。もちろん、完璧に成功する例を書いたのであって、実際の場面では、必ずしもこれほどスムーズに、うまくはいかないかもしれない。それでも、柔軟に相手の言葉に耳を傾け、目の前の会話の動きや細かい部分に適応することができれば、必ずと言ってよいほど思った以上の成果を挙げることができるはずだ。

　あるいは、私は『ニューヨーク・タイムズ』紙でベストセラーになった本を4冊も書き、キー局やケーブルテレビの番組にレギュラー出演していて、ビジネス界では最も人気のある講演者で、世界で一番尊敬されるコーチング・プログラムの1つを運営している、という話から始めてもいい。しかし、それではまるで高慢ちきな馬鹿者みたいではないか。そうした類の証明は時間をかけて必要に応じて明らかにするべきで、「仕事は何ですか」と聞かれて3秒後に言うようなことではない。

　いやもちろん、あなたはいつものやり方に戻って、「こんにちは、（あなたの名前）です。（職業名）をしています」と言うこともできるし、セールス・トークを使ってみようとしても構わない。だが、わかっていると思うが、そ

れでは私の方法と全く同じ効果を得ることはできないし、おそらくは人間関係を始められずに会話を終わらせてしまうことになるだろう。

　ターゲット市場を明確に特定して、市場のニーズと望みを把握し、提供するサービスの結果もたらされる核となる利益を明らかにすることによって、あなたがどのような役に立てるかをはっきりと説明できれば、不意を突かれることは二度とないだろう。自分のメッセージに磨きをかけ続け、何度も何度も練習しよう。私はそうしている。

自然な「対話」をできるようにするには

　自宅のどこか落ち着ける場所で始めよう。「予約でいっぱいにしようの対話」が自然に感じるようになるまでには、しばらく時間がかかるかもしれない。対話が不自然でいかにもリハーサルしてきたみたいに聞こえないようにしたいのなら、練習あるのみ。**練習すればするほど慣れてきて、リハーサルしたようには思われなくなり、臨機応変に対応できるようになる**だろう。

　第一印象を与えるチャンスはただ一度しかない。思わず引きずり込まれてしまうような効果的なやり方で、あなた自身とあなたの仕事の内容を伝えるのだ。

　このやり方で練習すれば、いろいろな人たちと話をする際に「予約でいっぱいにしようの対話」を展開していく多くの方法がしっくり馴染んでくる。これは間違いなく対話であって、スピーチでも台本でもないのだから、誰かとあなたの仕事について話す対話は、どれも皆それぞれ違うだろう。対話の相手は台本を読むわけではないので、私が先ほどまとめた例の会話と同じように答えるかもしれないし、答えない場合もあるかもしれないが、「予約でいっぱいにしようの対話」をしっかりと把握していれば、そんなことは関係ないとすぐにわかるだろう。一番適切な方法で苦もなく簡単に反応できるはずだ。

1.4.2 予約でいっぱいにするための行動ステップ

どちらからともなく電話をかけ合い、こう聞く。「どんな仕事をしていますか？」

「予約でいっぱいにしよう」システムの最も重要な原則は、教えられた内容を実際にやってみるということである。学ぶのは目的を達成するための手段にすぎない。行動を起こしてこそ予約でいっぱいにすることができるのだ。

仲間との練習が終わったら、お互いに以下の質問をし合おう。
- 私はリラックスしてくつろいでいる印象を与えたか？
- 私の仕事に対する情熱と興奮を感じ取ることができたか？
- 本当に興味を引かれたのは何か？
- 私の「予約でいっぱいにしようの対話」の中で、一番好きな点、一番嫌いな点はどこか？

この練習問題を、率直なフィードバックを得られる優れた機会として活用すれば、「予約でいっぱいにしようの対話」を微調整して最高のものにすることができる。

●自分の思いを語る

表情豊かに話すように気を付けよう。胸を躍らせて、あなたが解決できる問題や自分の仕事に対して抱いている情熱を示そう。あなた自身が自分の仕事に大して興味がないとしたら、他に関心を持ってくれる人など誰もいないのだから。

> 自分の仕事に情熱を持ち、夢中になっていて、それが表情に表れれば、驚くほど人を魅了する。心から情熱があるふりは装えないし、人が本心から話しているとわかることほど、人の心を動かす、説得力のあることはない。

そして、忘れてはいけない。

- **微笑む**：本物の笑顔――満面の、思いっきりのいい、親しみやすい笑顔で。
- **アイ・コンタクトをする**：アイ・コンタクトをしなければ、深く他人と結びつくことはできない。
- **自信を持つ**：自信に満ちた、オープンなボディー・ランゲージを使おう。背筋をしゃんと伸ばし、それでいてリラックスすること。
- **耳を傾ける！**：相手のニーズと望みに対し、熱心にじっくりと耳を傾けること。そうすればその人にとって最も重要で適切なあらゆる物事に対応することができる。

　正しく作った「予約でいっぱいにしようの対話」は、誠意を持って難なく実行し、そこにあなたならではの才能と情熱があふれていれば、信じられないほど強力なものになる。あなたの情熱を、意志を語ろう。そして一度に1人ずつ、世の中に伝えていこう。

PART2
信用と信頼の構築

予約でいっぱいにするためには、市場において信用できる人だと思われる必要がある。また、サービスを提供する相手からも好ましく受け止められ、信頼を獲得しなければならない。すでに確固たる基盤を構築できているので、ここからは他の人より抜きん出て、潜在顧客との関係を構築していくために、信用と信頼を生み出すための戦略を策定する方法について考えていこう。戦略の基盤となるのは以下の事柄である。

- 自分の専門分野で人々から好かれるエキスパートになり、その立場を確立する。
- 営業サイクル全体を通して、徐々に信頼関係を築いていく。
- ブランド構築力のある製品やプログラムを開発する。

PART1では、誰の力になりたいか、その人たちにどうすれば最高のサービスを行えるか、サービスの提供を通して自分自身をあなたらしく表現する方法や、サービスを提供したい人々に、どのように彼らの力になれるかを伝えるコツについて、時間をかけてじっくりと考えた。次はステップアップして、サービスを提供する運命にある人々の信頼を得るために何をしなければならないかについて見ていくことにしよう。

前と同じように、プロセスを段階を追ってお教えするので、マーケティングも営業も所詮はそれほど難しいものではないとわかってくるはずだ。それどころか、やりがいがあって楽しいことに気が付くと思う。

CHAPTER5
自分を何者と位置付けるか

> 信頼、良心、真実の痕跡のすべては、分別からしか生まれない。
> ——フリードリヒ・ニーチェ

　「大切なのは何を知っているかではなく、誰を知っているかである」。聞いたことはあるだろうか。これには確かに一理あるのだが、プロのサービス提供者なら、**「自分が"何"を知っているかを知っているのは誰で、彼らから"好かれているか？"」**という文章の重要性を考えてみてほしい。専門分野のエキスパート、「カテゴリーの第一人者」としての立場を確立したいのなら、あなたは「自分が何を知っているか」について、潜在顧客に加えてマーケティング・パートナーや紹介者にも知ってもらい……そしてあなたを好きになってもらわなければならない。

　専門分野のエキスパートとして自らを位置付ける方法について検討する前に、肝心なこと——**一般的な信頼構築手段**——について考えよう。一般的な信頼構築手段とは、**自分を信頼できる専門家として見せるために準備し、実**

行しなければならないことである。基本をすべて終えたとき、そこで初めてその分野の第一人者としての評判を確立する方法について考え、好かれやすさが予約でいっぱいにする能力にどんな影響を及ぼすのかを見ていくことができる。

いかにして信頼を構築していくか

　一般的な信頼構築手段の内容はわかりきったことのように思えるかもしれないが、これらの手段を実行しなければあなたは絶対にまともに受け取ってもらえない。そういう意味でも学ぶ価値がある。

- **仕事専用のＥメール・アドレスを持つ**　できればアドレスの一部がドメイン名になっているといい。Juicytushy@aol.com ではだめだ。175bb3c@yahoo.com もいけない。ウェブサイトがまだない場合は、最低でも自分の名前をアドレスに入れよう（johndoe@gmail.com）。
- **お金をかけて質の高い名刺を作る**　家で作った穴の開いた名刺や、裏に印刷会社の名前が入った無料の名刺では、あなたの信用に傷がつくだろう。一方で、わざとらしい文句や非常に型にはまった顔写真付きの名刺を大量に作れば、評価が損なわれかねない。差別化戦略がお手の物なら、名刺のようなものでも何か変わったことをするしかないだろう。もしあなたがデザイナー兼ブランド・スペシャリストだとしたら、滅多にお目にかかれない名刺を持つのも納得がいく。なぜなら、個性的な名刺が功を奏して、素晴らしい印象を与えるはずだからだ。でなければ、シンプルにいこう。
- **ウェブサイトがまだない人は、今すぐに作ろう！**　とはいえ、第16章のウェブ戦略を読んでからで構わない。すでに持っているウェブサイトが、時代遅れだとか、質が悪く古くさい無料のテンプレートを使って作られているものだったら、新しいウェブサイトを作ることだ。専門家か、

プロとまではいかなくとも並はずれた技術を持っているのでない限り、自分でウェブサイトをデザインするのはやめ、専門家にお願いしよう。ネット上のコンテンツを寄せ集めたウェブサイトほど、あなたの信用を損なうものはないのだ。

- **専門家に写真を撮ってもらう**　写真をウェブサイトや販促資料に使おう。パジャマを着て猫と一緒に写った写真では、人に強い信頼を持ってもらうことはできない（もちろん、パジャマも販売するペットショップを経営しているというのなら話は別だが）。写真やビデオを使って、オンライン、オフライン両方のあらゆる販促資料であなたのプロ意識を明示することができる何らかの方法を見つけ出そう。セミナーに参加するなら、業界で名の知れたプロと一緒に写真を撮り、その写真を販促資料に使ってもいい。人々に話しかけ、顧客と関わり合っているあなたの写真を必ず載せるようにしよう。ウェブサイトや販促資料に写真が用意されていないと、潜在顧客はあなたが何かを隠しているのではないかといぶかしみ、あなたとの関係を構築する気がなくなってしまう。

- **ありきたりではない、具体的な推薦の言葉を手に入れて、紹介する**
H.G.という顧客の「パムは素晴らしい。とても力になってくれました」というコメントにそれほどの重要性はないし、決してあなたを予約でいっぱいにはしてくれないだろう。だが、氏名、会社名、そして場合によってはウェブサイトのアドレスを公表し、極めて具体的な推薦の言葉、例えば、「パムのおかげで私は2カ月で15ポンド痩せました。パムの力がなければやり遂げられませんでした！」と言ってくれる人がいたら、影響は大きいはずだ（しゃれではない）（訳注：原文の"weight"に「体重」と「重要性、影響」という両方の意味があることによる）。推薦してもらえるかどうかは、仕事の結果にかかっている。パムが栄養士だとしたら、顧客が納得するためには、多くの顧客が望む成果を達成していなければならない。

　さらに有効なのが著名人による推薦状だ。例えば、シンディ・クロフォードがパムの顧客で、上と同じ推薦の言葉を言ってくれたとした

ら、パムに仕事を依頼したくならないか？　パムがシンディの役に立てたのなら、自分の役にも立ってくれると思わないだろうか？　私ならそう考えると思う。これはとても重要な点だ。なぜなら、著名人から得られたものでなければ、推薦の言葉はありふれた印象を与え、本当の意味での差別化要因としての役割を果たすことができない場合があるからだ。だから、一緒に仕事をするすべての人に、あなたやあなたの仕事について具体的で好意的な賞賛の言葉をもらえるようにお願いし、あなたが尊敬する人たちにも連絡を取ろう。その人たちと関係を築き、チャンスが来たら、推薦の言葉を依頼するのだ。

・**おまけ：顧問委員会を設立する**　著名な人物が名前を貸してくれるとしたら、ターゲット市場で信用を確立する一助となるだろう。よく知られた他のエキスパートとの付き合いだけでも、信用を築くのに大きな効果がある。

プロなら厳守しなければならないサービスの基準

　以下に挙げるのは、**非常に優れたサービスのプロなら絶対に守らなければならない、そして顧客が期待するサービスの基本的な基準**である。これらの基準はあなたの信頼を確立するのに役立つ。多くのサービスのプロが間違っているのは、これらのサービスの基準さえ満たせば、他者より突出した存在になれると考えている点だ。

・**サービスの質**　当然ではあるが、高い品質のサービスを行わなければならない。潜在顧客はあなたが高いレベルのサービスを提供してくれるはずだと思っている。
・**方法とツール**　最良の方法とツールを擁していることが期待される。
・**反応の良さ**　顧客はあなたが早く反応することを望んでいる。救急サー

ビスを経営しているとすれば、おそらく反応の良さは卓越しているだろうが、もしあなたが写真家だったら、電話に出たりEメールに返信したりするよう求めることはあっても、思いつきで日曜日の午前3時に家に来て、家族写真を撮ってくれと要求することはない。

- **資格** サービスのプロに関してはほとんどの場合、顧客はあなたが考えるほど資格について気にしていない。ただし、もちろん医療、法務、金融関係の仕事をしているのなら話は別で、当然資格を持っていることが期待される。だがそれでも、鍼灸医（しんきゅう）の学位を持っているからといって、信頼度がいっぺんに高くなるわけではない。私がもしもあなたに鍼治療を受けるとしたら、あなたが資格を持っていることを期待するだろうし、有資格者であることを示すプレートが壁にかかっていれば、それで満足だ。まあ、鍼灸医としての仕事でノーベル平和賞でも獲得すれば、申し分ないかもしれない。

- **顧客の重要性** 顧客は大切と思われることを望んでいる。常に顧客には自分が大事な――いや、大事どころでは済まない存在だと感じさせなくてはならない。ビジネスを予約でいっぱいにしたければ、顧客にまるで太陽が自分のためだけに昇り、輝いているくらいの気持ちになってもらおう。なぜなら本当にそうだからだ。本当に大切な存在であることを顧客に実感してもらえば、あなたは信頼を築いていける。これは動かぬ事実なのだ。

- **適正な価格** 総じて人は価格によって買うかどうかを決めるわけではない（たとえそうすると言っていたとしてもだ）し、こと個人の満足、家族、ビジネス、すなわち思うにほとんどすべてのものについては、価格が決め手になることは絶対にない。最も低い価格を提示することが必ずしも信頼の確立に役立つとは限らず、価格が市場価値を大幅に下回っていると、かえって潜在顧客の多くは不信感を抱くかもしれない。価格決定については後ほど検討しよう。

こうしたサービスの基準を満たしているのだから際立った存在になれるな

どと、どうか思い込まないでほしい。そんなことはないのだから。サービスの基準とは、知識の豊富なあらゆる顧客が期待する事柄なのだ。だが、あなたをいつでも他者より目立たせてくれる、とっておきのコツがある。

第一人者になること、地位を確立すること

　カテゴリーの第一人者になることと、その地歩を固めることは、一見同じように思えるかもしれないが、そうではない。第一人者になれるまではそのふりをしなさい、と言っているわけでもない。

　カテゴリーの第一人者としての立場を築くためには、その前に第一人者に"ならなければ"いけないのである。どうやって？　**あなたがこれで名を知られるようになりたいと思う事柄について、可能な限りすべてのことを学んでいけば、きっとカテゴリーの第一人者になれる**だろう。

　私たちの多くは、自分の専門分野についてできる限りのすべてを慌てて学ぼうとしても、すぐさま圧倒されてしまいがちである。というのも最初にわかるのが、往々にして自分の知らない事柄がいかに多いかということだからだ。けれども、これは良いことだ。自分に必要だと「わかっていない」知識を追求することはできないので、**たとえ自尊心がしぼんでしまったとしても、自分が知らないということすら以前はわかっていなかった事柄を最初に学ぶ方がずっと効果的である**。

　カテゴリーの第一人者になってその立場を確立できるには、これから学び実行しなければならないことがごまんとある。そう考えるだけでたちまちパニックになってしまったとしても、それはあなただけではない。

　あるいは、自分にはすでにエキスパートになれるだけの知識があると感じていても、ターゲット市場の真っただ中に、極めて大胆に、そして公然と出ていかなければならないと思うと、家に帰ってお母さんお手製のチキンスープが食べたいと思うかもしれない。

　大々的に堂々と、公（おおやけ）の場でサービスを提供したいと思う人の前に出て、

人々の厳しい視線にさらされることになると考えると、ひどく不安な気持ちになる人もいるだろう。「エキスパートを名乗るなんて、自分は何様なんだ？ 何を知っているというのだろう。まるで詐欺師じゃないか。まだ知識が十分じゃない。きっとエキスパートになれるほどの知識なんか絶対に持てない。どこから手を付けていいかさえもわからないんだ」。頭の中でこんな考えがぐるぐる回り始めて、自分の暗い部分が幅をきかせてきたと感じるかもしれない。それどころかもっと悪ければ、「人の前に出ていって、失敗したらどうしよう。バカに思われたり、恥をかいたりしたらどうしよう。みんなに嫌われたらどうしよう。笑われたり、批判されたりしたらどうしよう」と思い始めるかもしれない。

身に覚えがないだろうか。きっとあるはずだ。さっきも言ったように、**そう思うのはあなただけではない！** それに、そうなると限ったわけでもない。もしあなたの暗い部分がのさばってきたら、そいつを防音クローゼットの中に閉じ込めて、思い切りがよく才気にあふれた本当のあなた自身に再び手綱（たづな）を握らせ、読み進めていこう。

「そう、あなたはやらなければならない！」

なんとか暗い部分を抑えられたとしても、今度はまた別の面が表れてきて、「しなければならないのか？」とめそめそ愚痴を言い始めるかもしれない。だとしたら、**答えはぴしゃりときっぱりと、「そう、やらなければならない！」** だ。好むと好まざるとにかかわらず、ビジネスを可能な限り成功させたければ、カテゴリーの第一人者、すなわちその分野のエキスパートになることは選択肢の1つではない。**義務である。** カテゴリーの第一人者になってその地位を確かなものにすれば、ビジネスの成功に強力な影響をもたらし、信じられないほど得られるものが多いのだから、努力をしてリスク（と"思われている"もの、つまり実際にはリスクでも何でもないもの）を払う価値は十分にある。

カテゴリーの第一人者になれば、次のものが手に入る。

- 潜在顧客が心配することなく自信を持ってあなたのサービスや製品、プログラムを購入するために必要な、信用と信頼を確立できる。
- ターゲット市場全体に働きかけるために必要になる、知名度が得られる。
- ターゲット市場"において"あなた自身とあなたのビジネスの認知度を高める大々的な方法で、メッセージを世間に伝えられる。つまり、あなたが提供するようなサービス、製品、そしてプログラムを必要とするときに、人々が真っ先に思い浮かべる存在になるということだ。
- もっと簡単に苦もなく顧客を獲得し、売り上げを伸ばすのに役立つと同時に、より高額の料金を稼ぐことができる。あなたと同様のサービスや製品、プログラムを提供する他の人たちから際立つために必要な競争力が得られるだろう。はっと気が付くと、あなたはもはやその他大勢の1人ではなくなっているはずだ。
- 選んだ新たな市場に移行し、拡大していくのがぐっと容易になる。
- 可能な限り最高のサービス、製品、そしてプログラムを、最も必要とし、望んでいる人たちに提供する能力に対する自信を深められる。

どこから手をつけるべきか

　まず、**ターゲット市場において何について名前が知られるようになりたいのかを明らかにしなければならない**。何によって有名になりたいかの範囲が広すぎる、あるいはあまりに多くのことについてカテゴリーの第一人者になろうとしているような場合は、圧倒されてしまい、ターゲット市場を混乱させることになるだろう。

　これで名を知られるようになりたいと思う事柄を1つ特定し、それに注力することで、プロセスをシンプルにしてスピードアップを図り、ターゲット市場の人々の心にあなたの専門知識についての疑問を残さないようにする。

その結果、サービス、製品、プログラムばかりでなく、カテゴリーの第一人者としての自分を築くために活用するあらゆるテクニックの間の相乗効果を生み出すことができるだろう。

カテゴリーの第一人者として地歩をしっかりと固めるには、**1つのことに関するあなたの専門知識を証明するさまざまなテクニックを使い、ターゲット市場の需要を満たす必要がある。そのためには、集中、集中、集中！**

> **2.5.1練習問題**　次の問いに答えよう。
> 1．現在どの分野のエキスパートか。
> 2．専門知識を伸ばす必要があるのは、どの分野か。
> 3．あなたをエキスパートと位置付けることになるターゲット市場に対し、どんな約束をし、実行できるか。
> 4．ターゲット市場に約束して実行したいとは思うが、まだ抵抗を感じるのはどんな約束か。
> 5．それらの約束を安心して交わし、実行できるようになるために、何をする必要があるか。

> **2.5.2練習問題**　上の練習問題の答えを頭に入れながら、ターゲット市場で名前が知られるようになれる"ことが1つ"あるとしたら、何だと思うか。

> **2.5.3練習問題**　名前が知られるようになりたい分野でカテゴリーの第一人者になるためには、何を"学ぶ"必要があるか。

> **2.5.4練習問題**　前の練習問題で判明したことを学べる方法をリス

トアップしよう。
例：本、インターネット検索、トレーニング・プログラム、すでにカテゴリーの権威である指南役の元に弟子入りする。

名を知られるようになりたいことが何であれ、たとえそれについての**知識がすでに極めて豊富であったとしても、学び続け、その分野で最新の情報を得て時代に遅れないようにしよう**。それはアイデアとして素晴らしいというだけでなく、予約でいっぱいのビジネスを維持するために必要なことである。少なくとも、**自分が選んだテーマに関する本を1カ月に1冊は読む**ことを勧める。そうすれば知識が増え、異なる見解を理解しようという意欲がかき立てられる、あるいは新たなアイデアや考えを生み出せるだろう。すべて、あなたが顧客に与える価値を高めてくれるはずだ。

2.5.5 練習問題 上の基準を満たす本を調べて、5冊リストアップしよう。

2.5.6 予約でいっぱいにするための行動ステップ それらの本を購入しよう。

自分をエキスパートと見なす

信頼を得るために何が必要で何をしなければならないかについて検討してきたが、これでカテゴリーの第一人者になり、その地位を確立する重要性がわかったと思う。"現実にエキスパートでなければならない"のは明らかだろう。当然次のステップは、ターゲット市場内でカテゴリーの第一人者とし

ての立場を築くための計画を実行することだろうと思っているかもしれないが、そうではない。最初にしなければならないのは、極めて重要な**気持ちの切り替え**である。

PART4に出てくる予約でいっぱいにするためのマーケティング戦略をすべて学べば、大々的にターゲット市場に参入し、カテゴリーの第一人者としての地位を確かなものにできるだろう。まずは専門知識を確立するために何を学び何をしなければならないかを考えて、「予約でいっぱいにしよう」7つの中核的なセルフ・プロモーション戦略を実行に移すときが来る頃には、"エキスパートになっている"ようにしよう。**自分をエキスパートと見なすという、最も大事な気持ちの切り替えをする**のだ。"あなた自身が"それを信じられなければ、他の誰かを信じるよう説得するのは難しいだろう。

> 自分をカテゴリーの第一人者——その分野のエキスパートと見なし、そう名乗るようにしよう。

ターゲット市場でカテゴリーの第一人者としての地位を確立するときが来たら、専門知識を容易に使いこなすことができ、自信を感じているはずである。すでに自分はエキスパートだと思うなら、ぜひともそのことを今のマーケティング資料に記載するといい。

忘れないでほしい——**潜在顧客と話すときは、自分が何を知っていて、何を知らないかを明確にすること**。信頼を置かれている人だってすべてをわかっているわけではなく、ただ、知っていると言うのと同じくらい身構えずに、知らないと言えるだけなのだ。

もう1つ、とても強力な精神面・感情面の要素があるのだが、これはカテゴリーの第一人者としての立場を築くための努力に重大な影響を及ぼし、あなたを驚かせるかもしれない。本気にしなかったり、過小評価したりすることは絶対にやめてほしい。

好かれやすさには、勝利に近づくパワーがある

　カテゴリーの第一人者になり、その立場を確立するために何をしなければならないかがわかったところで、今からもっと重要な要素について検討していくことにする。潜在顧客はあなたを好きだろうか？　彼らはあなたに好感を抱いているだろうか？　つまり"正真正銘"好ましいと思っているだろうか？

　実際のところ、潜在顧客があなたに好感を持っていなければ、カテゴリーの第一人者としての地位を築くために行う今後の努力は無駄になるだろう。至極大胆な主張で驚くかもしれないが、ティム・サンダースと彼の本『好かれる人は得をする！─仕事がぐんぐんうまくいく絶対法則』に書かれたいくつかのコンセプトの助けを借りて、私がこのテーマに目を向けている間、黙って聞いてほしい。

　サンダースは、突き詰めると**「人生は人気コンテストの連続である」**と指摘する。認めたくないし信じたくもないし、それに今まではそうとばかりも言い切れないと言われてきたけれど、結局のところ、好かれやすい人なら、好かれる要素を多く持つ人なら、顧客に選ばれ予約でいっぱいになる可能性が高い。

　最強のスポーツ・マネジメントおよびマーケティング企業、インターナショナル・マネジメント・グループ（IMG）の創設者であるマーク・マコーミックも同じ意見だ。**「すべての条件が同じなら、人は友人に仕事を頼むだろう。すべての条件が同じでなくても、それでも人は友人に仕事を依頼する」**。潜在顧客があなたを最も信頼できる好ましい人物だと思えば、その人はおそらくあなたを雇うだろう。たとえすべての条件が同じで"ない"としても、たとえあなたが最も経験豊かで専門知識が豊富な候補者でなくても、**潜在顧客があなたを好きなら、あなたの好かれやすさが勝利し、顧客をつかむ**ことだろう。

私たちは、3ステップのプロセスを経て選択を行っている。まずは**何かの折に何らかの話を"聞く"**。それから、**聞いたことを"信じる"**か、あるいは信じない。最後に、**聞いたことを"評価"する**。その後で、選択するのである。

　今日では注意を払わなければならないことがとても多いので、ふるいにかけて何に注意を向けるかを慎重に選択する必要がある。だからこそ、カテゴリーの第一人者になり、その地位を確立することが非常に重要なのだ。**ターゲット市場と潜在顧客があなたの発するメッセージを、関心を持って注目し、"耳を傾ける"に値するほど重要だと判断するには、それなりの理由がなければならない。**あなたが好かれやすい人なら、彼らがあなたのメッセージに興味を持って聞いてくれて、その内容を覚えていてくれる可能性はぐっと高くなる。

　潜在顧客があなたに注目し、耳を傾けてくれたとしても、果たして彼らは聞いたことを"信じる"だろうか。これには**信頼性が一役買う**。毎日あらゆるところからあまりにも多くの広告メッセージが入ってくる——例えば、スパムメール、ラジオやテレビのコマーシャルやインフォマーシャル——ので、私たちは耳にする多くのことに非常に疑い深くなっている。しかし、あなたの信頼性が高ければ、信じてもらえる可能性はずっと高い。

　でも、ちょっと待ってほしい。誰かがあなたを信じるかどうかを決めるときに作用する要因はそれだけではない。ここでもやはり、好かれやすさは信頼を構築するのに重要な要因である。しばし考えてみよう。好きな人のことは、信頼し、"信じ"やすい傾向にあるものだ。サンダースは言う。「メッセージの発信源に好感を持っている場合、えてして人はそのメッセージを信用する、あるいは少なくとも信じる道を見つけ出そうとする」。

　最初の2つのプロセスを終えたと仮定しよう。つまり、潜在顧客はあなたの話を聞き、あなたを信じている。潜在顧客は次にあなたとあなたのメッセージの価値を決定しなければならない。次の例について考えてみよう。

スパの経営者であるスーザンは、2人のマッサージ・セラピストと面接をすることになっている。1人目の候補者は12年の経験があり、指圧、深部組織、スポーツ、スウェーデン式、およびリラクゼーションマッサージの免許を持っている。2人目の候補者は、基本のマッサージ免許研修プログラムを終えたばかりで、経験はごく少ないが、確かな推薦状を持っている。2人が1回の施術で稼ぐ金額はほぼ同じと見込まれる。

　1人目のマッサージ・セラピストは、面接に10分遅れた上に、不機嫌そうで明らかに不安定な様子だ。あげく彼女はその日の出来事をぐちぐちと並べ立て、遅刻の言い訳をし始める。この人はスーザンを不愉快な気分にさせ、イライラさせる。スーザンは即座に、顧客もスタッフも、このマッサージ・セラピストの言動に対して同じような拒否反応を示すだろうと見抜く。

　2人目のマッサージ・セラピストは、スーザンが最初の面接を終えるまで辛抱強く待っている。部屋に入ってきた彼女は、輝かしい微笑みをスーザンに向けている。その明るい気性はたちまちスーザンに大きな影響を与え、彼女に微笑み返すと緊張がほぐれる気がする。顧客もスタッフもこのセラピストのことが大好きになるはずだと、スーザンはもうちゃんとわかっている。

　採用されたのはどちらだと思うか？　あなたの思ったまさにその通り、経験は少ないが非常に好感が持てるマッサージ・セラピストの方だ。

　好感を持たれる要素があるかどうかは、あなたの知覚価値（訳注：消費者が製品について主観的に知覚する品質のこと）**に多大な影響を及ぼす**。信頼を構築し、エキスパートとしての地位を確立し、最も好かれる最高の自分になるために努力しよう。そうすればたちまちあなたは、潜在顧客にとって最良で、最も納得できる選択肢になるだろう。

CHAPTER6
営業サイクル

> あまりに先を読みすぎるのは誤りである。運命の鎖の輪は一度に1つずつ扱われねばならない。
> ——サー・ウィンストン・チャーチル

さりげない会話を信頼関係に替えていく

　どんな営業活動も、**始まりはさりげない会話**だ。それは、あなたと潜在顧客または顧客、顧客とあなたを紹介してくれそうな相手、あなたの仲間とあなたを紹介してくれそうな相手、あるいはウェブサイトと潜在顧客との間の会話かもしれない。**効果的な営業サイクルの基本は、こうしたどうということのない会話を、時間をかけて潜在顧客との信頼関係に替えていくこと**にある。人は好感を持ち信頼する相手から購入する。これはまさしくプロのサービス提供者にこそ言えることなのだ。

信用がなければ、どれほど優れた計画を立てようが、何を提供しようが、はたまたさまざまな予算に合わせて幅広い購入オプションを設けようが設けまいが関係ない。潜在顧客があなたを信頼していなければ、他のことは意味がないのである。**彼らはあなたからは購入しない**――それだけだ。考えてみると、あなたがマーケティングや営業を嫌う大きな理由の1つもここにあるのではないだろうか。おそらくあなたは、まだ信頼関係が十分にできていない人たちに売ろうとしているのかもしれない。営業活動というものはすべて、それまでに積み重ねてきた信頼に見合っていなければならない。
　潜在顧客は、あなたのことをどう思っているだろうか。

- できると言ったことを、あなたが実行できると心から信じているか。
- あなたが個人情報の秘密保持をしてくれると信頼しているか。
- あなたの下で働く人たちのことが好きか。
- あなたに安心感を感じているか。
- あなたを雇うことで、投資に対して大幅な利益が得られると信じているか。

　あなたのサービスや製品を心から求めている、あなたの意欲をかき立て、人生を充実させてくれる理想的な顧客を絶え間なく呼び込みたいと思うなら、決して忘れないこと――**どんな営業活動もさりげない会話から始まり、ニーズが満たされ、しかるべき信頼が確保されたときに行われる**。

他人を友人に、友人を顧客に替える

　『パーミッション・マーケティング』の著者、セス・ゴーディンは、マーケティング・メッセージを送りつけて人の迷惑になるのをやめ、その代わりに**価値を付加することで見ず知らずの人を友人に、そして製品やサービスを提供する許可を得て友人を顧客に替える**よう訴えている。最も有効に活用すれ

ば、「予約でいっぱいにしよう」**営業サイクルは他人を友人に、友人を顧客に替えるだけではなく、潜在顧客や過去の顧客を現在の顧客にする**ことができる。

　自分のビジネスに合った営業サイクルを設計するには、まず**どうやって人々を営業サイクルに導くか**を理解しなければならない。対応しきれないほど多くの顧客を引き付ける営業サイクルプロセスを実際に築き、最大限誠実に実行できるのはそれからだ。

人とのつながりを作る６つの重要なカギ

　以下の事柄を把握していれば、「予約でいっぱいにしよう」営業サイクルは機能する。

1　ターゲット顧客は"誰"か。
2　ターゲット顧客は"何を"求めているか。
3　ターゲット顧客は"どこで"あなたを探すか。
4　ターゲット顧客は"いつ"あなたを求めるか。
5　ターゲット顧客は"なぜ"あなたを選ぶべきなのか。
6　ターゲット顧客には"どのように"あなたに関わり合ってほしいか。

　これら６つの重要ポイントに対するあなたの答えがわかれば、営業サイクルのプロセスにおいて、ターゲットにふさわしいサービスを確実に提供できるだろう。

●第一のカギ：ターゲット顧客は"誰"か

　ターゲット市場の選び方について掘り下げて検討してきたが、その重要性を考えてここで繰り返そう。**誰に自分の営業サイクルに加わってほしいか**を

選択する必要があるのだが、条件は具体的であればあるほどよい。**あなたがこれから専念する、ターゲット市場内の1人（または1つの組織）を選ぼう。**

　マーケティングの内容を明らかにし、特定の個人（または組織）に合わせたマーケティングを行うことによって、大切な感情面のつながりを持てるようになる。感情面のつながりは、潜在顧客との関係を築く最初のステップだ。これまでにあなたが理想的な顧客に直接話したり、手紙を書いたりする努力をしてきたとすれば、相手はそれを感じ取るだろう。その人はあなたが自分のニーズや望みを正しく把握し、理解してくれていると思うだろう——なぜか。それはあなたが本当にその人を理解しているからだ。そうした努力だけでも、求める顧客との間に望む信頼を構築するのに大きな役割を果たすはずだ。

　具体的に誰をターゲットにするか、誰に働きかけ、誰の気持ちを引き付けたいかがはっきりしていなければ、効果的な営業サイクルを作るのは困難になるだろう。というのも、あらゆる潜在的機会をやみくもに追い求めて、誰とも強いつながりを築けない羽目になりかねないからである。

2.6.1 練習問題　あなたのターゲット顧客は"誰"か。どんな人か説明しよう。この場合、想像力を最大限発揮して、具体的で細かい特徴をできるだけリストアップしよう。

例：友人のロリー・モーガン・フェレロは優秀なコピーライターで、自分のターゲット顧客のことをこう表現する。

「ニッキ・スタントンは37歳で離婚歴あり。ウェブ会議ビジネスの会社を経営し、インターネットとビジネスに精通。利益のほとんどを会社に投資している。サンディエゴのゲーティッド・コミュニティー（訳注：居住者の安全とプライバシーを守るために、警備員が配置されたゲートで外部との境界を設けた居住地域のこと）に10歳の娘マディソンと暮らす。娘の学校行事に参加し、ダンス教室の送り迎えをしている。自宅を

> 事務所にし、年間約11万7,000ドルを稼ぐ。近所を週3回ランニングする。デザイナーズブランドの洋服の掘り出し物を探すのが大好きで、娘といつかイタリアを旅したいと思っている」。
>
> 　さあ、あなたの番だ。自分の営業サイクルに加えたいと思う人の特徴を挙げてみよう。

●第二のカギ：ターゲット顧客は"何を"求めているか

　あなたの理想とする顧客が何を求めているか——**彼らが、問題を解決してくれる、あるいは目標を達成するのに役立つと考える製品またはサービスはどんなものか**——を理解しなければならない。答えをはっきりわかっていることが極めて重要だ。というのも、潜在顧客が何を求めているのか知らなければ、営業サイクルの中でどんな製品やサービスを提供すればいいのかわからないからである。

　私たちはたいてい、適切だと"自分が思う"ものを提供している。そろそろ、**ターゲット市場を第一に考え、適切だと"彼らがわかっている"ものを本当に理解するよう努めなければならない**。そうすれば、営業サイクルのさまざまな段階において、それまで築いてきた信頼に応じて、ニーズを満たすどんな製品やサービスを提供すればいいか判断することができる。

> **2.6.2 練習問題**　あなたの潜在顧客は"何を"求めているか。
> **例：**私の場合、潜在顧客は自らの顧客を獲得するのに役立つ本を求めている。彼らはソーシャル・メディアの使い方についての記事やレポートを読みたい。プライベート・コーチングを望んでいる。マーケティング・セミナーに出席したい、などなど。

●第三のカギ：ターゲット顧客は"どこで"あなたを探すか

　ターゲット顧客がどこであなたを探すのか、知っているだろうか。オンライン検索する？　雑誌を読む？　友達に電話をして、あなたが提供している種類のサービスを紹介してくれるように頼む？　紹介してもらうのに他のビジネスのプロは何を信頼しているのだろう。

　わからなければ、今の顧客について調べてみよう。新しい顧客に最初に質問するときは、この点を必ず尋ねなければならない。**「どうやって私のことをお知りになりましたか？」**。まだ自分の顧客がいなければ、仕事仲間にどうやって顧客がその人を見つけたのか尋ねてみよう。

> **2.6.3練習問題**　あなたの理想とする顧客は、"どこで"あなたを探すだろうか。

●第四のカギ：ターゲット顧客は"いつ"あなたを探すか

　ターゲット市場の人々（または組織）はいつ、あなたが提供するサービスを求めるのだろうか。サービスを購入するためには、プライベートまたは仕事で、どんなことが起きなければならないか。購入すると決める前に、どれほどの思い切りが要るだろうか。

　彼らはあなたの仕事に興味があるかもしれないし、あなたの提供するサービスに共感しているかもしれない。**だが、あなたを知った時点ではあなたのサービスを必要としていない場合もある。**

　だからこそ、「予約でいっぱいにしよう」営業サイクルが非常に重要なのだ。あなたは、ターゲット市場の人々があなたの環境に足を踏み入れ、しだいに中心的な製品やサービスに歩み寄ってきやすいようにしたいと思うだろう。機が熟せば、彼らは連絡して助けを求めてくるはずだ。ただし、そのた

めには会話を絶やさないようにしなければならない。

> **2.6.4練習問題** 潜在顧客があなたのサービスや製品、プログラムを求めざるを得なくなると思われる状況を説明しよう。彼らは"いつ"あなたを探すのだろうか。
> **例**：そのカップルは失業したばかりで、独立して事業を立ち上げているところだが、2人ともあまりに混乱しているせいで、そのビジネスも失敗しそうだ。2人の関係には不協和音が生じている。彼らの間には赤ちゃんが生まれたばかりで、その子を瘦せさせることはどうしてもできない。

●第五のカギ：ターゲット顧客は"なぜ"あなたを選ぶべきなのか

　これは大きな問題だ。ターゲット顧客はどうしてあなたを選ぶのか。あなたがその分野の信頼できる第一人者だからだろうか。なぜ彼らにとってあなたが最高の選択なのか。あなたやあなたが提供する解決策は、どんなところがユニークなのか。

　この練習に関しては、**謙虚さを脇にやり、はっきりと自信を持って自分を表現することが不可欠である**——煮え切らない答えは不要だ。

　この前あなたがエキスパートの助けを求めたときのことを思い出してみよう。サービス提供者に対してサービス内容と専門知識、そして自分の力になってくれるかどうか最初に尋ねたとき、"一番聞きたくない"のはこんな台詞だ。「まあ、何をするかはだいたいわかっています。たぶんお役に立てるでしょう。試しにやってみます」。

> 　最初は落ち着かないかもしれないが、こう言うことに慣れなければならない。「あなたにとって最善の策は私を選ぶことです！」

確かに、自分が最高だと言うのはやや厚かましすぎるかもしれないが、少なくとも「私のところに来て正解ですよ。はい、もちろんあなたの役に立つことが"できます"。私はこの仕事のエキスパートですから、こんなふうに力を貸すことができます」と言えるようにならなければならない。

自慢とは、自分を他人と比較して自分の優位さを主張することである。自分自身の強み、スキル、専門知識、人の役に立てる能力をはっきり述べることは、自慢ではなく自信の表れであり、**そうした自信をあなたの口から聞くことを潜在顧客は期待し、求め、必要としている。**

> **2.6.5 練習問題** "なぜ"潜在顧客はあなたを選ぶべきなのか(この質問を飛ばすのはやめてほしい! 大胆になろう! 自分を存分に表現するのだ。控えめでいるときではないことをお忘れなく)。

●第六のカギ:ターゲット顧客には"どのように"あなたに関わり合ってほしいか

潜在顧客があなたのサービスのことを知ったら、あなたは彼らとどのようにやり取りし、関わりを持ちたいだろうか。事務所に電話をかけてきてほしい? ウェブサイトでニュースレターの購読を申し込んでほしい? 潜在顧客に"してほしい"のはどんなことだろう。

言うまでもなく、潜在顧客が即座に最高価格の製品、プログラム、またはサービスを購入してくれたらいいのだが、そんなケースはまれである。**潜在顧客のほとんどは、あなたを知ってから、信頼するまでは時間がかかる**ものだ。リスクの高いあなたのサービスや製品がどんなものかわかるようになるためには、彼らは徐々に気持ちを和らげていかなければならない。

よく言われていることだが、**潜在顧客があなたから購入するまでに平均7回は彼らに接触する必要がある**。いつもというわけではないが、この原則を理解していれば、ワンステップ営業をしようとする場合よりもずっと早く、予約でいっぱいにするための軌道に乗れるはずだ。

「やあ、僕はコンサルタントをしているんだけど、今日雇ってくれる？」では効果がないだろう。そんなのは絶対に「予約でいっぱいにしよう」のやり方ではない。ワンステップ営業は、"ワンストップ営業"と呼ぶべきなのかもしれない。なぜなら、ワンステップ営業は営業プロセスの流れを完全にストップさせてしまうからだ。

> **2.6.6 練習問題** あなたは潜在顧客に"どのように"自分とやり取りし、関わりを持ってほしいか（注：コミュニケーション・ラインの確立が、信頼関係構築の最初のステップである）。

　これら6つの重要なカギの答えを明確にすれば、営業サイクルの各段階において潜在顧客に何を提供したいかを決めるのに役立つだろう。また可能な限り最も有効な営業サイクルを作る一助にもなると思われる。さらに、これらの重要ポイントを明らかにすることは、「予約でいっぱいにしよう」7つの中核的なセルフ・プロモーション戦略を実践する際に大いに力となるだろう。

営業サイクルのプロセス

　あなたのサービスを利用するのには高い障壁がある。新たな潜在顧客にしてみれば、あなたのサービスは形がない上に高価なのである——あなたがどう考えているかは別にして——。この種のサービスを利用したことがない人や、以前のサービス提供者から優れた成果を得られなかった人にとっては特に。

　「予約でいっぱいにしよう」営業サイクルとは、**あなたのサービスまたは製品を購入するかどうかを決めるときに顧客がたどる一連の段階**を言う。

　**営業サイクルのスタートは、潜在顧客に対して利用障壁のないサービスを

提供することである。利用障壁のないサービスは潜在顧客にとっていかなるリスクもないため、潜在顧客はあなたのサービスを"試す"ことができる。プロのサービス提供者の多くがよく行う無料サービスの提供の話をしているのではない。無料サービスのコンセプトを、もっと成功させられるようにさらに深く考えてみたのである。

　PART4では、あなたが提供する解決策を認知してもらうための、ネットワーキング、ダイレクト・アウトリーチ、紹介、連絡を取り続けること、スピーチ、ライティング、ウェブの活用といった「予約でいっぱいにしよう」7つの中核的なセルフ・プロモーション戦略の活用方法などを学ぶ。ただし、そのような方法を使うのは、**顧客に"売ろう"とするのではなく、利用障壁のない招待を行うため**である。

　予約でいっぱいにするための取り組みの中で、「あなたが何を知っているかを知っているのは誰か」が重要なのはすでにわかっている。あなたが提供するはずのサービスを顧客がちゃんとわかっている場合、自分があと何人の顧客にサービスを提供することができるか、あなたは把握しているだろうか。**顧客にあなたのサービスについての情報を提供する最良の方法は、利用障壁のない、魅力的なオファーを、いくつかとは言わないまでも少なくとも1つは提供できるようにしておくこと**だ。

　一般的な営業サイクルでは、どの潜在顧客も決まった地点からスタートして決まった地点でサイクルを終了するが、「予約でいっぱいにしよう」営業サイクルが機能する仕組みではそれとは異なり、**購入者は状況に応じてプロセスのどの点においても営業サイクルに参加できる**。顧客は、生活または仕事の状況があなたの提供するサービスとマッチしたときにあなたを雇う。

　あなたが住宅ローンのスペシャリストだとしよう。私は今すぐにはサービスを必要としていないが、半年後、理想とする家の前庭に「売家」の看板が掲げられているのに出くわすかもしれない。すると間違いなく私は、あなたのサービスを受けたいと望むし、実際、直ちにサービスが必要になるだろう。私がなぜ、あなたに賭けてみようと思ったかわかるだろうか。もしもあなた

が、それまでの間に素晴らしい価値を提供してくれることで（何ら見返りを期待せずに。念のため）6カ月間に私との間に信頼を積み重ねていなかったら、理想の家のために住宅ローンを借りたいと思ったときにあなたのことが頭をよぎる可能性はおそらくないだろう。

　次の例は、プロセスの枠組みを教えてくれるだろう。営業サイクルの中にいくつの段階を設定するかは、あなた独自のビジネスと、あなたが提供するさまざまなサービスや製品に応じて変わる。3つかもしれないし、10または15かもしれない。効果的な営業サイクルを支配する原則を教え、あなた独自のビジネスに役立ち、顧客の個々のニーズや好みに合わせた営業サイクルを策定できるようにしよう。

　段階ごとに説明をし、私のビジネスの実例を示して、それぞれの段階が正確にどのように機能するかを思い浮かべやすくするつもりだ。また、各段階の目標と、その達成方法を書き出すようお願いしようと思う。そうすれば、本章の最後には、まさにあなたならではの「予約でいっぱいにしよう」営業サイクルが完成しているだろう。できるだけ簡単に情報を吸収し実行できるように最善を尽くすつもりである。やや圧倒された気分になっていても、最後まで続けること。**これは「予約でいっぱいにしよう」システムの重要な部分であり、これらのテクニックの根拠である原則を理解すれば、予約でいっぱいにするための道を順調に進んでいける**のは確実だろう。

　忘れてはいけない。このプロセスに対処する間、**あなたがするのは誰かとのさりげない会話だけ**である。あなたはつながりを作っている。そして**そのつながりが信頼関係を構築し、それによってあなたは他の人とサービスを共有することができる**ようになるのである。素敵じゃないか？

●「予約でいっぱいにしよう」営業サイクル——第1段階

　予約でいっぱいにするためには、日々の務めを果たして、あなたの名前を常に潜在顧客の目に触れるようにしなければならない。第1段階の目標は、

潜在顧客に何か──あなたのウェブサイトを訪問する、電話をかける、フォームに記入する、あるいは彼らとあなたが結びつく第一歩となる何らかの行動──**をさせる**ことである。最も効果的にそれを実現するには、「予約でいっぱいにしよう」7つの中核的なセルフ・プロモーション戦略の1つ、またはすべてを使い、提供するサービス、製品、およびプログラムを認識してもらう必要がある。次の7つの戦略から選ぼう。

1．「予約でいっぱいにしよう」ネットワーキング戦略
2．「予約でいっぱいにしよう」ダイレクト・アウトリーチ戦略
3．「予約でいっぱいにしよう」紹介戦略
4．「予約でいっぱいにしよう」連絡を取り続ける戦略
5．「予約でいっぱいにしよう」スピーチ戦略
6．「予約でいっぱいにしよう」ライティング戦略
7．「予約でいっぱいにしよう」ウェブ戦略

「予約でいっぱいにしよう」営業サイクルの第1段階の目標は、潜在顧客にあなたのウェブサイトを訪問してもらうなどといった、**シンプルかつ測定可能なものでなければならない**。いや、もしかしたら潜在顧客が直接あなたのオフィスに電話してくれればいいと思っているだろうか。決めるのはあなただ。ただし、いったん目標を定めたら、それを達成するために活用する戦略を選ばなければならない。

「予約でいっぱいにしよう」営業サイクルは、連絡を取り続ける計画と併用した場合に最も有効に機能する。ネットワークの規模と、特にネットワーク内の潜在顧客の数は、あなたがどの程度予約でいっぱいになるかに正比例する。**潜在顧客とマーケティング・パートナーや紹介パートナーをも含むネットワークの拡大に、熱心に取り組むよう強く提案する。**

　このネットワークは、データベース、フォロワー、購読者、あるいは単にリストと呼ばれる場合がある。あなたのリストは、継続的なコミュニケーションをとることを承諾してくれた人たちで構成される。**大きなリストを作**

り、コミュニケーションの許可を得ることで、**必要なときにいつでも新たな顧客を容易に確保できるようになる**だろう。そのために、あなたがしなければならないのは、ニュースレターやEメールのニュースレターを出す、ブログ記事を投稿する、あるいは魅力的なオファーをツイートすることだ。すると、"じゃじゃーん！"——**理想的な顧客が増えるはず**である。私は口がうまいわけではない。あなたが彼らの生活に価値を付加するのと同時にサービスを提供することを許してくれた、多くの熱狂的なファンと信頼関係を構築してしまえば、それがいかに簡単なことかあなたにもすぐにわかるだろう。

　ただ注意してほしいのは、**あなたが提供するものを気に入ってくれるだろうと思うからといって、許可もなしに誰かをリストに加えることは、絶対に、決して、どうやっても、どんな場合でも、だめである**。皆さん、それはどんなふうに切ってもスパム（訳注：主に豚肉を主原料にした缶詰肉。安っぽくて栄養のない、低級の食べ物というイメージがある。転じて迷惑メールなどの受信者が望まないメッセージ）でしかない——たとえあなたが個人的にその人を知っていたとしてもだ。

　マーケティング、フォローアップ、連絡を取り続けること、およびニュースレターの発行はすべて、**許可を得た上で**行わなければならない。すなわち、メッセージの受け手が、マーケティング・メッセージが含まれているかどうかに関係なく、あなたの発信するものを受け取ることに同意していなければならないということだ。個人的なEメールを送って人々とつながりを持ち、人間関係を構築することはできるが、どんな送信リストであっても誰かれかまわず付け加えてはいけない。

第1段階——マイケルの例　私の第1段階の目標は、潜在顧客に自分のウェブサイトを見てもらうようにすることである（これは、人とのつながりを作るための6番目の重要ポイント、「ターゲット顧客には"どのように"あなたに関わり合ってほしいか」に対する答えだ）。目標の達成に向けて、私は「予約でいっぱいにしよう」スピーチ、ライティング、およびウェブ戦略を

活用している。

> **2.6.7練習問題** 「予約でいっぱいにしよう」営業サイクルの第1段階について。
> ・営業サイクルの第1段階におけるあなたの目標は何か。
> ・どうやってそれを達成するか。

●「予約でいっぱいにしよう」営業サイクル──第2段階

　この段階では、あなたにどんな知識や解決策があるか、そしてあなたが無料で、利用障壁を設けず、何のリスクを課すこともなくターゲット市場に価値を提供したいという誠実な願望を抱いていることを明らかにすることになる。効果の1つが**信頼の強化**である──ターゲット顧客はまるであなたについて若干理解を深められたような気になるはずだ。

　潜在顧客にあなたのサービスを知ってもらうためには、**彼らの連絡先情報と、時間をかけてコミュニケーションを継続してもいいという許可を手に入れ、その代わりに解決策、機会、および関連する情報を提供する**必要がある。

　コミュニケーションとはどんなものだろう。潜在顧客の差し迫ったニーズや切実な望みに対処する情報誌、特別レポート、またはホワイト・ペーパー（訳注：ビジネスに関するレポートや製品の技術情報文書など）を進呈してもいいし、初回セッションの割引券を付けるのも悪くない。それは、「人々に勧めるためにいつでも準備しておくべき」オファーとして使うこともできるかもしれない。この点については本章の最後に詳細を検討しよう。何であろうと、潜在顧客のニーズに訴えかけるばかりでなく、**あなたがどう潜在顧客の役に立てるかについて、彼らに知ってもらいたいことが何か、がわかる**ものでなければならない。

第2段階──マイケルの例　私の第2段階の目標は、ウェブサイトの訪問者

に、氏名、Eメール・アドレス、および住所を入力してニュースレターを購読するよう促すことである。購読の申し込みをすると、彼らは私の書籍『Book Yourself Solid（フリーエージェント起業術）』『Beyond Booked Solid（仮邦題：予約でいっぱいになったら）』『The Contrarian Effect（仮邦題：へそ曲がりのメリット）』『The Think Big Manifesto（仮邦題：シンク・ビッグ・マニフェスト）』からそれぞれ1つの章を無料で読むことができ、さらに一部のコンセプトや原則、および戦略を拡大した質の高い60分間の音声教材も手に入る。

> **2.6.8 練習問題**　「予約でいっぱいにしよう」営業サイクルの第2段階について。
> ・営業サイクルの第2段階におけるあなたの目標は何か。
> ・どうやってそれを達成するか。

●「予約でいっぱいにしよう」営業サイクル──第3段階

　潜在顧客との信頼関係の構築に取り掛かったところだが、これからはその**信頼を発展・強化させ、絆を深めるための取り組み**を行っていこう。

　営業サイクルの第3段階の目標は2つある。それはサイクルの第2段階で与えた**情報を潜在顧客が取り入れるのに力を貸して価値を付加し続けること**、そして**売り込みを行うこと**だ。

　無料レポートを提供した場合は、レポートに書かれた内容を活用して価値を生み出せるように自動送信メールでフォローしなければならない。あるいは、「人々に勧めるためにいつでも準備しておくべき」イベントに潜在顧客を招待したのなら、イベントについてもっと詳しく説明し、イベントの活用方法、そして当たり前だがイベントに参加するメリットは何かを潜在顧客にしっかり理解してもらうようにする。また、彼らを驚かせる何かを提供しなくてはならない。これから開催するワークショップの無料パスでもいいし、

文房具に個人的なメッセージを載せることや、ブランド名を印刷したハガキに、顧客の差し迫ったニーズに訴えかけられるあなたの専門分野に関する書籍のリストを付けて送るのもいいだろう。潜在顧客にリソースを推薦する場合、彼らがそのリソースから得られる価値をあなた自身と結びつける可能性は極めて高いはずだ。

前にも述べたように、営業サイクルにおいてここで初めて潜在顧客がお金を払って手に入れるサービス、または製品（個人セミナー、事前面談など）を提供することになるかもしれないし、情報製品、例えば電子ブックや書籍、CD、DVD、あるいはワークブック、マニュアル、ガイドブック、電話セミナーなどの場合もあるかもしれない。これらについてはすべて本書で説明する。

フォローメールを送るときは、潜在顧客の差し迫ったニーズと切実な望みに直接訴えかける機会を潜在顧客のために用意している旨を伝えよう。あなたはこれからもずっと、なんら見返りを期待せずに価値を付加し続けることになる。

提示する有料のサービスや製品は、利用障壁が高いものであってはならないという点を理解することが大切だ。慌てて飛び出して、一番高額のサービスや製品を提示して潜在顧客を驚かせてはいけない。たとえ相手にぞっこん惚れ込んだとしても、最初のデートでプロポーズなどしないのと同じだ。潜在顧客が購入する気になっているものを提供しなければならないし、そのときもし潜在顧客にもっと多くの製品やサービスを買う用意があれば、彼らの方からそう要求してくるだろう。言うまでもないが、潜在顧客が先に進む気になっている場合に備えて、あなたの各種サービスの一覧を記載したウェブサイトのページの閲覧方法を、すべての潜在顧客に知らせるようにしよう。

第3段階――マイケルの例　私の第3段階の目標は、私のニュースレター、4章分の無料購読、および60分間の音声教材を以前申し込んだ人に、Amazon.com で私の本を1冊購入したいと思わせることだ（そのために書籍を用意しないといけないわけではない。事前面談、ニーズ評価、電子ブッ

ク、CD、授業、または利用障壁の低いその他のサービスや製品を提供すればよい)。

> **2.6.9 練習問題**　「予約でいっぱいにしよう」営業サイクルの第3段階について。
> ・営業サイクルの第3段階におけるあなたの目標は何か。
> ・どうやってそれを達成するか。

●「予約でいっぱいにしよう」営業サイクル──第4段階

　次の焦点は、潜在顧客を営業サイクルの次のレベルに進ませることだ。第3段階での努力のおかげで、潜在顧客が利用障壁の低いあなたの製品またはサービスを購入した、あるいはすでに顧客になったとしよう。次は、**潜在顧客が購入した製品またはサービスの効果を顧客の期待以上に高める**ときである。

　どういうことか、例を挙げて説明しよう。顧客は先だってあなたの電子ブックを購入した。あなたはそれとまさに同じトピックに関するワークショップ、またはプレゼンテーションを予定していることに気が付く。期待以上の価値を与えるためには、顧客に電話をかける、Eメールまたはカードを送って顧客をワークショップに招く、あるいは顧客が出席できない場合は、イベントが終わってからイベント内容のメモのコピーを渡してもよい。潜在顧客が得られると期待する以上のものを与える、素晴らしい方法だ。

　潜在顧客がサービスまたは製品から多大な価値を得られたら、次のレベルの製品またはサービス、すなわち**潜在顧客が前に購入した製品またはサービスよりももっと多くの投資が必要なものを提案しよう**。この顧客が、あなたの中核的なサービスや製品、より高額なサービスや製品にどれほど近づいてきているかを確認するのだ。そうなるのはたいてい、あなたが顧客からの信頼を積み重ね、あなたの解決策が効果的であることを証明し、結んだ約束を

実行した後である。

　潜在顧客が第3段階で示したイベントなどにすぐには参加しないとしても、絶望してはいけない。忘れてはいけないのは、今は信頼関係を構築しているときで、その関係は今後発展していき、あなたはその関係が生涯続いてくれるよう願っているということである。しかるべき時が来れば、潜在顧客は顧客になるはずだ。

第4段階——マイケルの例　私の第4段階の目標は、理想的な顧客に、マーケティング、ビジネスの成長、および情報製品の製作に関するオンライン学習コースや電話指導コースに参加してもらうことである。理想的な顧客とは、ウェブサイトを訪問した経験があり、メール・アドレスを登録して無料購読および音声教材の提供を受け、本を購入した人たちである。

　私の本をどれか1冊読み、よく考えて練習問題をこなし、必要な行動ステップを実施すれば、目標の実現に向けて確実に歩んでいけると思う。そうした人たちはまた、私が提供するものが有効で価値があること、そして私が彼らの最も適切で、個人的で、なおかつ差し迫ったニーズや望みに対処できることを確信するはずだ。一方で彼らは、本に書いてあるコンセプトや原則、戦略に私や私のチーム、および触発されたその他のサービスのプロたちと一緒に取り組む機会を望んでいるかもしれない。

　それにはいくつかの理由がある。より個人に合ったコーチングや個人的な配慮がなされる機会、より高いレベルの説明責任、ネットワーキングの機会を求めている場合もあるだろうし、あるいは「予約でいっぱいにしよう」のひらめきの泉に浸りたいのかもしれない。

　要するに、私は彼らが本を1冊読むまでは、オンラインや電話のコーチング・コースを売ろうとはしたくないのである。彼らには、私や私のチームに会うのにワクワクしてほしいし、コーチングのコースに申し込む前から私たちが彼らの役に立てると知っていてほしい。自分たちが彼らの力になれることを知っている、この1つの要因があるからこそ、参加者はより良い成果を挙げられる。そしてそれが私たちの目標——**顧客が望む結果を得られる力に**

なる──なのだ。あなたの目標も同じではないだろうか。過去の経験から、自分が顧客の役に立てると知っていれば、イベントの参加者も増えることがわかっている。私の本をまだ読んでいない人がコースに参加することはあるだろうか。もちろんあるだろう。だが本を読んだ後ならもっと多くの人がコースの申し込みをするはずだ。営業サイクルを通じたあなたの目標は、人々がサイクルの各段階で必要な結果を確実に得られるようにすることによって、あなたの中核的なサービスや製品に人々が近づける一助となることである。

400人のライブイベントを開催していようが、小さなグラフィック・デザインの会社を経営していようが関係ない。このサイクルのそれぞれの段階が適用される。以下の練習問題を行うには、私の挙げたサービスや製品を自分や自分の顧客にふさわしいサービスや製品に単純に置き換えることになる。営業サイクルには、今のあなたやあなたのビジネスにとって適切な数の段階を設けるのを忘れないように。現在の営業サイクルには3つの段階しかないかもしれない。今後ビジネスが展開し成長するのに伴って、営業サイクルも進化し、発展していくだろう。

> **2.6.10練習問題** 「予約でいっぱいにしよう」営業サイクルの第4段階について。
> ・営業サイクルの第4段階におけるあなたの目標は何か。
> ・どうやってそれを達成するか。

●「予約でいっぱいにしよう」営業サイクル──第5段階

第5段階における目標は、前の目標と似ている。**潜在顧客により高いレベルの製品またはサービスを提案し、潜在顧客が営業サイクルの次のレベルに進むのに力を貸すこと**である。このプロセスでは、営業サイクルに加わるすべての人または組織が、必ずしもこの段階の最後まで到達するわけではなく、またそれぞれの潜在顧客が段階を経るのに要する時間も異なるだろうと

いう点を理解することが重要だ。

第5段階──マイケルの例　第5段階の私の目標は、理想的な顧客に、対面式の少人数制コーチング・プログラムやメンタリング・プログラム、あるいはより大規模なライブイベントに参加してもらうことだ。ここでも、オンラインのコーチング・コースに参加しないで、あるいは私の本を読んだすぐ後に、さらには本を読む前であっても、単に信頼できる人から紹介されたという理由で、このようなプログラムに参加する人は多い。だがあなたはそうしたことを期待してはいけない。提供する製品やサービスを人々にどうやって紹介するかについて計画を練れば、よりうまくいくだろう。

対面式の少人数制コーチング・プログラムは、オンラインや電話によるコーチング・コースよりも多額の投資が必要になる。そのため、参加する人が、ビジネスを発展させ続けるためにはこうしたプログラムが最適であると理解し、私を含めチームが約束以上のことを実行すると信じることが、私にとっては極めて重要だ。あなたの望みもおそらく同じだと思う。顧客が第4段階で提供するオンラインや電話のコーチング・プログラムに参加した後なら、その点を心から信じるはずである。だから、「予約でいっぱいにしよう」の営業プロセスが非常に効果的なのだ。人々と時間をかけて信頼を構築していき、あなたが人々に提示するサービスや製品の規模が大きくなるのに比例して、信頼も増えていく。

> あらゆる営業のオファーは、それまでに獲得した信頼に比例して行われなければならない。

プロのサービス提供者として、自分の製品またはサービスが人々にふさわしいことを説得しようとするのは嫌なことだ。**人々が、あなたのサービスが自分に適していると信じるまで、価値を提供し続けたいと思う。そうすれば人々はより良い結果を得られ、あなたのサービスにより満足する**だろう。非常に重要なことなので、忘れてはならない。

> **2.6.11 練習問題**　「予約でいっぱいにしよう」営業サイクルの第5段階について。
> ・営業サイクルの第5段階におけるあなたの目標は何か。
> ・どうやってそれを達成するか。

「招待される」のはみんな大好き

　これは、プロのサービス提供者にとって、この世で最も効果的なマーケティングおよび信頼構築戦略だと思う。「予約でいっぱいにしよう」営業サイクルの最初の数段階を設計する際は、あなたならではの「人々に勧めるためにいつでも準備しておくべき」オファーを検討しなければならないだろう。それは、「予約でいっぱいにしよう」7つの中核的なセルフ・プロモーション戦略を活用するときに、潜在顧客の関心を向けさせるために選択する手段と言えるだろう。

　一般的に**人は売りつけられるのを嫌うが、招待されるのは大好きだ**――招待が適切で期待できるものである場合に限るのだが。つまり、彼らは自分を招待してもいいと言っているのである。この1つの解決策を使って、私があなたを営業から解放する手伝いができるとしたらどうだろう。嬉しくないか？　嬉しいに違いない。開業して2年目には、この1つの戦略のおかげで実際に私の収入は2倍になった。

　ビジネスを始めたとき、私は「シンク・ビッグ・レボリューション」という無料の電話セミナー（かなり大規模の電話会議）を実施していた。週1回行っていたその電話セミナーは、自分が何者で、何を世の中に提供するかを人々がもっと大きな視点で考える手伝いをするのを目的としていた。あるときには、特にさらに多くの顧客を獲得するというテーマについて話し合い、またあるときには電話をかけてきた人がビジネスや人生においてより大きな

成功を収めるのに役立つ、さまざまな原則や戦略について検討した。

　言っておくが会員になるのにお金はかからない。誰かに会って、その人が会員になることで利益が得られるだろうと私が判断すれば、参加してみないか声をかける。4冊目の著書『Think Big Manifesto（仮邦題：シンク・ビッグ・マニフェスト）』を発表した頃、週1回の電話を24時間365日のオンライン・ソーシャル・ネットワーキング・コミュニティー、すなわちもっと大きな視点で考えたい人が互いにつながり合い、夢を実現させることができる場所に変えた。会費は無料で、今後も無料の予定だ。なぜなら、大きな視野で物事をとらえるという考えは誰の専売特許でもないからだ。

　あなたにも参加してもらいたい。きっと気に入るはずだ。あなたは人生に新たな大きな価値を加えると同時に、私を試す何かに参加する機会を手に入れる。そしてそれは私にとっても素晴らしいことだ。何も"売る"必要がないのだから。私は潜在顧客や顧客に何のリスクも負わせずに、彼らの生活に本当に多大な価値を提供できる。それに潜在顧客や顧客がその気になれば、私にさらなるビジネス上の手助けを求める機会もある。

　このような、「人々に勧めるためにいつでも準備しておくべき」セルフ・プロモーション戦略を定められる方法はたくさんある。あなたを縛るのは、あなたの想像力の限界だけだ。独自の「人々に勧めるためにいつでも準備しておくべき」オファーに対するアイデアが今すぐに思い浮かばないとしても、心配無用。たくさんの具体的なアイデアや、あなた自身のアイデアをブレインストーミングする方法をお教えしよう。

　シンク・ビッグ・レボリューションへの招待を受けるには、ThinkBigRevolution.com を訪問して申し込めばいい。ほら、簡単だったろう？　営業は一切なし。招待のみ。

　この戦略は効果的だ！　首尾良く予約でいっぱいにすることができた顧客の93％は、みな何らかの形でこの戦略を活用している。

　この種の「人々に勧めるためにいつでも準備しておくべき」オファーには、

別のメリットがある。それは、あなたのパーソナル・ブランドを確立する最も有効な方法の1つとしての役割を果せることだ。**シンク・ビッグ・レボリューションがどんな点で、私の「なぜそれをするか」の主張の延長であるか**に注意してほしい。レボリューションに参加してみたら、私があなたの力になりたいと思っているとすぐにわかるはずだ。自分が何者で、何を世間に提供するかについて大きな視野で考えたいと思っているなら、理屈の面からだけではなく、精神的な意味からもあなたはうってつけの場所にいることがわかるだろう。「人々に勧めるためにいつでも準備しておくべき」オファーは、"誰に何をするか"の主張（あなたが誰に力を貸し、その人が何をするのに役立つか）と"なぜそれをするか"の主張（なぜあなたが仕事をするかについての合理的な説明）を統合し連携させる完璧な方法だ。

　もう1つの例について検討してみよう。かつて私は、パーソナル・トレーナー兼健康的な食事を研究しているシェフと仕事をしたことがある。私のところに来たとき、彼は私の力を必要とする課題を2つ抱えていた。顧客に1対1で対応していたために、彼は最大の収入を得られる可能性を実現できていなかった。また、サービスへの絶え間ない需要を作り出せていなかった。こうした懸念があるせいで、彼は将来に不安を感じていたのだった。

　私は最初に、どうやったら彼のサービスを1対1のトレーニングからグループ・プログラムに変えられるか考えてみないかと言った。それから私たちは彼にとっての「人々に勧めるためにいつでも準備しておくべき」オファー"グルメのためのフィットネス・パーティー"を企画した。これは、1カ月に一度日曜日の夕方にパーティーを開き、ゲストに健康を保つのに役立つヘルシーな料理の作り方を教える、というものだった。ただし、参加するには条件が2つあった。その月のメニューをウェブサイトに掲載するので、各ゲストはメニューにない料理を1品持ってこなければならない。また、ゲストはパーティーに新しい参加者を誰か1人連れてくるよう求められた。このようにして、彼の仕事に対する新たな支持者を増やしていったのである。彼は自分自身を売り込むことはほとんどしなかった。まるでマジックのよう

だった。パーティーは大人気となり、主催者である彼は人気者となった。パーティーをきっかけに、出席者は彼のプログラムに参加するようになった。

フィナンシャル・プランナーなら、これと似たような何かを電話か直接会ってすることができるかもしれない。財産を築くことに関する単なるQ&Aでも功を奏するのではないだろうか。どうやったらあなたもこのやり方を生かせるか、独自のアイデアが思い浮かび始めているだろうか。

あなたのオファーに付加する価値は、あなたがサービスを提供する人々のニーズや願望に合ったものである。こうした利用障壁の低いオファーは、「予約でいっぱいにしよう」営業サイクルにとって不可欠な要素だ。付加価値を提供し、サービスを認識してもらうことで、時間をかけて信頼を構築し続けていく間に、あなたは潜在顧客を営業サイクルにより深く関わらせ、あなたの中心的な製品やサービスに近づけていけるはずである。

私が挙げた「人々に勧めるためにいつでも準備しておくべき」ものの2つの例は、グループの形をとっていることに気が付くだろう。それには3つの大事な理由がある。

1. 時間を活用し、最も短い時間の中で可能な限り多くの潜在顧客に接触できる。
2. コミュニティーの力を活用する。人々を集めれば、1人でできる何倍ものエネルギーや興奮を生み出すことができる。ゲストもまた、あなたが提供するものに興味を持つ他の人々に会うことになるが、それは信用を築く最良の方法である。
3. あなたは本当に素敵な人物だと思われる。人々を引き合わせる人として市場で有名になれば、間違いなく、評判を積み重ね、あなたの好感度を高めるのに役立つ。

どうか、**与えすぎたのではないかと思うほど多くの価値を与え、それからさらにもっと与えてほしい**。大学時代、こんな友人がいた。彼はヒーロー・サンドイッチを注文するときに、「そんなにかけたら味が台無しになると思

うくらい、マヨネーズをとにかくたくさんかけてください。もっとかけてください」と言っていた。確かに気持ちが悪い（その後もうあんなふうにサンドイッチを食べるのはやめたと思う。彼の動脈も感謝していることだろう）が、価値を付加する経験は、これと違わない。

忘れないでほしい。**あなたの潜在顧客は、あなたが"何を"知っているのかを把握していなければならない。**彼らには本当にあなたのことを好きになってもらい、あなたが彼らの非常に個人的で、具体的な、そして緊急の問題に対する解決策を持っていると信じてもらわなければならない。そのためのただ1つの最良の方法は、**あなたやあなたがサービスを提供している人々と一緒にいるのはどういうことかを経験してもらうことである。**

営業サイクルを活用し、顧客に無条件に尽くす

あなたが提供するサービスの種類に合わせて、潜在顧客と信頼関係を構築するために必要な数の段階を営業サイクルに設けることができる。営業サイクルについて考えてみるだけでも、あなたが提供する製品やサービスを明確にし、拡大するのに役立つだろう。

ただ1つの製品やサービスを提供すれば予約でいっぱいになるのが保証されたのは、もう遠い昔だ。市場は競争が極めて厳しく、多様化している。世界中では日々、意欲のあるプロがまた1人、権利を主張してフリーエージェントを宣言する。ますます多くの人々が、他の人に尽くすことに心を魅かれている。

あなたが提供するサービスや製品の幅を広げて、「予約でいっぱいにしよう」営業サイクルを作れば、1つの収益源を持つ1つの製品またはサービスから、複数の収益源を持つ複数の製品またはサービスへと、ビジネスモデル——収益を生み出すメカニズム——が強化されるだろう。

「予約でいっぱいにしよう」営業サイクルとは、ただ単に新たな顧客にあな

たを雇ってもらうためのものではない。この営業サイクルは、あなたの現在の顧客に無条件でサービスを提供するためにも作られている。顧客としてすでにあなたから価値を手に入れている人に対してよりも、新しい顧客にサービスや製品、プログラムを売る方がずっと難しい。規模の大小を問わず、最も成功しているビジネスはこの点を心得ている。

　Amazon.comがこれほどうまくいっている理由の1つもそこにある。いったん顧客になったら、Amazon.comはあなたのことを知り、あなたが何を必要として何を読むのかを把握し、あなたにサービスを提供し続けるために尽力する。クライアントを手っ取り早く獲得しようという典型的な考え方では、売ったら次に進む。「予約でいっぱいにしよう」の方法では、売ったら、こう尋ねなければならない。**「どうすれば約束以上のことを実行し、この人またはこの組織に尽くし続けることができるか？」**これは、小さなことではない。

　さあ、今度はあなたがあなたらしい独自の営業サイクルを作る番だ。すでに私が挙げたいくつかの例に縛られてはいけない。潜在顧客との間に信頼を構築し、潜在顧客の気持ちを和らげて、もっと販売価格の高い製品またはサービスを購入してもらうためには、数多くの方法がある。想像力と創造性を活用して、最も効果的に機能し、最も自然に感じ、最も共鳴できる営業サイクルを作ろう。

CHAPTER7
情報としての製品の力

> 情報をどこで見つけ、どう使うかを知りなさい。それが成功の秘訣だ。
>
> ——アルベルト・アインシュタイン

あなたのサービスをパッケージ化する

　ターゲット市場が抱えるまさに差し迫ったニーズを満たし、切実な望みを叶えるために作られた個別の製品やプログラムほど、信頼を確立するのに役立つものはない。人はパッケージ化された学習や経験を買うのが大好きだ。そうしたものは理解しやすく、したがって買いやすいのである。

　もしかするとあなたは、自分のサービスをパッケージ化製品またはプログラムにするのは簡単ではなく、いずれにしても利用障壁が高くなると考えているのではないだろうか。あなたは自分が提供しなければならないものを過

小評価していると思う。

「予約でいっぱいにしよう」営業サイクルを作り、強化し続けていくのに伴い、営業サイクルの多くの段階をしっかりと完全なものにするための製品やプログラムを作りたくなるはずだ。それには、利用障壁が低くなければならない初期の段階も含まれる。

あなたの本棚にはきっと、これまでに他のサービスのプロから買った製品やプログラムが並んでいる。それどころか今も何かそうしたものを読んでいるかもしれない。自己表現をするための製品やプログラムをあなた自身で作ってみてはどうだろうか。"自己表現"という言葉を使うのは、私が言及する製品やプログラムは、**世界に向かってあなた自身を表現するのと同時にターゲット市場のために力を貸す機会を与える**ものだからだ。それこそがサービスのプロたる魅力である。

> 運命に従って、仕事を通して自分自身を表現するとき、あなたはサービス業に従事している。

私は、情報製品を製作することで得られる機会が大好きだ。というのも、思い切った自己表現から得られるある種の収益と満足を生み出す、簡潔な段階ごとのシステムに従えばいいからだ。情報製品の作成から得られるその他の最新のメリットをざっと見ていこう。

- 製品は、複数の受動的な収益源、または他人の資本を利用した収益源を手に入れる機会を生み出す。そのような収益源は小売店やオンライン、あなたのウェブサイトや関係者のウェブサイトにあって、24時間365日、世界中で利用できる可能性がある。おかげで常に世界中の人々から製品の注文を得ることができる。
- 製品があると、そのカテゴリーのエキスパートとしての立場が確立され、競合他社との差別化を図ることができるので、見込み客、仲間、会議企画者、メディアのあなたに対する信頼が高まる。

・製品は営業サイクルのスピードをアップさせるため、より多くの顧客を手に入れるのに役立つ。あなたのサービスは利用障壁が高いので、あなたを雇う必要があることを自分自身に納得させるために、潜在顧客はいくつかの高いハードルを飛び越える必要があるかもしれない。サービスに基づく製品を提供できれば、潜在顧客は大きなリスクを負わずにあなたを試す機会が得られる。その後で潜在顧客があなたとの関係を構築し、製品が十分に役立てば、潜在顧客は低価格の製品から高価格のサービスにアップグレードするはずである。

・マーケティング戦略の1つとして講演を採り入れる場合、講演会場の後ろに製品を並べておけば、あなたの信頼度は上がり、見込み客をあなたのビジネスに取り込むと同時にさらなる収益を生み出すという比較的コストの低い方法が得られる。

・製品はあなたの時間をうまく活用する。サービスのプロが直面する最大の問題の1つは、時間と引き換えにお金を得るという価値観だ。時間をお金に換えればいいのだとすれば、あなたの収入は1時間あたりいくら請求するかで決まる。例えば見込み客100名の前で講演を行い、1つ50ドルの情報製品を20〜30個販売することができたとすると、1時間あたりの収入は100ドルから1,000ドル以上に上がる。繰り返し言うが、忘れないでほしい。より高価なサービスを得るためにあなたを雇いたい人、雇うことができる人よりも、情報製品を購入したい人、購入できる人の方が多いのだ。

●目的を持って始める

あなたはビジネスを構築する最初の段階にあって、予約でいっぱいにするためのコースを歩き始めたばかりかもしれないが、スティーブン・コヴィー博士(『７つの習慣 成功には原則があった！ (The 7 Habits of Highly Effective People)』)の言うように、**「目的をもって始め」**なければならない。サービスのプロとして息の長いキャリアを築きたいと真剣に思うなら、情報

製品の作成についても同じように真剣に考えるようになるだろう。
　製品を作るという考えにおじけづいてはいけない。今のあなたの力で始めることができるし、可能性は際限ない。例えばあなたは、次のことが可能だ。

・無料のアドバイスブックを作成することができる。
・電子ブックを製作することができる。
・オーディオ CD を作ることができる。
・記事を書くことができる。
・ワークブックを作成することができる。
・意欲をアップさせる格言集をまとめ、出版することができる。

最初の情報製品を作る際は、次のような点に注意しよう。

・シンプルにする。
・根を詰めすぎない。完璧なものを作らなければと思わない。
・極めて独創的でなければならないと思い悩まない。
・ヒント、ガイド、またはリソース・マニュアルがふさわしい。
・できる限り何らかの形で、顧客の生活に価値を付加する努力を常に行う。

　情報製品の作成方法を検討する際は、さまざまな可能性を検証し、「自分に今ある知識や経験を生かして、できるだけ短期間で作成して発表できる、質の高い製品を生み出すにはどうすればいいか」を自分自身に問いかけよう。
　すでに作ったコンテンツを、決して見過ごしてはならない。以前に記事を書いていれば、それは複数のフォーマットに作り変えられるコンテンツを持っていることになる。自分の記事をまとめて迅速かつ容易にオンライン学習コースを作ったり、電子ブック、書籍、またはプログラムの基盤として利用したり、入門用プレゼンテーションとして、または遠隔授業の際に提示したりすることもできる。1 つの記事を活用すると、こうした何らかのまたは

あらゆるフォーマットに作り変えることができるし、たった 1 つのコンテンツ・ソースから営業サイクル全体を作ることも可能になるのだ。

●製品、プログラムについて明らかにする

　今あなたが最も情熱を傾けている、あるいはワクワクしている製品のアイデア——そして最も重要なことなのだが、**あなたの現在のビジネスニーズに沿ったもの**——を 1 つ選ぼう。スタートしたばかりでデータベースを構築しなければならないなら、まずは "見込み客を獲得するための" 製品、すなわち潜在顧客とのつながりを持つために無償で配る製品を作る必要があるだろう。その後で、見込み客を獲得するためのその無料の情報製品を使って、時間をかけて有料の情報製品を新たに作る。見込み客を獲得するための製品がすでにあって、オーディオ・プログラムや書籍のような、より高価格の情報製品を製作する準備が整っているのなら、やってみることだ！

　製品について明確にする際は、作成する製品の種類ばかりでなく、誰に売るのか、何を約束するのか、どんなメリットや解決策を提供するのか、どんな外観でどんな感じを伝えたいのか、どんな方法でコンテンツを活用することができるかについても検討しなければならない。

2.7.1 練習問題　今の時点では、簡潔な方がいい。頭に思い浮かんだアイデアを書き留めよう。

1. どんな種類の製品またはプログラムを作りたいか。作ってターゲット顧客に提供することに最も情熱を注げると思えるものは何か。
2. その製品を誰に提供したいと思うか（ターゲット市場に言及すること）。
3. あなたの製品を使うことで、ターゲット市場が経験するのはどんなメリットか。
4. 製品の外観や印象はどんなものにしたいか。製品によって伝えたい

イメージまたは感情は何か。
5．同じコンテンツを、各種の異なるフォーマットや営業サイクルのための希望小売価格に合わせて活用するにはどうするか。

●ニーズを評価する

　製品またはプログラムに対するあなたの意図を明確にしておくことが重要であり、**その製品自体がターゲット市場のニーズを満たすものである**ことが欠かせない。何かを作り出すのがどれほど好きであっても、ターゲット市場がそれを必要としていなければ、目的が台無しになってしまう。

　　2.7.2 練習問題　　次の質問に答えよう。あなたのターゲット市場はなぜ、今その製品を必要としているのか。
・顧客のニーズを満たすために、あなたの製品は何を実現する必要があるか。
・あなたの製品が、市場にある類似の製品と異なるのはどんな点か（異なる点がある場合）。
・"さらに"予期しない価値を付加して、いかに約束以上のことを実行して製品を際立たせられるか。
　特定の種類の製品またはプログラムに対するターゲット市場のニーズに確信がない場合は、ターゲット市場が価値があると判断するようなものを確実に作るために、市場リサーチが役に立つだろう。友人、顧客、オンライン討論グループまたは地元の団体などのグループを調査しよう。また、ターゲット市場の対象者が使うと思われるキーワードを使って、必ずGoogle検索しよう。このような場合のGoogleは最高の検索ツールである。

製品を作るための5つのステップ

　製品を作るためのシンプルな5つのステップを、次のサブセクションで検討する。

ステップ1：あなたが果たす役割を選ぶ
ステップ2：製品の枠組みを選ぶ
ステップ3：売れるタイトルを選ぶ
ステップ4：目次を作る
ステップ5：コンテンツを作る

●ステップ1：あなたが果たす役割を選ぶ

　どんな製品を作ることにしたにせよ、作り手としてあなたは必然的に物語を語るはずだ。そのためには、コンテンツを伝える際に果たしたいと思う役割を選択する必要がある。要点を説明するために書籍を例に使うが、それは書籍が非常に人気のある情報製品だからだ。

- **エキスパート**：自分のしてきたことや、自分のやり方が役に立つ理由についての見解を述べよう。本書の著者として私が選んだ役割もこれである。あなたが選ぶのはマッド・プロフェッサー（訳注：英国の音楽プロデューサー）か、リラクタント・ヒーロー（訳注：本人の意志に反して心ならずも英雄になってしまった人のこと）か、それとも世捨て人のごとき天才か？
- **インタビュアー**：他のエキスパートからの情報をまとめよう。それぞれの分野のエキスパートにインタビューすることによって、1つの製品を作り出せる。この良い例が、ミッチ・マイヤーソンの『Success

Secrets of the Online Marketing Superstars(仮邦題：オンライン・マーケティング成功者の秘密)』である。マイヤーソンは、オンライン・マーケティングのエキスパート20名にインタビューをし、それをまとめて1冊の本にした。

- **リサーチャー**：ターゲット市場のニーズと望みに役立つ情報を集めに出かけよう。結果をまとめて、そうしたニーズや望みを満たす製品を作るのだ。リサーチによって、あなたは将来エキスパートになれる。ジム・コリンズの書籍、『ビジョナリー・カンパニー』がうってつけの例だ。調査研究であるこの本によってコリンズは、大企業に優れた業績をもたらす権威になった。コリンズが行ったような10年にわたる臨床研究をする必要はないが、コンセプトは同じである。

- **リパーパサー**（訳注：再利用できる人の意味）：既存の内容を使い（許可を得た上で）、異なる目的に合わせて内容を修正しよう。ゲリラマーケティング（訳注：個人や中小企業がコストをかけずに高い収益を得るために考案されたマーケティングの手法）の書籍の多くがこの良い例である。「ゲリラマーケティング」という概念を確立したのはジェイ・コンラッド・レビンソンだが、以来他の多くの作家がその資料を自分のために使い、異なる目的のためにその名称を使っている。例えば、デイビッド・ペリーの『Guerrilla marketing for Job Hunters（仮邦題：仕事を求める人のためのゲリラマーケティング)』がそれである（この本には私も寄稿している）。

2.7.3 練習問題 あなたにとって一番魅力的な役割、あるいはあなたの製品またはプログラムに最もふさわしい役割は何か。またそう思うのはなぜか。

●ステップ２：製品の枠組みを選ぶ

　コンテンツを体系化して提示するための枠組みが必要になるだろう。枠組みによって、コンテンツを作るのが容易になるばかりでなく、潜在顧客がコンテンツを理解し、可能な限り最大の価値を得ることも簡単になるはずである。

　コンテンツが特定の枠組みにぴったり適しているのがわかる場合もあるかもしれない。例えば、妊娠に関するコンテンツを作成しているのなら、時系列の枠組みが選択としては理にかなっているだろう。一方、あなたが考えるコンテンツが複数の枠組みの中で優れた機能を発揮することも考えられる。情報製品またはプログラムでは、複数の枠組みを組み合わせて使用する場合が多い。最も一般的な６つの枠組みを以下に示す。

1. **問題と解決策**：問題を挙げ、それからその問題についての解決策を提示する。トーマス・F・クラムの『The Magic of Conflict: Turning Your Life of Work into a Work of Art（仮邦題：対立の魔法──仕事人生を芸術品に変えよう）』はこの枠組みによって書かれている。クラムは、生活や仕事で人々が直面する数々の問題を示し、合気道の哲学的な原則を使ってそれらの問題に対する解決策を提起している。

2. **数字を使う**：一連の重要事項、または教訓としての製品を作ろう。よく知られた例がスティーブン・コヴィーの『７つの習慣 成功には原則があった！』である。

3. **時系列**：一部の製品は、特定の順番で提示しなければならない。そうしなければ意味が通らないからだ。例えばグレード・B・カーティスとジュディス・シューラーによる『Your Pregnancy Week by Week（仮邦題：マタニティブック──ママと赤ちゃんの様子が週別にわかる本）』では、ステップＡはステップＢの前になければならない。

4. **部に分ける**：この本がまさにそれだ。この本は、あなたの基盤、信用と信頼の構築、簡潔な営業・完璧な価格設定、セルフ・プロモーショ

ン戦略の4部で構成されている。各部の中には、さらに時系列の枠組みで示されている部分がある。そのため、この本には主となる枠組み（部）と二次的な枠組み（時系列）があることがわかる。

5. **比較対照**：作成したものを、いくつかのシナリオまたはオプションを示しながら提示し、それらを比較対照する。ジム・コリンズは著書『ビジョナリー・カンパニー』の中で、成功する企業とそれほど成功しない企業を比較し、対比させている。

6. **参考資料**：参考資料はそのままの意味である。あなたが作る製品は、ターゲット市場の参加者にとって価値あるリソースになるかもしれない。情報を集めた資料は、参考資料の形式で提示するのが最も効果的だ。その例がリチャード・バヤンの『Words that Sell（仮邦題：売れる言葉）』である。これは、営業に役立つ優れた言葉やフレーズの参考ガイドである。

2.7.4 練習問題　どの枠組みを選ぶか。それはなぜか。

●ステップ3：売れるタイトルを選ぶ

　タイトルによって、製品やプログラムが売れるかどうかに大きな違いが出る。消費者の注目を最初に集め、その先を見るかどうかの決め手になるのがタイトルなのだ。見込み客がもっと知りたいと思うくらい魅力的なタイトルを付けなければならない。消費者の側からすれば、タイトルを読むなり聞くなりしたときに、あなたが何を提供しているのか正確にわかるものでなければならない。人の心をつかむタイトルを作るのに時間をかければ、最終的な結果に多大な影響を及ぼせる。あなたのニーズに適応させることができる6種類のタイトルがある。

1. サスペンス：「専業主婦の秘密の生活」

2．物語を語る：「成功した起業家の生き方」
3．痛みまたは恐怖に対処する：「すべてのリーダーが抱える10の恐怖とその乗り越え方」
4．読者の注意を引き付ける：「実録！　史上最悪、デート中の6つの失敗！」
5．問題の解決策：「注目：ADDでも物事をやり遂げるための7つの重要事項」
6．感情的なつながり：「息子の悲劇が教えてくれたこと――悔いのない人生を生きる大切さ」

> **2.7.5練習問題**　あなたの製品に適している、あるいは特に魅力的だと思うタイトルの種類を1つ選び、異なるタイトルのアイデアをいくつか出そう。楽しんでやること。想像力を思う存分に働かせればいい。

●ステップ4：目次を作る

　あなたがコンテンツを簡単に提示し、潜在顧客が理解しやすくできるように、コンテンツをまとめるためのもう1つの重要な要素が目次である。コンテンツの中でどのような役割を示すかに関係なく、製品を作ることがエキスパートであるという印象を与え、ターゲット市場はあなたを専門家と見なすようになる。

　目次は極めて系統的で専門的なものでなければならない。また、ざっと目を通してコンセプトや重要ポイントがわかるよう簡潔にする必要がある。さらに目次の作成によって、コンテンツを管理しやすい単位に分けることができる。たとえ簡単な記事、電子ブック、特別レポート、あるいは書籍でも、書くとなれば一見圧倒されるような気がするかもしれないが、必ずしもそんなことはない。目次または概要を使って、取り組むのがずっと容易で手ごわくない、より細かいステップにプロセスを分けよう。

> **2.7.6 練習問題**　次の質問を頭に入れながら、目次を作ろう。
> ・あなたのコンテンツを理解するためには、どんなステップが必要か。
> ・流れは論理的で理解しやすいか。

●ステップ5：コンテンツを作る

　目次を使い、各セクションの原案を完成させるスケジュールを作ろう。プレッシャーのかかるスケジュールにしてはいけない——そうする必要もない。1日に1つか2つのパラグラフを書けば、オンラインの学習コースなら1週間、もっと詳細な製品やプログラムなら1、2カ月程度で製品やプログラムのコンテンツを完成させることができる。

　"原案の哲学" にこだわってほしい。え？　この古代ギリシャの哲学の動向を聞いたことがないだって？　わかった。たぶんそうだろう。だが、この考え方は圧倒されるような感覚を和らげ、失敗しないために役立つと思う。**"原案の哲学"** は、今すぐ集中して取り組み、データ・ダンプ（訳注：ダンプとはファイルやメモリの内容を記録、あるいは表示すること）を行い、それから次の哲学的思考レベルである **"微調整の哲学"** を実行するよう提言する。**"微調整の哲学"** は、製品の製作を進行させるよう提言するものだ。この時点で最終的な結果を期待してはならない。まずは、ここまで述べたように5段階の計画に従って製品の構造を組み立てよう。それから、この簡潔な3部形式の方法を使って原案、第2案などを作り、最終案を完成させよう。

●原案を作るための3部からなる形式

　ステップ1：目次をもとにして、各セクションの重要ポイントを2〜5つ選ぶ。

　ステップ2：セクションごとのそれぞれの重要ポイントを、裏付けとなる

内容で具体化する。

　ステップ3：最終的な製品を作るまで、ステップ2を繰り返す。

　そう、原案作りはそこまで**簡潔であるべき**なのだ。今ここで跪(ひざまず)いて、どうかこれ以上複雑にしないでほしいとあなたにお願いしてもいい。簡潔に、そしてそれを完成させることに集中しよう。そうすればあなたは、予約でいっぱいになるビジネスに本格的に取り組むことができる。

簡潔な3ステップで製品を発売する

　ウェブサイトに製品を掲載するのは優れたアイデアだ。手始めとしては素晴らしい。だが、現時点であなたのサイトを閲覧する訪問者の数が圧倒的に多いわけでないなら、たくさんの注文を得られる可能性は低い——"たとえ無償で製品を配ったとしても"。一方で、作った新製品で大成功を収めたいと思うなら、次の簡潔な3ステップの製品発売の流れに従い、真剣で熱心な潜在顧客に製品を手にしてもらおう。

　　ステップ1：発売前
　　ステップ2：発売
　　ステップ3：発売後

●ステップ1：発売前

　製品が完成したら、すぐに販促活動を始めたいという気持ちに駆られるだろう。だが、少しの間我慢して、**ビデオ、オーディオ、PDF、および人が使いやすい形でちょっとしたコンテンツを提示して相手の気持ちを盛り上げるにはどうしたらいいかを検討しよう**（1分間で聞いてくれる相手を増やす方法を教えるつもりだ）。発売前の段階では、多くの価値を与えるのに集中

しなければならないため、やりすぎではないかと思うかもしれないが、それでももっと価値を与えよう。この場合のティーザー・コンテンツ（訳注：発売前の新製品に関する情報をすべて公開せずに小出しにし、閲覧者の興味を引くことを意図した販促活動）は、今後あなたが提供する製品が対処する特定の問題や、製品が約束する結果について相手に考えさせる——製品自体にはまだ言及せずに——目的で作るべきである。初期段階である発売前の期間は２、３日または２、３週間とすることができ、相手があなたのコンテンツにどんな反応をするかを評価し、それに応じて製品を調整する機会が得られる。

　もしあなたがフィジカルトレーナー兼コンディショニングトレーナーで、週３回30分間ケトルベル（訳注：筋力トレーニングに使う、ダンベルに似た器具）・ワークアウトの成果を向上させる方法について、画期的なビデオ製品を製作していたとしたら、製品から引用した２分間のビデオクリップへのリンクが付いた一連の記事や、ブログ、オンラインのプレス・リリース（これらについては第16章で扱う）を書くことを考えるのではないだろうか。Ｅメール・リストに載った人々に送られ、ブログや記事に書かれ、プレス・リリースの購読者リストに送られるこのコンテンツは、その話題についての議論を活発にするのが狙いであって、あからさまな販売促進はしない。その代わりに、製品自体を発売する前に、特定の問題と解決策について読者に考えさせようとしているのである。

　発売前という初期段階の終盤にかけて、価値あるコンテンツで種をまいておいた同じ場所で、これから製品を発売することに言及しよう。その頃には、それまでとりあげてきた話題についての盛り上がりや関心が読者の間で急上昇しているので、発売前の仕上げの段階に入る。ここで、これから提供する製品の詳細を発表するのだ。その製品には価値がいっぱい詰まっているので、この場合もやはりあなたやあなたの記事などを読む人はやりすぎではないかと思うかもしれない。しかし、この先あなたは、以下に示すような新たな特徴、機会、そして特典を次々に与えていくことで、さらに価値を高めていくのだ。

- フォローアップ実施のための電話によるコーチング
- さらなるビデオ、インタビュー集、電子ブック
- クイック・スタート PDF ガイド
- 関連ソフトウェア
- ライブイベント
- そしてもちろん、何らかの種類の簡単な保証

　潜在的な購入者には、投資に対して大幅な利益を得ていると感じてもらわなければならない。つまり価値がコストを圧倒的に上回らなければならないのである。あなたは、あなたの製品によって得られる信じがたいほどのメリットと、製品が解決する問題に潜在的な購入者の関心を集めようと努力することになる。できれば、製品を発売するまでに、潜在的な購入者にはあなたの製品に対する抵抗がほとんどなくなり、製品が手に入れたい成果を与えてくれる強力な手段だと信じていてほしい。

発売前チェックリスト
- 購入者の情報をデータベース化して管理するためのソフトウェア
- ショッピング・カートと取引用口座
- 販売ページ
- 発売情報を書き込むためのブログ
- 製品のオンライン発送・配送の準備完了

　製品を発売する前に、プロセスのすべての部分を試すのを忘れないように。（ほぼ）間違いのないことを確認したとしても、何かを見落としているはずだ——少なくとも私はいつもそうだ。試しに発注してみて、あらゆる問題を解決したことを確かめよう。あなたのウェブサイトのすべてのページと映像を、例えば Internet Explorer、Firefox、Chrome、Safari などの最も一般的なブラウザすべてで閲覧する。サイトへのトラフィック数がふだんよ

りずっと多くなることが見込まれる場合は、サイトのホスト、取引用口座の提供者、ショッピング・カート担当者に製品の発売日を連絡する。通常と異なる活動を検知すると、ホスト会社がアカウントを凍結させてしまう場合があるからだ。そのようなケースはあなたが考えているよりも頻繁に起きており、製品の発売に深刻な損害を与える恐れがある。

●ステップ２：発売

　製品の発売が成功するかどうかは、主として**どのような仕組みによって製品を提示するか**にかかっている。どうやってその製品を作ったか、その製品にはどんな機能が付いているか、その機能はどれくらいの期間持続するか、などなど。

　賢者への一言：人に買うよう働きかけるのに、どんな種類の戦術を使うかに気をつけよう。

　価格設定モデルの詳細については第８章で述べるのでここでは割愛するが、**情報製品の販促活動をする際は、自分がどう思われたいかを慎重に考慮した方がいい**。希少性の原則に則って、過剰な販促活動を盛り込んだ、集中的な製品発売をするか。今すぐ行動しなければチャンスを逃すかもしれないという購入する側の不安、あるいはあなたが提供するものを買わなければ、受けられるサービスが何であれ、自分は先に進むことができず、要するに失敗してしまうのではないかという気持ちを利用しようとするか。それとも、誠実さを基本に、道理にかなった、賢明で適切な製品発売を行おうと思うだろうか。

　よく聞いてほしい。**製品の提示の仕方が誠実で、宣伝過剰でも強引でもない限り、私は期間や場所を限定した製品発売**が好みである。ある有名なマーケティングのエキスパートはこう言う。「見込み客をイライラさせていないとしたら、まだ押しが足りない」。私はそうした考えには詳しくない。どのような方法で販売するかは、あなた自身を映し出す鏡だ。**あなたが体現するものは何か、どんな人として名を知られるようになりたいか**を考えよう。そ

してもちろん、製品を売ろうとしている相手がどのように扱われたいと思っているかについても。

　オーケー、いよいよ大切な日がやって来た！　今こそ、「私たちは生きている」と題したEメールの「送信」ボタンをクリックし、あなたが属するソーシャル・ネットワーク・サイト、ブログ、あるいは関係するその他のプラットフォームにおいて製品の発売を発表する時だ。ここで、すべてのハードワークが報われる。深呼吸しよう。
　思うようにプロセスが進まなくても、焦ってはいけない。製品の発売が計画通りに展開しないかもしれないことはもうわかっているはずだ。ということは、計画よりもうまくいく可能性だってあるのだ。製品発売の効果が期待できる期間は、好みにもよるがたいてい3〜7日だ。1日目と2日目は、期限が迫っているし、提供できる数が少なくなっているので、すぐに行動するよう勧めるならこの時期だ（ただし、前に指摘した注意事項を確認すること）。そのうえワクワクするような新たな称賛の言葉が得られたら、遠慮なく共有しよう。

●ステップ3：発売後

　製品の発売から数日経つと、販売は通常減ってくるのだが、再び火を着ける方法はいくつかある。例えば、新たな特典を発表してもいい。新しい特典は、買うかどうか決めかねている人たちを、やってみよう、購入ボタンを押そうという気持ちにさせるかもしれない。こうした特典は、期待していなかった特別の価値が手に入るので、それまでのすべての購入者にとってもうれしいものになるだろう。
　製品の購入者が無料で参加できる特別ライブイベントを開催するのはどうか。あるいは、オファーに最初の製品で扱った話題に関する製品をまるごと無料で付け加えたことがあるかもしれない。
　製品発売を終える際、製品をどうするか。価格を変更して引き続きウェブ

サイトで販売する予定か、あるいは半年で市場から回収し、その後第2弾の投入を行うか。市場から製品を回収するのなら、ウェブサイトの訪問者に対し製品に関心を持ってくれたことへの感謝の意を伝える特別なウェブ・ページを設け、その製品が再び購入できるようになった場合に最初にお知らせできるようにするためにウェブサイトに登録するよう勧めることを忘れずに。そうすれば、次回の製品発売までに彼らの信頼を得る機会が得られるだろう。

トラフィックを集めるための事業協力

　フォロワーや購読者の数がまだそれほど多くない場合、あるいはそれなりの数がいるとしても、言わせてもらうなら、リーチを向上させる重要な要素の1つは、一般に**事業協力（ジョイント・ベンチャー）パートナーまたはアフィリエイトと呼ばれるものと協力する**ことである。このコンセプトはウェブサイトにトラフィックを集めることに関連していて、第16章で検討するつもりなので、ここでは製品の発売に関する事業協力マーケティングの関係の重要点についていくつか触れるにとどめよう。

　あなたのターゲット市場とすでに信頼関係を構築している他のプロたちが、あなたと手を結び、製品の販売手数料またはその他のインセンティブを得る代わりにあなたの製品の販促活動を行ってもいいと思っているかもしれない。注意してほしいのは、"かもしれない"という点だ。

　第11章でダイレクト・アウトリーチについて考える際に学ぶことになるのだが、**成功したプロに何らかの種類の事業協力要請をする前に、彼らとの関係を築き、彼らをやる気にさせるものは何かを理解しておく**のが賢明だ。あなたが考えるようないわゆる金銭的なインセンティブが、実はそれほど興味を引かないとわかって驚くかもしれない。

　あなたの製品の販促活動を行うとき、事業協力パートナーは自らの社会資本とプロとしての資産を少なからず投資しているのである。購読者またはフォロワーに対するあらゆる販促活動に伴う機会費用だってある。妥当な測

定基準を用いてあなたのオファーの実行可能性を実証する準備をしておこう。健全な手数料体系を整えるとともに、登録率と顧客転換率の詳細な分析を行う必要がある。あなたのために製品の販促活動を行うよう誰かに頼む際は、今この時点でわかっていると思っているよりも、ずっと多くを依頼することになるはずだ。その人にとって最も貴重なビジネス資産かもしれないもの——その人が購読者との間に構築してきた信頼——へのアクセスを求めることになるのである。何らかの事業協力キャンペーンを試みる前に、ダイレクト・アウトリーチの章を読もう。

　事業協力パートナーにあなたとの仕事を楽しんでほしければ、販促活動をすこぶる簡単なものにしなければならないだろう。事業協力パートナーを味方にできたなら、以下の資料を彼らのために用意しよう。

- 製品の発売前と発売期間中に使用できるEメールのコピー
- やや友好的なコンペでパートナーを元気づけ、興奮させるための賞金付きコンテスト（パートナーを事業協力パートナー間のコンペに参加させる前には、必ず彼らの承認を得ること）
- コンテストの最新情報と、あなたの製品の販促活動を行うモチベーションを継続させるための、パスワードで保護された個別の事業協力パートナー用ブログ。製品発売についての情報を発表するためのもの
- 顧客向けアフィリエイトのリンクを提供する、ショッピング・カートシステム内の事業協力パートナー用アフィリエイト・アカウント

　大規模で深い、正真正銘の成功は、相互に価値のある長期的なパートナーシップを通じて他者と恩恵を共有する場合にのみ、本当に実現できる。事業協力パートナーの何人かは、親友や最も身近な協力者になる可能性さえもあるのだ。

　インターネット上で製品を発売するというコンセプトが耳慣れない場合、こうしたいくつかの手法が手ごわいように感じるかもしれない。ネットにおける製品の発売は、このセクションで私が紹介したよりも変動的な要素が

もっと多く発生する、大がかりなプロセスになる可能性がある。とは言っても、あなたにはそれができる。製品の発売は、最初はシンプルに、一度に1つずつ小さなステップを踏んでいこう。こんなふうにして、一度発売に成功すれば、次もその次もうまくやれる。最初の成功を、新しい製品のために若干の変更を加えて繰り返すだけだ。骨の折れる仕事の大半は、最初のときに済ませてある。製品発売の方法についてもっと詳しく知りたければ、情報製品発売のエキスパートであり、「予約でいっぱいにしよう」認定コーチのデイビッド・ジャロンが力になれる。彼のウェブサイト DavidJehlen.com を訪問しよう。

ビジネスの発展に不可欠なステップ

　製品またはプログラムの作成は、ビジネスの発展における強力な――そしておそらくは必要な――ステップだ。製品またはプログラムを作れば、ビジネスは急成長する潜在能力を持つ。1つの製品が次から次へと姿を変えるだろう――可能性は無限だ。

　ちょっと想像してみよう。朝一番にEメールを確認すると、15件の新たな注文が入っている――スイスから1件、オーストラリアとインドからも1件ずつ、そして米国中から12件。全部ウェブで購入可能にしたばかりの製品の注文だ。午前7時。まだ半分寝ぼけた頭で1杯目のコーヒーを飲んでいるにもかかわらず、すでに3,479.27ドルを稼いだ。

　今はこのシナリオが現実ではなく夢のように思えるかもしれないが、それは完全に実現できるものであり、想像するよりもずっと容易に叶えられる。私がここまでで説明した、思いつく限り事実上どんな話題に関しても限りない数の情報製品を作るためのステップに、ただ従えばいい！　いつの間にか、注文が転がり込んでウェブサイトがキャッシュ・レジスターに変わるときの美しいメロディー、"チーン、カシャーン、チーン、カシャーン"という音が聞こえてくるようになるだろう。

PART3
簡潔な営業・完璧な価格設定

予約でいっぱいにするためには、提供する製品やサービスに、理想の顧客にとって魅力的で、なおかつあなたが力を抜いて効果的な営業会話ができる価格を付ける必要がある。すなわち、

・正しいモデルとインセンティブを用いて、完璧な価格設定戦略を作らなければならない。
・簡潔な営業テクニックをマスターし、海辺で過ごす1日のようにのんびりした気分で営業会話ができるようにしなければならない。

　PART3は2つの章からなるが、これら2つの章は「予約でいっぱいにしよう」システムのクライマックスである。というのも、これまでに手に入れた信頼に応じた売り込みを行う方法と、新たな取引を獲得する営業会話のやり方を学ぶことになるからだ。**新しい取引を契約できる新たな顧客を獲得する――これは究極の目標だ。**
　「予約でいっぱいにしよう」システムがどのように機能するか思い出そう。

1．セルフプロモーション戦略（「予約でいっぱいにしよう」7つの中核的なプロモーション戦略）を使って、あなたが提示する製品やサービスを認知してもらう（PART4で学習する）。
2．提示する製品やサービスについて知った新たな潜在顧客は、あなたの基盤の安定性や安全性を確認する（基盤はPART1で作った）。
3．潜在顧客が確認して納得すれば、徐々に信頼を得る機会を与えてくれる（PART2で学習した戦略を使って行う）。
4．状況が適していれば、潜在顧客は手を挙げて営業会話をするようあなたに求めるか、あるいはあなたが勧める魅力的な製品の1つを受け入れ、あなたは取引契約を手に入れる（これがPART3の焦点で

ある）。

　PART3でやらなければならないのは、**あなたの製品・サービスの価格を決める方法を決定し、気楽に自信を持って営業会話を行う方法を学ぶ**ことである。では、早速始めよう……。

CHAPTER8
完璧な価格設定

> 価格とは、何かを買うときに支払うもの。価値とは、何かを買うときに手に入れるもの。
>
> ──ウォーレン・バフェット

　例えば、誰かのために魅力的なウェブサイトを作ることや、企業の研修マニュアルを作成する才能やスキルを持っていることにはどんな価値があるだろう。それを作るのにかかる時間の長さか、それとも作ったページの数か、はたまた使った画像の数だろうか。正解は……上のどれでもない。残念ながら、多くのサービス提供者は自分が提供する製品やサービスにそんなふうに──物として──、価格を付けている。

　私は「予約でいっぱいにしよう」認定コーチのカーラ・ルーメン（caralumen.com）に、この点についての見解を尋ねた。というのもカーラはアイデアを直接扱って、売れるようにする方法を教えているからだ。アイデア・オプティマイザー（訳注：最適化する人の意味）として、実際に彼女はその点を正しく理解していることがわかった。カーラはこう言う。「アイ

デアに価格を付ける唯一の方法は、アイデアが生み出すものの価値を評価することです」。

「でも、それを作るのにわずか2時間しかかからなかったんです」と、あなたは言うかもしれない。何かを書いたり作ったりするのに、または考えを思いつくのにどれくらい時間がかかるか、あるいは顧客にどれくらいの時間を費やすかさえも、ここでは関係ない。顧客にとって重要（であるべき）なのは、**投資に対してあなたの製品またはサービスが提供する金銭的、感情的、物質的、そして精神的な利益**なのである——思い出してほしい。前に紹介した人生を変える極めて重要な FEPS（financial、emotional、physical、spiritual の頭文字）の利益だ——。あなたが与えられる価値について考えてみよう。

・あなたのサービスはいくらの所得を生み出すか？
・あなたが作り出すものはどれくらいの期間、顧客にとって生産的で有益なリソースでいられるか？
・あなたは痛みをどれほど和らげることができるか？
・あなたはどれほどの喜びを生み出すか？
・顧客が目的または精神とのつながりを持つために、あなたはどう役に立っているか？
・あなたの仕事から、長く続く大きな心の平和が得られるか？

カーラによると、あなたが生み出す価値と同じように重要なのは、**「あなたが自分自身をどう評価するか」**だと言う。そしてこれが、単に生計を立てるのとかなり多額のお金を稼ぐのとの違いなのかもしれない。あなたの理想の顧客、そして最高の仕事をするのを忘れないこと。運命に従うように他の人にサービスを提供するのを忘れないこと。あなたは、あなたとの結びつきにもたらすものの価値を評価する人に、サービスを提供したいと思っているのではないだろうか。だが、あなたにその価値がわからなければ、人は決して評価してくれない。

> **3.8.1 練習問題** あなたをべた褒めした顧客について考えよう。その顧客があなたのサービスによって得られた FEPS 利益をすべて書き出そう。出し惜しみはしないように。大きな視点で考えよう。今度はそれらの利益のすべてに具体的な金額を付けよう。ここでもやはり大きくとらえることだ。いや、もっと大きく。なぜなら……驚かないでほしい……あなたがこれまで自分を過小評価し続けていて、結果として自分の製品やサービスに安い値段をつけていたことがわかるはずだからだ。あなたは自分の才能やスキルを惜しみなく与えている。そしておそらく、あなたが提供する価値は今付けている価格よりももっともっと大きい。

貧困思考を受け入れない

あなたはこう思うかもしれない……自分のサービスに人々が払えないような価格を付けたくない。あるいは、こんな感じだろうか……新しい顧客に、たくさん払う余裕はないと言われたので、彼らのために価格を下げようと思っている。こう考えたからといって必ずしもあなたが「貧困思考」を持っているというわけではないが、この上なく明らかに小さくまとまってしまう。

望みは大きく持とう。人が価格だけを判断材料にしてプロのサービスを買うことは滅多になく、それどころか人は彼らが**買うものを通して自分の価値を表現する**——だから、そうさせればいい。

あなたの価値を決めるのはあなただけだ。あなたが提供するものが何であれ、それはあなたに特有のものである。サービス、スキル、才能、そして人格を組み合わせて特別な何かを提供できるのはあなたしかいない。情報とコミュニケーションの形式、それにあなたをあなたらしくしてくれる価値を組み合わせられるのもあなただけだ。そのことを理解しよう。自分の価値を知っ

て受け入れ、そして享受しよう。サービスの観点から考えることだ。そして自分が提供するものに対して、しっかりと報酬を受けるという意識を高めなければならない。十分なお金がもらえると期待して、それを要求しよう。自分に価値があると感じられる価格を付けて、他の人が群をなしてあなたが提供する素晴らしい価値を喜んで利用するのを、その目で確かめてほしい。

3.8.2 予約でいっぱいにするための行動ステップ　やや落ち着かない気持ちになるくらいまで、あなたの製品またはサービスの価格を今すぐ上げよう。ちょっとムカムカしてきたら、適正な価格に到達したということだ。それが新しいあなたの価格である。時間をかけて、それに合うように成長していく――吐き気ではなく、価格の方だ――はずだ。そう、時間をかけて、価格を上げ続けていくのである。吐き気を催すことなしに。

あなたにふさわしい価値を要求し、それを受け取る。しかしまずは**自分に素晴らしい価値があることを知り、信じなければならない**。その後で、あなたが提供するすべてのものを他人が知って評価をする。自分が提供するものには価値があり、価値があることを示す額を請求しなければならないことを理解しなければならない。あなたが何者で、何を世間に提供するかについて大きな視点で考えるという選択ができるのは、あなただけなのである。

完璧な価格設定モデル

さまざまなサービス産業で異なる価格設定モデルが使われているのは、経験上わかっていると思う。提供者に利益をもたらすものもあれば、顧客の方に有利なものもある。しかし、完璧な価格設定とは、当事者それぞれが取引でより良い結果を得たと考えるものである。迅速な取引ができたと思えば顧客は喜び、成功を収めたと思うサービス提供者は、カナリアを仕留めた猫の

ような気分になるだろう。重要なのは、両方の当事者共に幸運だと思えるような、Win-Winの力を生み出す方法を見つけることである。プロのサービスを販売する際によく用いられる価格設定モデルを、いくつか紹介しよう。

・**時間と引き換えの対価**：あらかじめ決められた、合意済みの時間の量——時間、日、週、またはこれらの組み合わせ——によって料金が設定されている（例えば、1時間100ドル、1日1,000ドル、1週間1万ドル）。非常に一般的なモデルで、概して顧客にとって好都合である。

・**上限なしの、時間と引き換えの対価**：時間ごとの（通常は1時間あたり）料金が設定されているが、仕事を完了させるために必要な時間に制限はない。サービス提供者（特に建築請負業者）がこのモデルを好むが、その理由を聞いたら顧客はビックリ仰天だ——時間がかかればかかっただけ、追加料金が天井知らずで積み重なっていくからである。3週間かかると言われていたキッチンのリフォームが33週間続いていると知ったら？ お金のかかるサプライズが好きな人はいない。想像してみよう。クリスマスの朝目覚めて、プレゼントをもらう代わりに、あなたの名前が書いてあるすべての箱の代金を支払わなければならないとわかったときの気持ちを。

・**あらかじめ決まった結果に対する固定価格**：プロジェクト全体で価格が決まっていて、たいていの場合料金は、前もって定められた日付に、あるいはプロジェクトの節目が完了するごとに何割かずつ支払われる（つまり、25%を前払いし、半分が終わった時点で50%、完了時に25%といった具合に）。このモデルを用いると、往々にして「project creep：予定外の機能追加」（訳注：プロジェクト開始後に、決定していた仕様の範囲にない機能の追加が要求されること。作業量とコストが増大する。フィーチャー・クリープ、要件の追加、ミッション・クリープとも言う）を恐れてサービス提供者は不安を感じる。この場合、プロジェクトの範囲がどんどん広がっても、設定した価格は変わらない。ちなみにこれは「project with a creep：嫌な奴と一緒のプロジェクト」とは別のものだ。

CHAPTER8　完璧な価格設定　163

それはそれでうんざりではあるのだが。ただし、そのどちらが悪いかは、それぞれプロジェクトにどれくらいの予定外の機能追加が発生するか、あるいは顧客に対してどの程度嫌な気分になるかによって決まる。

・**時間の上限がなく、繰り返し発生する料金**：一定の仕事量に対する月ごとまたは四半期ごとの支払いのことで、一般に"報酬"と言う。期間について取り決める場合もあるが、一般的には契約に期間は関係せず、自由に、または妥当な通知期間をもって解除することができる。

・**報酬プラス成功報酬**：経費相当額の報酬が含まれる妥当な支払額が提示され、サービス提供者にはほとんどの報酬が最終段階で支払われる。プロジェクトが利益を生み出せば、サービス提供者はお金を稼げる。この価格設定モデルは一般的ではないが、極めて大きな利益をもたらす可能性がある。人身傷害弁護士はこのモデルを使っていて、彼らは訴訟に勝てば、和解金のかなりの割合を報酬として受け取る。ソフトウェア・プログラマー、中でもハングリーな起業家タイプの人たちがこのモデルを採り入れている。

・**柔軟な価格設定**：同じサービスを顧客によって異なる価格で提供する。契約交渉に基づいて販売が行われることが多い企業間市場で非常に一般的な方法だ。また、ニーズに応じて柔軟に価格を設定してもよい。変動料金制とも言い、サービス提供者はたいてい、顧客の支払い能力や、提供者がどれほど顧客の役に立ちたいと思っているかによって柔軟な価格設定をしている。

・**セット割引による価格設定**：製品やサービスを1つのパッケージにまとめて規模を大きくして提供することで、売る側も買う側も得をする。買い手は安い価格でより多くの価値を、売り手は少ないマーケティングの労力でより多くの利益を得る。ただし、サービスをまとめて提供する場合、「全部のクリスマスプレゼントを1つの箱に入れてはいけない」と、経済学者のリチャード・セイラーは言う。製品またはサービスによって得られるメリットは、一括りにするよりも1つ1つ出していくべきである。つまり、相手が「これ」を買ったら、今度は「それ」を投入すると

いった具合だ。相手が「それ」を買ったら、「これ」を付ける。あるいは「これ」を買った相手に割引価格で提供するというのでもいい。あなたから買うどの製品、プログラム、サービスも顧客が必ず高く評価するものでなければならない。

・**浸透価格設定**：市場に参入するために提示する極めて低い価格のこと。市場に名前が浸透した後で、価格を引き上げる。

・**目玉商品の価格設定**：サービスよりは製品を売る場合に一般的なアプローチだが、サービス提供者が使う場合もある。極めて低い価格で特定のサービスを提供して顧客を呼び込み、できれば今後もっと高い製品やサービスを買ってくれることを期待する。この先の金銭的な利益のために、前もって損失を引き受けるのを厭わない場合のやり方だ。

・**廉価設定**：差別化を図るために市場の最安値を提示すること。目玉商品アプローチとは異なり、この場合はすべての製品の価格が常に低い——それがあなたのブランドの一部になる。ウォルマートのように。廉価設定モデルを用いるからといって自分自身を過小評価することにはならない。より多くの人々があなたのサービスを利用できるモデルを構築しているのであり、時間が経つのに伴ってあなたのブランドに実際に価値を付加することができる。確かに、価格が低いと価値の低いサービスだと思われがちだが、必ずしもそうとは限らない。

・**名声価格設定**：業界で一般的な価格よりも高く設定し、あなたやあなたの会社について高級感を作り出すこともできる。顧客の数は少なくても、最終的には多くの利益が得られる。

上記の各種価格設定モデルのうち、どれを採用するかを検討する際には、まず自分の目的が何かを考えなければならない。あなたは、"ああ、マイケル、鈍いなあ。できるだけ多く稼ぎたいんだ——それが目的に決まっているだろう！"と思っているかもしれない。確かにその通りだが、あなたがこの本を読んでいるのは、ビジネスやビジネスを成長させる方法についてもっと戦略的に考えたいと思っているからだ。だったらしばし私に合わせてくれないか。

次の異なる5つの価格設定の目的について検討しよう。

1. **長期的な利益の最大化**：これを既定のアプローチにするべきだ。あなたは生涯続くビジネス、すなわち家族は言うまでもなくあなたの夢を支えるビジネスを作り出そうとしているので、常に長期的な価格設定に集中したいと考える。この目的を達成するにはどの価格設定モデルを適用してもいい。

2. **短期的な利益の最大化**：一般に、多額のお金をすぐに稼ぐ必要がある場合に選ばれる。この目的には名声価格設定が合っていると思われるが、長い期間そのビジネスに携わっている、またはある種極めて独自の販売計画を立てて事業を起こすような場合に限られる。その他、セット割引価格設定によってすでに提供している製品の販売数を増やすことを考えてもいいし、あるいは積極的な目玉商品価格設定が効果的かもしれない。多くのオプションがある。

3. **市場シェアの獲得**：起業したばかり、あるいは新製品や新サービスのラインを発表したので、今すぐに顧客を獲得したい、という状況を凝った言い方で表現するとこうなる。目玉商品の価格設定または廉価設定、あるいは柔軟な価格設定モデルがいいだろう。これらのモデルは、市場に参入し理想的な顧客を多く得て、彼らにあなたの製品が最高なことを世の中に広めてもらうのに役立つはずだ。それにもちろん、新たな理想の顧客も得られるだろう。

4. **生き残り**：いいかい、よく聞いてくれ。時には厳しい状況だってある。そうだな……2008年に起きたあのちょっとした出来事は何だったろう？　そう、大規模な世界的リセッションに直面することもあるかもしれないのだ。生き残りで精一杯なときもある——でもあなたは、"小さく考えることに飽き飽きしたら、呼ぶべき男"の力によって、生き残ることができるだろう。そんなときは、今後3カ月間を乗り切れると思う戦略ならどんなものでも取り入れるべきだ——柔軟な価格設定、時間と引き換えの対価、報酬プラス成功報酬など。生き残るため

にすべきことをしよう。

5. **善い行い**：私がサービスを提供する場合は、たいていこの戦略を用いる。会計士をしている叔父は、この戦略が気に入らないらしい。叔父に言わせれば、私は何のためにもならないことにお金を使いすぎるそうだ。そう、叔父は正しい。けれども同情はいらない。私は大丈夫だ。意図的に同業者よりもオンラインや電話セミナーの価格を抑えているのだから。そうすることによって、起業したばかりの（おそらくあなたのような）小企業のオーナーが、学習コースに参加できるようになる。確かに、参加者が増えると収益も増えると思うかもしれないが、そうではない。経費も同じように増えるからだ。私の場合、最も利益が得られるのは、少人数向けに行う対面コーチング・ワークショップと、大企業向けの講演だ。想像通り、これらには名声価格設定を用いている。さらに経費がかかったとしても、それに見合うだけの価値がある。だが、私が名声価格設定に柔軟な価格設定を組み合わせて使う場合も往々にしてあることが、この先あなたにもわかると思う。もし私があなたの力になれる、私が提供するサービスによってあなたが世の中で有益な成果を得られると考えたなら、私はあなたの現在の経済状況に合わせて料金を調整する。お金と幸福の関係は、確かに複雑だ。けれども、大多数の調査がこう指摘している。貧困ラインより上の生活をしているなら、ほとんどの幸福はあなたの周りの人々との間の、有意義な人間関係や結びつきの結果である。だから、世の中で善い行いをしよう。私の母が言うように。「まさか、死にはしないわよ」。

いつ価格を下げるべきか

答えはいつもはっきりしているわけではないが、疑問は常に同じだ。**いつ価格を下げるべきか、あるいは割引価格または特別価格を提示するべきか？**
潜在顧客に行動を促すために、価格を割り引いたり特別パッケージを提供

したりしようと思う場合もある。あるいは、経済状況、需給の問題、競合他社の価格、または市場のその他の状況のような、自分の力が及ばない要因が理由で価格を下げる必要があると感じる（または価格を下げたいと思う）場合もあるだろう。いや、力が及ばない要因がなく、利益率を上げながら価格を下げることができるサービスを生み出す、より経済的な方法を見つけたのかもしれない。いずれにせよ、各種の割引戦術やその他のインセンティブを活用して顧客をより迅速に獲得し、売り上げを伸ばせるとしたら、それは控えめに言っても天の恵みだろう。

　割引やインセンティブは、注意して使わなければならない。大げさすぎる、インフォマーシャルのような販売促進用の価格設定と、信頼のおける、明確で、信じられる、顧客に高く評価され、尊敬されるような割引の戦術や特別オファーの使い方は、はっきり異なっている。行き過ぎたときはわかるだろうから、引き下がろう。

　ただし、**営業活動においてしっかりと自己表現するのを恐れてはいけない**。何も間違っていない――それどころか、理想的な顧客に低い価格であなたのサービスを活用する機会を与えるのは、非常に正しいことなのだ。前に言ったのを覚えているだろうか。**人は自分の価値を表現するために買うのである**。そして、サービスを提供することで、あなたは彼らに自分の価値を表現する機会を与えている。

・**数量割引**：数多く買うほどお得な価格になれば、顧客にもっとサービスを購入するよう働きかけられるかもしれない。このモデルは、ヨガのインストラクターのような継続的にセッションを販売する個人トレーナーなどに非常に一般的である。例えばヨガ・インストラクターは、5回、10回、15回、20回のパックでセッションを販売する。パックされた回数が多いほど、1回あたりの料金は安くなるので、20回パックが最も安い。20回パックを買った顧客に価値を付加した特典、例えば顧客やその友人20人に無料の3時間のヨガ・トリート（訳注：瞑想）を提供してもいい。そう、これは確かに、顧客にとって大きな価値があるばか

りではなく、ヨガ・インストラクターにとっても素晴らしいマーケティングの機会である——20人の全く新しい顧客が、彼女の玄関に、この場合はヨガ・マットに寄ってくるのだから。

・**現金割引**：現金で支払ってもらえる場合は、返済期間を延長したり、購入者に支払いを請求したりする手間が省けるので、その分だけ価格を割り引ける。これは企業対消費者ではなく企業間の取引に主として用いられる。けれども、仕事のいくつかあるいは全部を帳簿に付けない手段として、多くのサービスのプロが現金割引を提供するのを目にするかもしれない。私は支持できないが。

・**季節割引**：季節的なニーズを見込んで、1年の特定の時期に顧客に購入を促す。あるいは、オフシーズン割引を提供する。例えば庭師は、特別なオフシーズン価格で夏の契約を結んで、冬の売り上げを増加させることができる。

・**値下げおよび期間限定割引**：特定の期間、または販売個数が一定の数に達するまで価格を引き下げる。例えば、「3月末まで25％オフ」とか、「先着3名様まで25％割引」というように。インテリア・デザイナーが1日限りの価格引き下げを行いたければ、「25％割引——ただし先着3名様に限ります」と書いたニュースレターを送ればよい。

　そんなことをすれば、このデザイナーは結局、必死すぎる、押しつけがましい、あるいはもっと悪ければ、大げさなインターネット・マーケターや深夜のインフォマーシャルと同じように思われる羽目になるのだろうか？　そんなことはないだろう。このニュースレターはきっと効果的だ。なぜなら、第一に彼女の顧客は彼女のことが大好きで、潜在顧客はこれから彼女を大好きになるのだから、彼らの価値を表現する何かに対して25％の割引を受けられる機会にワクワクするだろう。第二に、そのインテリア・デザイナーはどうして3人にだけ割引を提供するのか、その理由を説明できる。彼女には時間の制限があるので、やりたいと思っても1日かかる改装を限りなくこなすことはできないのである。

・**無料サービス**：営業戦術として、無料のセッションまたはサービスを提

供して顧客を獲得する。効果はあるのか？　時にはある。やるべきか？

　誰に聞くかによって答えは違う。この戦術を信頼する人もいれば、2度とやらないと誓った人もいる。にもかかわらず、この方法を使ってみては、そのたびにあまりにもストレスがたまると毒づく人もまだいる。

　総じて私はこの方法はお勧めしない。考えてみよう。たまたまあなたのウェブサイトを訪れた誰かに無料のセッションを提供していると知ったら、潜在顧客はどう思うだろう。あなたには需要があり、成功していて、価値が高いと考えるか、それともたくさんの時間をもてあましてブラブラして過ごし、誰かが雇ってくれるのを期待してサービスを無料で与えようとしていると思うか。後者の可能性の方がはるかにありそうだ。信頼は大部分が人にどう思われるかに基づいて構築される。

　それに、あなたの入場制限ポリシーはどうなったのだ？　そうだ、誰かに電話をかけて彼があなたの入場制限を通過するかどうか確かめて、同時にあなたのことを大好きになる機会を与えよう。ただし、1回の無料セッションで何か大きな成果を得られるはずだと相手に思わせるような状況を作ってはいけない。なぜなら、もしも望むような結果にならない場合、彼はがっかりしてあなたを雇わないばかりか、結果的にあなたを立場の低いサービス提供者と見なすからである。

　だからといって、この戦略を使う方法がないと言っているわけではない——あるのだ。独立した最初の年、私がどうやって無料セッションを活用して新規ビジネスの65%を「契約成立」させたかを紹介しよう。

　まず私は営業サイクルに20分間のレーザー・コーチング・セッションの提供を盛り込んだ。ただし、その人が私の指導を受けたいと真剣に思っていることを証明してもらうという条件を付けた。7のパートに分かれたEメールのミニ・コースを誰かがダウンロードすると（情報製品がなぜリード・ジェネレーション（訳注：見込み客を獲得すること）やリード・コンバージョン（訳注：見込み客を顧客に転換すること）にとって重要なのかがわかるだろう）、1週目に最初の2つのレッスンが送付される。

各レッスンには2つのパラグラフからなる解説が含まれていて、次に詳しい練習問題が付いている。それから、2週目をレッスン3で始めるのではなく、「おめでとうございます、ご褒美です」と書いたEメールを送り、最初の2つのレッスンに対するその人の努力を称(たた)え、評価する（すべて自動）。そのご褒美として、終わった2つのレッスンの資料に関するどんな質問にも答える20分間の電話コーチング・セッションを無料で提供し、それを「レーザー・コーチング・セッション」と名付けた。

　だが、セッションを予約するためには守るべき基準がいくつかあって、それを「おめでとうございます、ご褒美です」メールの中で説明している。予約希望者は次の基準を満たす必要がある。

- 私の公式カレンダーを使ってセッションの計画を立てなければならない。金曜日の午後は数えるほどの時間しか空きがなかったので、ウェイティング・リストがすぐに長くなった。その結果、誰か現れないかと手もち無沙汰でうろうろ待っているような印象を与えないで済んだ。
- 24時間前までに通知せずにセッションを欠席した場合、または再予約しなかった場合は、無料セッションの機会を逃し、再予約することもできない（やはりこれもすべて自動で処理される）。
- 電話セッションに3分以上遅れたら、私は決して電話に出ない。
- そして最後に、予定したセッションの1週間前に、その人は私にEメールで、最初の2回レッスンの練習問題の答えを提出しなければならない。このルールは役に立ったのだが、その理由は、次の通りだ。
    - 練習問題をまだ終わらせていなかった場合は、その人に問題を解かせることができる。顧客に課題をこなしてもらうことは、あなたを雇ってもらうのと同じくらい重要なのだ。
    - 彼らの練習問題の答えを読むことで、電話を受ける前に彼らが何を必要としているかを把握した。彼らが何に苦しんでいて、どのように彼らの力になれるかが明らかになった。そのため、たった20分間でも私は彼らの問題を解決し、素晴らしい成果を生み出すことが

CHAPTER8　完璧な価格設定

できたのである。

　こうしたルールを課したら潜在顧客はうんざりしてしまうのではないか、と思うかもしれない。あなたは顧客を獲得しようとしているのであって、顧客に火の輪をくぐらせようとしているわけではない、と。

　だが、いいかい？　**無料20分セッションに申し込んだ人の65％以上が顧客になった**。残りの35％の人たちの大部分は、実は顧客になるだけの金銭的余裕がなかったのである。けれども、聞いてほしい。その35％の人たちは私により多くのビジネスを生み出してくれたのだ。なぜなら彼らは**コミュニティーで私や私が「無料で与えた」製品やサービスについて話してくれた**からだ。

　この戦略をあなたの営業サイクルでも活用する方法を考え出し、価値のある何かを無料で、あなたの潜在顧客のために行う機会を手に入れよう。あなたは自分の評判を高め、信頼を構築し、より多くの顧客を獲得するだろう。

では、いつ価格を上げたらいいか

　できるときは**いつでも価格を上げていい**。だが、成功するために急いで一番上まで上げる必要はない。価格を上げる方法とその理由の例をいくつか見ていこう。

- **騙されたと思ってやってみる**：時として、値上げは単純かつ効果的にそれだけの価値がある収益増加につながる場合がある。
- **経済状況**：インフレ（コストの上昇と生産性の上昇が釣り合わない）のために価格を引き上げる必要がある場合がある。インフレの影響はたいてい消費者に転嫁される——だからこそインフレがこれほどの経済問題なのだ。
- **あなたは必要とされていて、予約を取りすぎている**：あなたのサービス

に対する需要が増えたら――あなたのために予約でいっぱいにするハッピーダンスを踊って見せよう――料金を値上げしてもいい頃かもしれない。
- **トレーニングとスキル向上**：最近、資格免許を更新した、あるいは顧客のニーズに極めて適した重要なトレーニングを終了した場合は、料金を値上げしてもいい頃かもしれない。
- **パッケージを改良する**：ウェブサイトを完全に作り直して改良し、それによってあなたのブランドの印象が全く新しくなったとしたら、価格を上げていい。オフィスをアップグレードして仕事の効率が上がったら、値上げしてもいい。製品のパッケージを改良した場合は、収益も上げることができる。繰り返すが、信頼は大部分が人にどう思われるかに基づいて構築されるのだ。

予約過剰になると、サービス提供者はそれに対し不平を言うことがある。ああ、私たちは成功への階段を上ろうともがいていたときの自分を、なんと簡単に忘れてしまうのだろう。もっと悪いことには、顧客の数が減ると思われるため、客足が遠のくのを恐れて価格を引き上げることに抵抗する多くのサービス提供者を見てきた。私の言いたいことを表す簡単なストーリーがある。

ときどき私は鍼灸師に診てもらう。彼は私の町で最も有名な鍼灸師だ（私は小さな町に住んでいる）。彼はおそらく最も経験豊富で、そのために治療の予約を多すぎるほど受けていた。治療に行くと、彼はいつも働きすぎだとか、需要に追い付かないとか（感じ良く）不満を言う。彼は自分のビジネスモデルを変更したいとは思っていない。つまり、自分で患者を診たいし、他の鍼灸師を雇いたくもないし、値上げをしたくもないのである。

だから、彼に会うたびに私は（感じ良く）訴える。料金が低すぎる、いやそれどころか倍にすべきだと。彼の答えは決まって同じだ。「でもマイケル、料金を２倍にしたら、顧客の半分を失ってしまうよ」。

ここでちょっと一息入れるので、私のアドバイスの意味を理解してほし

い。彼に話すときもそうしたのだが、彼は全くわかってくれなかった。けれども、あなたにはわかるだろう。何にせよ、彼は顧客の半分を失うことはない。たとえ顧客が半分になったとしても、稼ぐ額は同じな上に、自由な時間が2倍になる。それどころか、価格を上げたことで、失うのは数人の顧客だけで、全体としてはもっと多くのお金が手に入る。

価格を上げるなら、その理由を顧客に知らせるのがよい。幸いにして需要が多い、とか、顧客にもっと気を配れるように価格を引き上げますと言うのは何も悪いことではない。あるいは、顧客へのサービス提供に関連する特定の費用が上がり、それに伴い価格を引き上げると言うのも悪いことではない。

人は誠実が好きなのだ。巧みに人を操り、人の気持ちに鈍感で、自分まで気分が悪くなるよりも、何人かをがっかりさせるリスクはあるが、顧客に対して率直で正直でいる方がいい。顧客に新しい料金といつから値上げするかを必ず知らせ、変化に合わせて調整できるよう、妥当な通知を出すこと。そして最も重要なのが、**あなたにサービスを依頼して得られる利益が継続することを顧客に思い出させること**だ。

一方で、いつもすべてのコストを価格に転嫁する必要も、すべての販売から利益をひねり出す必要もない。時には、**顧客のために我慢することで長期的な販売効果を得られる**。私の息子は、ジュール・シン・クラスト・ピザというオーガニックのフラットブレッド（訳注：穀粉、水、塩を混ぜ、平らにして作られるシンプルなパン）を出すレストランがお気に入りだ。夏のあるとき、チーズの価格が下落した。一般的な客はその事実を知ることはない。私はチーズが大好きだが、大量購入はしない。ジュールが値下げで浮いた利益をただ自分のものにしていたとしたら、安易なよくある話だっただろう。けれどもジュールはそうせず、チーズが安くなったので値下げをすると発表する大きな看板を掲げたのである。稼ぎ時である夏の間中、確かに値段は下がった。オーナーのジョンに、チーズの実験はうまくいったか、それとも失

敗に終わったか尋ねると、大成功だったと答えた——想像通り、お客には大好評だったようだ。ジョンは売り上げを自慢するような人ではないが、胃腸を刺激するピザのおかげでビジネスの拡大を目の当たりにしたと確信している。

価格設定についての規制に注意せよ

あなたが急いで自分自身の価格を決める前に、価格の設定にはさまざまな政府の規制があることを述べておかなければならない。

インターネットというグローバルな市場を考えれば可能性はあると思うが、もしあなたが自国以外で販売する場合は、**他の国の法律に詳しくなる必要がある**だろう。米国では、価格差別、つまり柔軟な価格設定モデルのように購入者によって異なる価格を提示するのには、一定の制限がある。しかし、ロビンソン・パットマン法（米国の価格を規制する法律。不公正な競争を取り締まるためのもの）は特定の状況下では価格差別を認めている。そのためそうした価格設定モデルを使用する場合は、その業界のあなたのサービスに関して何が合法かを決定するために弁護士に相談した方がいい。

CHAPTER9
簡潔なる営業

> 芸術とは無から何かを生み出し、そしてそれを売ることだ。
> ——フランク・ザッパ

　サービス提供者としては、自分を営業マンとは思いたくないだろう。他人の力になる仕事をしている者にとって、営業プロセスは本質的な目的と矛盾するように感じるかもしれない。営業プロセスが苦手だとしたら、それは営業プロセスを道義に反して人を巧みに操る、不誠実なものと考えているからではないか。そんなふうに思っていたら、誰が営業プロセスなど好きになるだろうか。

　容易にできる、あるいはするのが大好きなサービスに料金を課すのが気まずいと感じるサービスのプロも多い。そういう人はたいてい、簡単で楽しいことをして他人にお金を請求するのは間違っていると感じている。

　そのうえ、サービスのプロは製品を売るのと同じように自分自身を売るので、そうやってあれやこれやと考えるともっともっとやりきれない気分にな

る。自分は大きな顔をして、恥知らずにもうぬぼれているんじゃないかと思ってしまう。

　営業プロセスに慣れるには、自分が手に入れるお金に見合うだけの価値があることについて抱いているかもしれない窮屈な考えを手放さなければならない。そればかりでなく、ふさわしい安心感を得るためには、営業プロセスそのものについての考え方を変える必要がある。

窮屈な考え方を解き放つ

　成功しているほとんどの人々は、得意な何かをして収入を得ている。自分にとって難しい何かをするのでは、たいてい成功者にはなれない。持って生まれた才能を活用すれば、成功する。映画がとても得意で愛しているので、ギャラをもらうべきではないと言ったトム・ハンクスや、書くのが楽しいからハリー・ポッターシリーズをただで書いてもいいと言ったJ・K・ローリングを思い浮かべよう。

　トム・ハンクスもJ・K・ローリングも、そしてあなたが今思いついたような、自分の仕事が極めて得意な他の誰かも、身を粉にして働き、生まれつき才能のある何かをもっとうまくできるようになっていく。そうした人々は、観客、ファン、顧客など、力を貸す相手のために非凡な経験を生み出す。だからこそ彼らは——そしてあなたは——最高額の報酬に値するのである。

> 　大好きなことをしてお金をもらうことはできない、あるいはもらうべきでないと感じているとしても、予約でいっぱいにするためには、そうした窮屈な信念を解き放たなければならない。

　サービスを提供する相手に料金を請求する価値が自分にはないと考えているとしたら、その料金で多くの人々があなたを雇うはずがない。自分が設定する価格を十分に納得し、他の人々にも共感してもらえるようにする必要が

ある。そのためには、努力して考えを変え、戸惑いを感じなくしようとして料金を下げるのではなく、もっと安心してより高い価格を請求しよう。

　古いジョークがある。ある人がニューヨークでタクシーに乗り、運転手にカーネギー・ホールにはどうやって行くのかと尋ねると、運転手は、「練習、練習、練習だよ」と答えたという。練習すれば共感を高めることができる。武術やスポーツ、歌を練習するのと同じだ。歌はとても良い例である。練習すればするほど、声が響くようになるからだ。最初はやりにくいが、繰り返していくうちに簡単に、自然にできるようになる。

　料金を決める場合にも同じことが起きるだろう。楽な気持ちで価格を設定するようになるにつれて、他の人々も同じように安心し、その安心感がもたらす力強い共感をもっと抱くようになるだろう。彼らは喜んであなたの価値あるサービスにお金を払うはずだ。

解決策と利益の観点から営業プロセスを見る

　「予約でいっぱいにしよう」の営業の理論的枠組みは、**信頼を基盤として潜在顧客との関係を構築する**ことに尽きる。つまり極めてシンプルに、**誠実な会話を通して、潜在顧客を助けるために何をすることができるかを彼らに知ってもらう**のである。人を巧みに操ったり、強制したりして、本当に必要でも買いたいとも思っていない物を買わせたりはしない。彼らが今すでに必要で、欲しいと思っている、または切望している物をあなたが提供していることを人に知らせるのだ。

　解決策と利益の観点から物事を考えるやり方は、営業プロセスにとって"目から鱗"である。そうした考え方が、視点を変えるのには重要だ。今までと同じ方法で営業プロセスを考えることは、間違いなくもう二度とないだろう。解決策および解決した問題の観点から考えると、**顧客はお願いしてもあなたに仕事を頼みたいと思うようになる**。あなたはコンサルタントであ

り、生涯のアドバイザーなのである。他の人々の力になれる根本的な解決策と、そうしたいという気持ちがあるのなら、できるだけ多くの人々にそれを見せて説明するのが道徳的な義務だ。相手の人生を変えていくのである！

営業会話が"うまくいかない"理由

　基盤を確立し、信頼を構築する方法を教えてから、第9章で営業について述べるのは、偶然ではない。**あまりに多くの営業会話が"うまくいかない"理由の1つは、タイミングが悪いから**だ。たいていは、あまりにも早すぎる。オファーをするために必要な相応の信頼を獲得する前に、営業会話を始めてしまっているのである。さらに、顧客が購入するのは、自分にとってふさわしいタイミング、つまり顧客の生活またはビジネスにあなたを雇わざるを得ない何事かが起きたときだ。

　これらの2つの要素、すなわち**信頼とタイミングがぴったり合えば**、営業会話が"うまくいき"、仕事が得られるだろう。だがそれが効果的なのは、次のことを証明する確固たる基盤をすでに構築している場合に限られる。あなたは、次のような基盤を構築できているか。

・理想の顧客とだけ仕事をするための、入場制限ポリシーを持っている。
・人々がなぜ、あなたの売っているものを買うのかを理解しているので、販売する相手が誰で、彼らが何に投資したいと思っているかを正確に把握している。
・パーソナル・ブランドのアイデンティティを確立しているので、どんな人として世間に認知されているかを自覚している。
・難しそうだとか面白味がないとか、他の人と同じだという印象を与えずに、そしてエレベーター・ピッチさえ使わずに、自分の仕事について説明できる。

このような基盤を確立していれば、潜在顧客は信頼を獲得する機会を与えてくれるだろう。しかし、信頼が得られるのは次のような場合だけだ。あなたは、次の条件を備えているか。

- 一般的な信頼構築手段を使っている、非常に好ましい人物である。
- 「人々に勧めるためにいつでも準備しておくべき」オファーを含む、利用障壁のないオファーから始まる営業サイクルを作っている。
- 信頼性を高め、営業サイクルを加速させる、シンプルな、見込み客を獲得するための情報を持っている。

実際にこれらが整った後でなければ、効果的な営業会話をする準備はできていない。

予約でいっぱいにするための中核システム

このシンプルな4段階のステップが、予約でいっぱいにするためのシステムの秘密だ。

1. **7つの中核的なプロモーション戦略のいくつかを実行し、提供しなければならないものの認知度を高める。**
2. あなたのサービスの存在を知った潜在顧客は、次に**基盤を確認する**だろう。あなたのビジネスの基盤がしっかりしたものに思えて、潜在顧客がそこに安心して足を踏み入れられると感じれば、信頼を獲得する機会をあなたにくれるはずだ——だが、それはあくまでも機会にすぎない。潜在顧客は必ずしも、その瞬間にその場であなたを雇うわけではない。本当にあなたを信頼する前に、考える時間が必要なのだ。
3. そこで、**信頼構築計画が役に立つ**。潜在顧客は営業サイクルを進んで行くにつれて、**あなたを好きになり、信用し、信頼できる人だと考え**

るようになるだろう。
4．状況によって、**あなたが提供するサービスを必要とするようになれば、潜在顧客は意思表示をして営業会話をするよう求める**はずだ。あなたは「予約でいっぱいにしよう」のやり方で営業会話を行い、仕事を得る。

プロセスは簡潔かつ健全だ。このプロセスによって、ビジネスは変わる。そして最も重要なのだが、このプロセスは完璧で反復的な、自分自身で永続させられるシステムである。潜在顧客がこのプロセスを進む間に、あなたは７つの中核的なセルフ・プロモーション戦略のいくつかを使って、提供しなければならないものの認知度を高め続ける。

その結果、より新たな潜在顧客がたくさん得られ、彼らはあなたの基盤の安定性と安全性を確認する。潜在顧客はその基盤を気に入ってそれに頼り、信頼を獲得する機会をくれるだろう。（徐々に）あなたは潜在顧客の信頼を得て、彼らにとって適切な状況になったとき、潜在顧客は手を挙げて営業会話を求めるか、あるいは魅力的なオファーを受け入れる。あなたは仕事を手に入れるというわけだ。

プロセスは何度も何度も繰り返される。システムなのだ。あなた自身の「予約でいっぱいにするための」マーケティング・営業システムを構築すれば、魔法のように働いてくれる。そのためには決まった手順を繰り返すだけである。

超シンプルな営業会話とは

では、営業会話のやり方について話そう。超シンプルな営業のための４つの定型表現を作った――とてもシンプルなやり方で、実際にひとりでに機能してくれる。なぜかって？　すでに信頼が得られて、ニーズがあれば、この営業のための４つの定型表現を営業会話に生かせば、仕事が得られるように

なっているからだ。ただし、予約でいっぱいにするための会話と同じように、**オープンで自由な流れの会話でなければならない**。決まった台本ではだめである。

営業のための4つの定型表現

潜在顧客があなたに仕事を任せてもいいという意志を見せたら、まずは単純な質問をしよう。

その1：「今取り組んでいることは何ですか？」「目標は何ですか？」、あるいは「どんなことを達成しようとしていますか？」

潜在顧客が何をいつまでに実現したいのかをしっかり把握できたと感じたら、次の質問をしよう。

その2：「どんな方法で、目標を達成できたと知りますか？」「どんな結果を得ますか？　どんなフィードバックを耳にするでしょうか？　どう思いますか？」

それらのメリットを潜在顧客が明確に話していると感じ、潜在顧客が雇う気持ちに十分なっていることを確認したら、次の質問をしよう。

その3：「誰かに（目標の実現などを）手伝ってほしいと思いますか？」

潜在顧客が「いいえ」と答えたら、その人の幸運を願い、連絡を取り続けよう。答えが「イエス」なら、続いて次の質問をしよう。

その4：「手伝ってくれる人が私だったら、と思いませんか？　なぜなら、ほら、あなたは私の理想の顧客だからです」

（そんなことを言われた経験のない潜在顧客は、「どういう意味か？」と聞くかもしれない）。「ええ、あなたは私が最高の仕事ができる相手なのです」（潜在顧客は「どうして？」と聞き、あなたはこう答える……）。「それはあなたが、……だからです」（潜在顧客がどんな人か、どんな資質があなたに最高の仕事をさせてくれるかを伝える。潜在顧客の資質を挙げていると、そ

の人の顔は輝き、姿勢を正してこう言う。「わあ。私にぴったり当てはまる！　気付いてくれてありがとう」。あなたは)「では、カレンダーを見て、いつ始めたらいいか、計画を立てましょう」（と切り出す。そして相手の答えは……音楽スタート！　「もちろんです！」）。

上記のフレーズをそのまま使ってはいけない。「予約でいっぱいにしよう」営業のための4つの定型表現は、超超シンプルな（うまくいく）営業会話の骨組みとして使ってほしい。

> **3.9.1 練習問題**　プレッシャーを感じずに練習すること。仲の良い友人、または仕事仲間にこのプロセスを試してみて、どうなるか見てみよう。1週間のうちに何度か思いつきで電話をし、「しばらくの間ニュースレターを送ってもらって、あなたが力になってくれそうだと思ったんだけど、あなたのサービスについて話せないかしら？」と言ってくれるように頼んでみるのだ。そして、誰もがやること——自分やビジネスのことを20分間話す——をせず、その人に、何に取り組んでいるか、何を実現しようとしているか、どんな問題を克服しようと努力しているかを尋ね、「予約でいっぱいにしよう」営業のための4つの定型表現その1を始めよう。実にシンプルだ。

フォローアップする達人になる

もし潜在顧客が、あなたに仕事を任せる準備ができていないとしたらどうする？　問題はない。うれしいことに、あなたが与えた利益を潜在顧客が優先するときがいつか来る。そして、潜在顧客の人生に何か変化が起きたとき、その人はあなたを雇う気になるはずだ。

しかしながら、連絡を取り続けてフォローアップしていなければ、潜在顧

客は誰か他の人を探して目標の達成を手伝ってもらうだろう。でも、**あなたはこれから連絡を取り続けてフォローアップする達人になる**のだ。脇に控え、心構えをして意欲を高めながら待機しよう。そのときが来たら、潜在顧客が目標を実現する力になれるに違いない（連絡を取り続ける方法は、第13章で深く検討する）。

　これらの方法は、シンプルな営業と、予約でいっぱいにするための素晴らしく簡単なステップだ。小さく始めて大きく終える。そして忘れないでほしい——**営業の成功とは、潜在顧客がより幸福で、より成功した人生を送るためにあなたがどんな手助けができるかを、彼らに伝えること**以外の何物でもないということを。

典型的な営業と反対のことをやればいい

　私が、これまでの営業戦術は3ドル札ほどの妥当性しかないと考えていることは、もうおそらくおわかりだろう。それだけで『The Contrarian Effect: Why It Pays (Big) to Take Typical Sales Advice and Do the Opposite（仮邦題：へそ曲がりのメリット——営業のための典型的なアドバイスを聞いて、反対のことをすれば、なぜ（大きな）利益を得られるか）』という1冊の本が書けたくらいだ。

　事実、昔ながらのありふれた営業戦術、契約成立のテクニック、売り込みを前提とした会話、反対意見を言い負かすなどはもともと、ナショナル・キャッシュ・レジスター・カンパニーのジョン・H・パターソン（皮肉にも独占禁止法違反で有罪になった）が1800年代に作ったものだ。犯罪者が作った不自然な販売戦略を、営業教育担当者がいまだに繰り返し使っている。無理もない。そうした販売戦略は、迷ったときにどうすればいいかヒントをくれる、状況を判断する物差しになるからだ。そして最も悪いことには、少しは……ときどきは……役に立つのだ。しかし、顧客はそれをひどく嫌っている。

こちらが買ってほしいと思ったからといって、人が購入するわけではない。ましてや営業トークや巧みな言葉で相手を説得しようとしても、買ってくれることなど滅多にない。
　営業で成功したいと本気で思うなら、**潜在顧客の声に耳を傾けなければならない**。古くて一般的な、使い古された陳腐な戦術は潜在顧客に受け入れられていないのに、なぜまだそれにこだわっているのだろう（たぶんあなたは違うだろうが、こだわっている誰かを知っている、または一緒に働いているかもしれない）。

　すべきことをしよう。時には押しつけがましく、ともすれば無神経で、必ずと言っていいほどくどくど繰り返す、昔から美化されてきた決まりきった営業戦術を捨てるのだ。
　「予約でいっぱいにしよう」営業のための4つの定型表現を、営業会話の骨組みとして使うように言ったが、途中にいる門番をすべて撃破し、あらゆる仕事を手に入れるための完璧にパッケージ化されたプロセス、特効薬、または絶対確実な方法などはない。存在しないのだ。
　潜在顧客から学び、潜在顧客に合わせ、彼らの言うことに耳を傾けようとしなければならない。そうするときもやはり、契約成立のためのお決まりの手段を使う必要は決してないだろう。その代わり、顧客が表現したい価値を見事に結びつけよう。以下の方法を思い出してもらいたい。

- 挑発的な質問、相手を同意させて関心を商品やサービスに向けさせる発言、会話の協力者を使うのをやめて、顧客が本当は何を望んでいるのかを聞く。
- 営業トークをやめて、それまで獲得した信頼に応じた適切な営業オファーだけをする。
- 入場制限ポリシーを使い、誰とでも一緒に仕事をしなければならないと考えない。時間とエネルギーを最大限に生かして、サービスを提供する運命にある相手と仕事をしながら、信頼を構築する。

あなたはきっと自分の仕事や、サービスを提供する相手、販売するサービス、自分がこれまでに得た評判を大事に思っている。そうでなければこの本を読んだりはしないだろう。1秒たりとも油断してはいけない。自分が誰で、どんなふうに顧客の力になれるかをもっと大きな視点でとらえよう。

　集中を切らさず、誠実であり続ければ、気の毒な次の犠牲者をだまして歩合をせしめようと手ぐすね引いている、ステレオタイプで怪しくて口のうまい、よからぬことを考えている虫の好かない「セールスマン」と同じに扱われることは絶対にない。あなたのサービスは、あなたは、世の中にとって大切なものだ。営業しながらくだらないことを言うのはやめて、自分は異なる存在だということをわかってもらおう。

PART4
セルフ・プロモーション戦略

PART1からPART3までまじめに取り組んできたので、ビジネスの基盤を構築し、信頼を確立するための戦略が得られた。サービスの価格設定や営業の方法も学んだ。

　気を付けよう。なぜならあなたはマーケティングと営業を結びつける過程にあるばかりでなく、今や危険なまでにどちらも大好きになりそうだからだ。

> 　PART4を終える頃には、マーケティングと営業の考えだけでなく、「予約でいっぱいにしよう」7つの中核的なセルフ・プロモーション戦略を実際に適用することも、**激しく、熱狂的に、情熱的に愛するようになっている**はずだ。

　新しい恋と同じように、時間をかけて新しいことのすべてを取り入れたいと思っているだろう。PART4で取り組む数多くの戦略、テクニック、練習問題に圧倒されないでほしい。自分の強みに最も合った戦略を選んで、活用しよう——戦略を全部実行する必要はないのだ。それどころか、戦略のうちで必須なものは4つだけで、あとの3つはオプションである。どれが必須でどれがオプションか、わかるだろうか？

7つの中核的なセルフ・プロモーション戦略

1．「予約でいっぱいにしよう」ネットワーキング戦略
2．「予約でいっぱいにしよう」ダイレクト・アウトリーチ戦略
3．「予約でいっぱいにしよう」紹介戦略
4．「予約でいっぱいにしよう」連絡を取り続ける戦略
5．「予約でいっぱいにしよう」スピーチ戦略
6．「予約でいっぱいにしよう」ライティング戦略
7．「予約でいっぱいにしよう」ウェブ戦略

必須戦略が、ネットワーキング、ダイレクト・アウトリーチ、紹介、連絡を取り続けるの4つだと考えた人は、最優秀。これら4つの基本戦略を使って自分の提供するサービスを認知してもらわないことには、生き残れない。

スピーチとライティングの戦略はオプションだと思っただろう。しかし、ウェブ戦略が必須ではないと聞いて驚きはしないだろうか？　そう、専門的なウェブサイトを作って潜在顧客との会話を効果的に始めるのはおそらく素晴らしいアイデアだが、それ以外の他のウェブ戦略を学んだり使ったりする必要はない。ウェブやテクノロジーの専門家でない限り、また専門家になりたいとは微塵も思っていないとしたら、ウェブがもたらす何から何までについて思いわずらわなくてもいい。いやむしろ、実際にそれほど興味も素質もないのにウェブの世界に入り込もうとすれば、きっと打ちのめされてしまう。それもすぐにだ。

まずは、**心に最初に訴えかけてくる戦略から始めよう**。やりかねない唯一の間違いは、すべての戦略をいっぺんに試してみようとすることである。そんなことをすれば、取り組みの焦点がぼやけてしまうリスクがあるし、結果に満足できなくなる。あるいはもっと悪ければ、結果がわかる前にやめてしまうかもしれない。お勧めするのは、手始めに、ネットワーキング、ダイレクト・アウトリーチ、紹介、連絡を取り続けるという4つの必須戦略を活用し、ウェブ、スピーチ、またはライティングからオプション戦略を1つ選ぶことである。

必須戦略によって、提供するサービスや製品の認知度を高めることができ、オプション戦略は販売促進の取り組みを著しく促進させるはずだ。それから、時間が経つうちに、必須戦略をどんどん会得していくのに従って、自由にオプション戦略を増やしていって構わない。その過程で、「予約でいっぱいにしよう」7つの中核的なセルフ・プロモーション戦略を

受け入れ、楽しみ、利益を得るために最善の努力を払おう。

　思い出そう。「予約でいっぱいにしよう」のシステムは、**実践的な原則と精神的な原則の両方で裏付けられている**。精神的な観点から見ると、何か言いたいことがあるのなら、伝えたいメッセージがあるのなら、役に立ちたい人がいるのなら、世の中にはあなたがサービスするよう"運命づけられている"人がいるはずだと私は思う。そうかもしれない、だってその人たちはターゲット市場にいるのだから、というのではない。"運命だ"──サービス業に携わっているとしたら、宇宙はそんな仕組みになっているのである。

　では、**なぜあなたが望むほど多くの顧客を得られていないのか**、実践的な原則の観点から見て2つの単純な理由があると思われる。

- より多くの顧客を引き付け、確保するために何をすればいいのかがわかっていない。
- あるいはすべきことはわかっているのだが、それを実行していない。

　「予約でいっぱいにしよう」のシステムは、そうした問題の両方を解決する手助けをするために作られている。PART4では、より多くの顧客を引き付けて確保するためにはどうすればいいかを教えよう。

　ただし、7つの中核的なセルフ・プロモーション戦略は**毎日実行しなければならない**。そう、"毎日が営業日"なのである。自分の未来が、毎日の訓練と同時にこれらの戦略を実行する能力次第で決まることは、私に言われるまでもないだろう。だが次のような場合は、私の力が必要になるかもしれない。

- より多くのビジネスを得るために、毎日何をする必要があるのかを

きちんと明らかにする。
・毎日、絶対にやり遂げる。

　PART4では、毎日何をすべきかを正確にお教えしよう。
　最も重要なのはこれだ。以降で紹介するコンセプトおよび行動ステップは、あなたが提供するサービスや製品に絶え間ない需要を生み出し、価値が高く、高い報酬が得られ、意欲をかき立ててくれる顧客の集団をエネルギッシュに作り出すのに有益である。

CHAPTER10 ネットワーキング戦略

> どこに行っても幸せを生み出す人もいれば、いつ行っても幸せを生み出す人もいる。
> ——オスカー・ワイルド

あのうんざりする「ネットワーキング」とは大違い

　もしかすると——マーケティングや営業と同じように、ネットワーキングについて考えるのにはうんざりかもしれない。多くのサービスのプロは"ネットワーキング"と聞けば、ビジネス・イベントで販売促進のために行うネットワーキング、という昔からある考え方のことだと思う。そうしたビジネス・イベントでは、誰もがおべっかを使って互いに利用し合い、自分やビジネスのために何らかの利益を得ようとする。

不快な気持ちを隠すためにとってつけたような微笑を浮かべ、陳腐な言葉や営業トークを交わして１時間も２時間も過ごすと思ったら、うんざりしない人などいないだろう。そんなイベントは不愉快で利己的で、欺瞞に満ちていると感じたら、集めた名刺は全部引き出しにしまわれて、二度と日の目を見ない可能性は高い。なぜなら、名刺をもらった相手をフォローアップするのがとても恐ろしく、ぐずぐずと先延ばしにし、やがて忘れてしまうからである。

　そんなことにはならないので、元気を出そう。「予約でいっぱいにしよう」ネットワーキング戦略は、全く別の観点から機能する──ネットワーキングとは、他者とつながり、共有することに尽きる。必要なのは、**欠乏と恐れから、豊かさと愛に視点を移す**ことだけだ。「予約でいっぱいにしよう」ネットワーキング戦略の焦点は、**誠実に惜しみなく与え共有する**ことに置かれている。そうすることで、他者と相互に利益をもたらす関係を築き、深めていける。**ネットワーキングとは、長く続くつながりを作ること**なのだ。

豊かさと愛のネットワーキングにシフトする

　最初のステップは、真のネットワーキングについての見方を変えることである。ネットワーキングは、欠乏と恐れを基盤とするビジネスの古い考え方と何か関係があると思うか？　古い考え方のテーマは、以下のようなものである。

- どうすれば自分の信念を押し通せるか？
- どうすれば自分に注目を集め、集め続けられるか？
- 相手に強い印象を与える、または巧みにコントロールするためには、何と言えばいいか？
- 欲しいもの、必要なものを手に入れるためには、人との接触をどう利用すればいいか？

- どうすればライバルをつぶせるか？
- 市場を支配するためにはどうすればいいか？

一方、「予約でいっぱいにしよう」ネットワーキング戦略（豊かさと愛が基盤）のテーマは、次のようなものだ。

- 他者に何を与え、差し出すことができるか？
- どうすれば他者が成功する手助けができるか？
- 親しみやすい会話を、どうやって始め、続けることができるか？
- どうすれば他の人を安心させられるか？
- 自分の誠実さと寛大さを、どうすれば最もうまく表現できるか？
- どうすれば、注意深く耳を傾けて、他者のニーズや望みを把握できるか？
- どうすれば他者に真の価値を提供することができるか？
- 自分を十分に表現して、他者と本当のつながりを作るにはどうすればいいか？

"ネットワーキング"という言葉を使うときは、むしろ"つながる"と考えよう。そう考えると、ネットワーキングのコンセプトが好きにならないだろうか？　人と接触するのでも、接点を見つけるのでも、連絡するのでもない。現実の人と"つながり"を築くのである。

> 他の人とのつながりとはすなわち、**互いに協調し、関わりを持つ**ということだ。これをネットワーキングの定義にしよう。

ネットワーキングを成功させるのに最も重要なものは何かと聞かれると、いつもこう答える──**「他者」**である。**ネットワーキングがうまくいくかどうかは、他の人々──彼らがあなたにどんな反応を示すか**で決まる。

前述の付加価値のある質問を常に自分自身に問いかけ、これから提示する

「予約でいっぱいにしよう」ネットワーキング戦略に従えば、思いやりと信頼、そして誠実さの上に大きくて強力なネットワークを確立できるだろう。そのかけがえのないネットワークは、今後何年間もの間成果をもたらしてくれるはずだ。

ネットワーキング戦略のルール

「予約でいっぱいにしよう」ネットワーキング戦略は、**50/50ネットワーキング・ルール**を採用している。このルールでは、**ネットワーキングの焦点を潜在顧客と他のサービスのプロの両方に等しく合わせる**必要がある。ネットワーキングを、主として顧客を引き寄せようとして行う何かだとほとんどの人は考えるのだが、そうではないのだ。

「予約でいっぱいにしよう」ネットワーキング戦略は、顧客になるかもしれない人々の生活に価値を加えるものだが、同時にネットワーキングのための残りの半分の時間を、他のプロとのつながりを作るために費やしたいと思うはずだ。**他のプロとのネットワーキングによって、リソース、知識、情報を結びつけ、共有する機会が得られる。** 1人で働くイコール独りぼっちで仕事をするのではないことを心に留めておいてほしい。才能のある他の人々が関わってくれたら、あなたはもっと多くの価値を生み出すことができる。

ハートはあるか？

　ネットワーキングのコンセプトについてこれまで学んだ中で絶対的に最高だったのは、ティム・サンダースの著書『デキる人の法則』だった。だからティムにこの本の序文を書いてほしいとお願いしたのだ。
　"愛される猫"になることがビジネスのカギを握る、というのがティム・サンダースのメッセージであり、それが「予約でいっぱいにしよう」ネット

ワーキング戦略の中心にある。ティムは、哲学者で作家のミルトン・メイヤロフの愛の定義を、メイヤロフの著書『On Caring ―ケアリングの哲学』から引用している。「愛とは、私心なく他人の成長を促進させることである」。それからティムは、ビジネスへの愛を**「形のない資産を分別をもって賢明にビジネス・パートナーと共有する行為」**と定義している。

形のない資産とは何だろう。ティムによればそれは**知識、ネットワーク、そして思いやりであり、この３つはネットワーキングの成功にとってなくてはならない**。

ネットワーキングは、形のない資産の１つ１つを意識的に取り入れて、どこに行って何をしても、日常生活の自然な一部になるまでにする必要がある。そう、"日常生活"だ。ネットワーキングとは、イベントのときにだけするような何かではない。**素晴らしい利益をもたらす、継続するプロセス**なのである。

あなたが共有すべき"形のない資産"

- **知っている人を共有しよう**：これは単純に、あなたの知るすべての人々のことである。家族や友人、仕事関係者など、ネットワークにいるすべての人々には、誰か他の人と良好なつながりを作れる可能性がある。そしてあなたが次に誰に会うかはわからないし、その人が素晴らしいつながりを築ける相手になるかもしれないのである。

- **知っていることを共有しよう**：学んできたすべてのこと――人生経験、観察、会話、勉強などを通して――であり、学び続けるすべてのことである。

- **どう感じているかを共有しよう**：私たちを最も人間らしくする性質、思いやりのことであり、他者と共感できる能力を意味する。人生のあらゆる側面で思いやりの気持ちを伝えれば、金銭的な利益ばかりでなく、人と交流する際はいつでも心から誠実に行動していることがわかるという

意味においても、最大のメリットが得られるだろう。

注：これらの3つの形のない資産を、惜しむことなく、そして見返りを期待せずに与えよう。なんといっても、愛とはそのように作用するべきものでもあるのだ。形のない資産についての戦略を立てるとは、計画的なように思えるかもしれないが、賢く、親しみやすく、人の役に立てる存在であれば、人々はあなたを好きになり、一緒にいることを楽しみ、自分あるいは誰かがあなたのサービスを必要になったときにあなたを思い出すという事実は変わらない。

●知っている人を共有しよう

　好きな人や尊敬する人をサポートするために、私はできることなら何でもするだろう。私の力になってくれる人々の役に立つためなら、ことさらに力を尽くす。あなたもそうではないか？

　考えてみよう。どんな人に仕事を与えたい、またはネットワークの中の他のメンバーにどんな人を推薦したいと思うだろう？　何らかの形で自分の力になってくれたことのある人、または親しみやすく性格の良い、賢明で頼りになる人、またはもうひと頑張りしてくれる人、期待以上のことをしてくれる人、できる限り最高のサービスを誠実に行うために心から努力する人。陽気で、いつもすぐに笑顔になり、支えられ元気をもらっていると感じられる人。

　ビジネスであれプライベートであれ、他の人々と接するどんなときもそんな人でいられたら、ネットワークは飛躍的に成長し、人々はあなたを思い出して一緒に仕事をしたいと思うだろう。彼らはそのネットワークにいる他の人々とあなたを結びつけてくれる。あなたはそうした人々と有益なつながりを構築することができ、その人たちはあなたの製品やサービスを使うかもしれない知り合いすべてに、あなたのことを紹介するだろう。

　私の友人や仕事仲間の中には、数百人とまでは言わないが、そんな人がたくさんいる。ネットワークをオープンにして、制限を設けず、見返りを期待

しないで共有するということは実際に何を意味するのかを示す理想的な例として、ある人物が思い浮かんだ。

　NiaNewYork.com のキャロライン・コールズは、フィットネスと健康のエキスパートだ。知り合えた喜びを感じられる人たちの中でも、最も信頼のおける才能ある人物の1人だ。機会があれば彼女のためならいつでもどんなことでもするだろう。なぜかって？　それはキャロラインがいつも顧客を紹介し、パートナーを組める人とつなげてくれるからである。キャロラインは、サービスを売り込む機会を与え、個人的にも仕事上でも私の役に立つだろうと思えば、自分が見たり聞いたりしたことをいつも教えてくれる。キャロラインの一番素晴らしいところは、見返りを一切求めないことだ。

　ネットワークの共有に関して、考えなければならないことが1つある。やると言ったことは必ず——いつもやらなければならない。もしできなければ、謝罪して間違いを正す。約束したことをやり遂げられなかったら、評判は損なわれ、開かれていた扉は閉じられる。あなたがつながりを作ると約束しなければ、誰があなたのためにそんなことをしてくれるだろうか。約束を実行するという習慣は、他の人々の生活に本当に意義のある価値を加えることができる優れたコネクターに成長するために、なくてはならないものである。

　毎営業日、まだ知り合いではないがお互いを知ることで利益を得られると思われる、ネットワークの中の2人を引き合わせよう。特定の仕事の機会を紹介するのではなく、知り合うことで何らかの利益があるかもしれない2人の人間をつなげるのである。2人とも同じ業種の人かもしれないし、ビジネス上のつながりには共通点があるかもしれない。どちらも空手、あるいはゴルフに夢中かもしれない。そうでなければ、単に同じ町に住んでいるだけかもしれない。いずれにせよ、あなたがするのはつながりの機会を作ることである。人との出会いを重視するタイプの人々なら、何か特別なことが起きる可能性もある。どうなるかはわからないのだ……あなたが引き合わせた2人が、気候変動の害から地球を救うかもしれないし、恋に落ちて結婚する可能性だってある。

4.10.1 練習問題 あなたのネットワーク上で、顧客を紹介する、アドバイスをくれる、あるいは役に立つ何か他のことをしてくれる5人をリストアップしよう。それから、ネットワークの中でその5人それぞれとつながりを作ることができると思われる人を特定する。彼らの仕事、または生活に価値を与えられる知り合いは誰だろう？ 潜在顧客か、潜在的なビジネス・パートナーか、それとも潜在的なベンダーか？

4.10.2 予約でいっぱいにするための行動ステップ 今すぐやってみよう。アドレス帳をめくり、何らかの共通点、どちらかが相手に関連性を見出すと思われる何かを共有する2人の人を見つけて、引き合わせよう。

　上の練習問題でリストアップした人々と、予約でいっぱいにするための行動ステップで結びつけた人々は、あなたの与えてくれたつながりの機会、あるいは推薦に感謝し、自分の知り合いがあなたのサービス、または製品を必要としていたら、あなたのことを思い出してお返しをしてくれる可能性は高くなるはずだ。

　これも覚えておいてほしいのだが、六次の隔たり理論（訳注：人は知り合いを6人介すことで世界中の誰とでも間接的な知り合いになることができる、という仮説）では、**6人を介せば必要とする人または情報につながることができる**という（あなたの分野では、結びつく必要のある、つながりたいと思う人までの隔たりはもっと少ない）。出会うすべての人には、あなたを（その人やその人の知り合いのネットワークを介して）あなたが必要とする誰かや、何らかの情報とつなげてくれる可能性がある。だから、安全地帯から踏み出して、いつもなら交流しないかもしれない人々とつながりを持つよう真剣に取り組もう。つながりのネットワークが多様になればなるほど、ネットワークはますます強力かつ効果的になる。そうしなければ閉じられた

ままだったかもしれない扉を開いてくれるのだ。

> **4.10.3 練習問題** 今のネットワークには"いない"タイプの人々、または職業について考えてみよう。ネットワークを拡大し、利益をもたらすと思われる5つのタイプと、そうした人々を見つけられそうな場所のアイデアを挙げよう。

時々、ネットワークの共有についてこんなふうに反論されることがある。「でもマイケル、そんなにたくさん知り合いはいないから、この方法は僕には効果がないよ」。大きな視点で考え始めている友人よ、早まるな。BookedSolidUniversity.com で私の講座を受けたビジネス・オーナーのクリス・イッターマンが、たった10人のネットワークから45のつながりをどうやって生み出せるかを教えてくれる。20人に増やせば、190のつながりが得られる。奇妙な計算のようだが、そうではなく、階乗数学なのだ（それが何かは知らないが）。

たった10人でどうしてそうなるかを以下に示す。

人1を人2〜人10に紹介する。

つながりは9。

人2は人1に既に会っているが、人3〜10に会う必要がある。

つながりは8。

人3は人1および人2に既に会っているが、人4〜10に会う必要がある。

つながりは7。

人4は人1〜人3に既に会っているが、人5〜10に会う必要がある。

つながりは6。

人5は人1〜人4に既に会っているが、人6〜10に会う必要がある。

つながりは5。

人6は人1〜人5に既に会っているが、人7〜10に会う必要がある。

つながりは4。

人7は人1〜人6に既に会っているが、人8〜10に会う必要がある。つながりは3。

人8は人1〜人7に既に会っているが、人9〜10に会う必要がある。つながりは2。

人9は人1〜人8に既に会っているが、人10に会う必要がある。つながりは1。

このようにして、わずか10人から合計45のつながりを作り出した。

20人で始めれば、19+18+17+16+15+14+13+12+11+10+ 9 + 8 + 7 + 6 + 5 + 4 + 3 + 2 + 1 =190で、190のつながりを得られる。

あなたの世界は自分が思うよりもずっと大きい。

●知っていることを共有しよう

私はしょっちゅう本を推薦するのだが、よくこう聞かれる。「どうやってそんなにたくさん読んでいるのですか？」。そのたびに笑ってしまうのだが、というのも子供の頃、私は『少年探偵ハーディー・ボーイズ』以外の本を読まなかったために、大した人物になれないのではないかと父が心配していたからなのだ。

けれども、今では私は毎月約2冊の本を読む。何が変わったかって？ **ほとんどの疑問の答えが本の中にあるとわかったのである。さらに良いことに、何を誰から学ぶかを選択できる**ようになる。そうした情報を武器にして、私**は情報を他者と共有する**という素晴らしい立場にいる。

ひょっとしたら、こう思っているだろうか。「でも、もしいつも他の人の仕事のために情報を提供していたら、彼らは私のことを忘れ、必要なものは私が紹介した本やリソースから全部手に入れるようになってしまうのでは？」。良い質問だ。けれどもそんな心配はない。

何しろ、もし彼らがあなたの紹介した本や情報を気に入れば、その価値をあなたと関連付ける可能性は極めて高い。彼らはあなたとのつながりを感じ

るはずだ。なぜなら、彼らが目標を達成する、人生を変える、あるいは単に何か新しいことを学ぶのに**あなたが力を貸したから**だ。その価値は過小評価すべきでない。あなたが知識豊富であればあるほど、またそう思われれば思われるほど、ネットワークでますます信頼を構築できるだろう。

　本を読むことは、知識を増やす間違いなく最高かつ最も効率の良い方法である。自分が提供するサービスに関連するトピックについての本を読めば、**潜在顧客または接する相手と会話を始めやすくなる**。それどころか、「何を読んでいるんですか？」という単純な質問で、相手の方から会話を始めてくれるかもしれない。

　こうした貴重なネットワークのテクニックを知ったのは、偶然だった。私はニューヨークで生まれ育ったが、ニューヨークではほとんどすべての人が地下鉄に乗る。動き回るには地下鉄が最も便利だからだ。地下鉄はまた、新しい友達を作るのに最高の場所の1つでもある。考えてみよう。ニューヨークの地下鉄では、いつでも知らない人とぶつかったり、押し合いへし合いしたりしている。だからしょっちゅうケンカをする代わりに、多くのニューヨーカーが見つけた一番抵抗の少ない方法は、単に会話を始めることだった。

　手に本を持っていたら、どんな会話になると思う？　その通り――本についての話だ。それでは、手に抱えているその本を読んでいる理由を説明するのではなく、予約でいっぱいにするための会話に入っていくもっと良い方法とは何だろうか？

　これはもちろん、ニューヨークの地下鉄の車内にだけ当てはまるわけではない。どこに行っても、誰かと知り合い、人に会い、人とつながりを持つ。もしもあなたがいつも本を持っていて、特別な専門分野についての知識を共有でき、話しかける人の生活や仕事をもっとよくできるとしたら、どうだろう。会う、または出会うすべての人がターゲット市場に属しているわけではないし、最初のうちは顧客を送り込んでくれるわけでもないだろうが、そんなことは重要ではない。**あなたの持っている知識――相手にとってふさわしいものである限り――を共有することで、会う人々に価値を付加する機会を**

見つけられれば、それでいいのである。

> **4.10.4 予約でいっぱいにするための行動ステップ**　この本を使って試してみよう。どこに行くときもこの本を持ち、なぜこれを読んでいるのかを人に説明しよう。「予約でいっぱいにしよう」の哲学——やりすぎと思うくらい多くの価値を与え、それからさらに与える——と、それがいかにあなたの価値やサービスの提供者としての仕事と調和しているかについて話す機会が得られるだろう。そうすれば、予約でいっぱいにするための会話に簡単に入っていくことができるはずだ。

いったん会得したら、潜在顧客やビジネス・パートナーに最大の価値を加え、あなたを彼らにとって魅力的な存在にしてくれる知識とは何かを自らに問いかけて、その知識を学ぶために努力しよう。本に対する投資——購入し、読む——から、想像さえもできない配当が得られるかもしれない。

> **4.10.5 練習問題**　これまでに読んだ中で、ターゲット市場の人々も絶対に読むべきだと思う本を5冊挙げよう。それぞれの本を薦めたい相手を考えて、具体的に名前を書き出そう。

> **4.10.6 練習問題**　これまで必読書として薦められた、またはターゲット市場に価値を加えると思われる情報が含まれているとわかっている本を5冊挙げよう。それから外に出て、今週は少なくとも1冊に投資しよう。

> **4.10.7 練習問題**　本が唯一の知識源ではない。前に述べたように、

> 人生経験、意見、会話などもすべて知識の源だ。自分が精通している多くの分野を考えて、少なくとも5つ挙げてみよう。楽しんで、流れに任せよう。スカイダイビング、または生け花に詳しければ、それを含めればいい！　人とのつながりを作るのに、どんな話題が役に立つかわからないのだから。

　もう1段階進めよう。**週に一度、有意義なビジネス上の関係を築きたいと思う相手に本を送るのだ。**なぜその本を送るのか——その本があなたにとってどんな意味があり、なぜそれが彼らにとって有益になると思うのかについて記した素敵なカードを添える。3週間後にフォローアップの電話をかけて、相手がその本を楽しんでいるかどうか確認する。ちょっとしたおしゃべりがとりわけ苦手な人にとって、この戦略は特に有益だ。なぜなら本を話のネタにできるからである。

　さて、もう1段階進めよう。雑誌、専門誌、新聞の記事の共有は、受け取る人が情報をすぐに使うことができるため、本よりもずっと効果がある。毎日、ネットワーク上の3人の人に、個人的にまたは仕事上関連のある記事を送ろう。

　例えば、もしもボブを、小さなエンジニアリング会社を経営し、ハイテクを重視している人物と特徴づけていたとする。月曜日の朝の『ニューヨーク・タイムズ』紙に、ハイテク・エンジニアリング産業の状況についての記事が出ていたら、ボブがパソコンの電源を入れる前にその記事を彼に送信することができる。Eメールには記事へのリンクと、「おはよう、ボブ。この記事を読んで、すぐに君のことを考えたんだ。この記事は読んだかい？　……と書いてあって、とても興味深い……」のような短いコメントを含めよう。ボブが見逃してしまうところだったかもしれない、非常に関連性のあるタイムリーな情報を共有するだけで、彼を幸せにするかもしれない。言うまでもなく、ボブはあなたが彼や彼のニーズを考えていることをとても幸運だと感じ

るだろう。もちろん、古いやり方を使って同じことをやってもいい。毎日リストにある関連性のある出版物を読んで、各種の記事を誰に送るかを決め、アドレス帳に書き留める。3つの異なる記事を3人の人に手作業で送るのに、たいていは約1時間かかる。

> **4.10.8 予約でいっぱいにするための行動ステップ** 今すぐやってみよう。好きな新聞や雑誌のオンライン版にアクセスして、今日の記事を閲覧する。ネットワークの誰かに関係のある記事を見つけたら、上で説明したようなメモを付けてその記事を送ろう。

● どう感じているかを共有しよう

　あなたのようなサービス業の場合、自分が経験していることに対してあなたが同情してくれていると感じない限り、人は普通あなたを雇わない。**仕事の関係をうまく構築する最初のステップは、思いやりを示すことだ。**

　どうやって？　心して聞いてほしい。つながりを作るときには**100%の力を注ぎ、できる限り微笑を絶やさず、アイ・コンタクトをし、人を引き付け自由に答えられる質問をして、自分の好奇心や興味を示そう。**つながりを作る相手のニーズに訴えかける情報、またはリソースを提供して、時間をかけてその人に価値を与える。相手のニーズを満たせない場合は、ネットワークの中にそれを満たせる人がいないかどうか、その人と相手を結びつける橋渡し役として行動するにはどうすればいいかを考えよう。すぐに何らかの見返りがあるなどと考えてはいけないことをお忘れなく。

> **4.10.9 練習問題** ビジネスあるいはプライベートで、最近誰かがあなたに思いやりを示してくれた状況を書き出そう。やり取りの後で自分がどう感じたか考えてみよう。自分に向けられた思いやりの気持ちに

よって、その人に対してどんな感情を抱いただろうか。

　思いやりを伝えることが、マーケティングの戦術になり得るのか？　もちろんだ。巧みに人を操って、あるいは何らかの利益を得ようとしてやるのか？　いや、それは「予約でいっぱいにしよう」のやり方ではない。思いやりを表現する際には、慎重かつ発展的に――相手を操ろうとしてはだめだ！

　少なくとも1週間に一度、ネットワークの誰かにカードやEメールを送って同情の気持ちを伝えよう。誰かが辛い経験をしているとわかったら、同情を表現するメッセージを送る。表彰された人には、称賛の言葉をかける。子供の結婚など、家族にお祝い事があった人には祝福の言葉を送る。

　こうしたシンプルだが強力な意思表現をすることで、人はあなたと知り合いになってよかったと思うのだ。あなたは彼らの心に真っ先に思い浮かぶ人であり続けられる。最も大切なのは、**自分が誰で何をしているかについて、あなたは彼らがより自信を持てるようにしている**ことである。

　これらの「予約でいっぱいにするための行動ステップ」は、毎日の、毎週の新たなネットワーク活動であり、しかも家にいながらにして実行できる。

・出会うことでお互いに利益があると思われる2人の人を毎日引き合わせ、ネットワークを共有し、真のコネクター、すなわち他者のニーズを考慮する人としての印象を与える。それは極めて魅力的な性質である。
・1週間に1冊の本と毎日3つの記事を、大切なネットワーキング・パートナーに送り、知識を共有する。そうすることで賢い人物と受け止められ、彼らに話すときや、関係を構築する過程で役に立つ。
・毎日ネットワーク上の1人に思いやりの気持ちを伝え、相手に自信を持ってもらい、あなたを知ってよかったと思わせる。

　シンプルでありながら有意義なこれらのネットワーク戦略によって、ビジネスは予約でいっぱいになり、これから長い間そうあり続けるはずだ。あな

たは実行するだけだ——仕事の日は毎日欠かさずに。

ネットワーキングの機会

　人が出会う可能性は無限だ。つながり、知識、そして思いやりを共有するときはいつでも、ネットワークを作っている。さらに他者の行動や知識について学ぶときや知っている2人の人を結びつけるときにも常に、ネットワークを作っている。

●日常的にある機会

　ネットワークの機会だとは思わないかもしれないが、見過ごしてはならないものがある。こうした機会は毎日の中に数多くある。

- スーパーマーケットでの気取らないおしゃべり。
- 地元のビデオ店でビデオをチェックしている間。
- 犬の散歩中に近所の人と交わす会話。

　犬を散歩しているときに会う近所の人を例に考えてみよう。あなたは毎日同じ散歩コースを歩き、犬同士が匂いをクンクン嗅いでいる間、いつも微笑んでその人と話をする。しばらくしてお互いを名前で呼ぶようになり、家族の様子を尋ねるほど親しくなる。

　その人は、記念日をお祝いするために次の日の夜に奥さんと特別なデートをするのを楽しみにしているという。ところが続いて彼は、ため息をついてこうも言うのだ。「それなのに、ベビーシッターが急に都合が悪くなってしまったんだ。(いつも耳にするセリフの1つだが) 代わりのベビーシッターを呼べればいいんだけれど」。

　そこであなたは、友人のサリーを思い出す。サリーなら町中のベビーシッ

ターを知っているかもしれない。携帯電話を出してサリーの番号を探し、電話をかける。「サリー、ボブに会ってくれないか。明日の夜に優秀なベビーシッターを探しているんだ。君なら詳しいだろう。もちろん、君自身がやってくれるかもしれないとも思ったし」。こう言ってボブに携帯を渡す。

　この時点では、こうしたやり取りはあなたのビジネスには全く無関係だ、そうだろう？　ちょっと見た限りでは、ビジネスには何の関わりもない。だが、自分や自分の知り合いがあなたの提供するサービスが必要になったとき、ボブが誰に電話をすると思う？　特別な夜のデートに力を貸してくれたあなたに、ボブは感動している。それに、サリーだって喜んでいる。大いに褒められ、地元のベビーシッター業界の人名録についての知識を披露できたのだから。あなたと関わって2人とも気分が良くなり、あなたの存在が心に残る。そして一番大事なことなのだが、**あなたはそれぞれの人との"つながりの要素"を強化した**。つながりの要素とは、**ネットワークにいるそれぞれの人との間にどれだけ強い信頼を確立したか**、ということである。人の生活により多くの価値を与えれば与えるほど、あなたはその人から信頼されるだろう。

> **4.10.10練習問題**　ちょっと考えてみてほしい。最近、誰かとのつながりを深める機会を逃してはいないだろうか。知識やネットワークを共有する、あるいは思いやりを伝えていれば築くことができたはずのつながりを、5つ挙げてみよう。

●正式なビジネス上の機会

　これらはより正式なビジネス上の会談の機会で、面白く楽しく、大きな報酬が得られる可能性がある。

・トーストマスターズ・インターナショナル（訳注：米国に本部のある非

営利の教育団体）
- 商工会議所の会議
- ネットワーキングまたは模範とすべき団体——例えば、ビジネス・ネットワーク・インターナショナル（訳注：BNI。世界で最大の異業種交流組織）
- 事業者団体の会合

> **4.10.11練習問題**　リサーチを行って、他者に価値を与え、ネットワークを強化する目的で参加できる、上記のようなビジネス上のネットワーク作りの機会をさらに3つ考え出そう。

ネットワーキング・イベントですべきこと

- **時間通りに到着する**：イベントは、適度に遅れて登場を華々しく演出したり、遅刻の理由を語ったりするための場所ではない。そんなことはどうでもいいのである。もし遅れてそれに気付かれたら、謝罪する。余計な言い訳はいらない。
- **リラックスして、自分らしく**：社会通念に反するが、うまく溶け込む必要はない。ありふれた言い方に聞こえるかもしれないが、いつもの自分でいよう。ただし、自分らしく振る舞った挙句、結局その夜はネクタイを頭に巻き付けてシュリンプ・サラダに顔から突っ込むようなことになるのなら別だが。まじめな話、人が会いたいと思うのは、競争で優位に立っている人間、ルールを決める人間、主導権を握っている人間であって、集団に従っている人間ではない。だから、恐れず自分自身を十分に表現しよう。そうすれば、もっと忘れがたい人になれるはずだ。
- **微笑んで、友好的に**：男女を問わず、過剰な微笑は何かの宣伝と思われたり、必死で注目を集めようとしているような印象を与えたりするので

はないかと心配するかもしれない。そんなふうに誤解されることを恐れていると、気後れしてしまう。気にしない！　愛想が悪いとかとっつきにくいとか思われるよりは、親しみやすい満面の笑みを浮かべるに越したことはない。

- **与えることに注力する**：献身的に尽くすことに集中すれば、絶対に見返りを得るだろう。自分が何を得られるかに注目すれば、決して成功しないだろう。
- **あらかじめ準備をしておく**：企画者と主要な関係者数人の名前を覚える。その会合で、他者と何をどうやって共有できるか明らかにする——誰を知っているか（ネーム・ドロッパー（訳注：著名人や地位のある人の名前を出して、自分は素晴らしいネットワークを持っていると自慢する人）になってはいけない）、何を知っているか（知ったかぶりな態度はとらない）、そのイベントに参加する予定の人々と心から何を共有できるか（思い込みはしない）。何が人の人生を変えるかはわからないのである。
- **イベントの主催者に自己紹介する**：その人がネットワークに加わってくれれば、非常に有益だろう。「ありがとう」と言うのを忘れずに。
- **重要人物に自己紹介する**：大規模なセミナーやイベントで、業界の著名人など、会いたいと思う人がいたとしたら、その人に近づいてこう言うだろうか？　「私はこういう仕事をしています。名刺をどうぞ」。言うわけがない！　まずは称賛の言葉をかけよう。「あなたの仕事に大いに影響を受けたことをお伝えしたくて」とか、「あなたの仕事に刺激を受けて、あれもこれもやる気になりました」などと言うのである。それから次に同じイベントに参加したときには、「カップを持ちましょうか」と言っていい。つまり、「ぜひとも何かの形であなたのお手伝いをし、あなたの生活または仕事に価値を付加したい」という意味である。相手は「結構です」と言うかもしれないが、だからといって失うものなどあるだろうか？　後になってその人が改めて、「そうね、あなたは本当に誠実で思いやりのある方のようですね。お願いしたいことがいくつかあり

ます」と答えてくれるかもしれないのだ。成功を収めた多忙な人たちは、自分が無理なく処理できる以上の仕事を常に抱えているということを忘れないように。彼らは生活をより楽にするのに役立つ優秀な人々をいつでも探している。誰かのストレスのレベルを下げる力になれれば、生涯の友人を作ったことになる。

- **可能な限りいつでも、初対面の際に何かを提供する**：褒め言葉（前述の例のように）をかける、思いやりを示す、またはつながりを提供する。「あなたに会ってもらいたい人がいます」とか、「素晴らしい本があります。あなたの問題を解決できると思います」などと言えれば、相手は、顔の前に名刺を突き出して「連絡取り合おうよ」と言うような人に接するのとは全く異なる目であなたを見るだろう。あなたと話した後はさらに気分が良くなり、感情が高まり、元気づけられたと相手が感じれば、その人はあなたを覚えてくれるはずだ。

- **質問で会話を始める**：緊張している場合はとりわけ、これは優れたアプローチだ。周りの目をあなたから逸らして他の人に注目させると同時に、新しい何かを学ぶこともできる。

- **会合で人々から学び取りたいことを、2、3明らかにする**：好奇心旺盛で興味のある人に、人間は魅力を感じる。

- **アイ・コンタクトをする**：アイ・コンタクトは、話す相手に対する敬意と興味を表す。話す相手に集中しよう。あなたが私に話しているとして、自分にとってもっと重要な、あるいは関係のある人を探してあなたの目が絶えず部屋の中を見回していたら、私が認められていないと感じてしまうかもしれないとは思わないだろうか？

- **楽な服を着る**：快適でない、または全く合っていない服を着て、どう見えるかいつも気をもんで心配しているとしたら、自意識過剰になってしまい、他者にもそれが伝わるだろう。

- **主導権を取る**：人に近づいて友人になろう。人は自分のことや趣味、または家族について尋ねられるのが大好きだ。イベントはちょっとした個人的な話をいくつか知るのにぴったりの場である。個人的な話は、人と

のつながりをより容易により自然にする、共通の興味を見つける機会を与えてくれる。

- **固い握手を求める**：飲み物は左手で持とう。そうすれば、握手をする前に湿った手を服で拭かなくても済む。そして男性諸君、女性と握手をするのに、男性とは違ったやり方をしなければならないなどと考えなくていい。固い握手（死ぬほど握りしめるのではない）がいつもふさわしい。
- **どんな人も受け入れる**：他の人を誘って会話に参加してもらおう――これはとても重要だ。イベントの講演者のような、特に人気のある人を独占してはいけない。講演者を不快にさせてしまうからだ。その人だってたくさんの人々に会うためにイベントにいるのだということを、忘れてはいけない。それに、あなたが独り占めしようとしている人に会いたいと思っている人もイライラする。アドバイス：人の役に立ちたいのなら、講演者に誰かを紹介しましょうかと聞いてみるか、単純にその人との会話に他の人たちに必ず加わってもらう。そうすれば、イベントの参加者はあなたをとても寛大でオープンな人だと思うだろう。また、講演者はあなたを、楽々とネットワーク作りとイベントの進行を手伝ってくれた人として記憶にとどめるだろう。
- **名刺をもらい、その後連絡を絶やさない**：欲しいと思ったら名刺をもらい、フォローアップを行うのはあなたの義務だ。人との本物のつながりを築くには、量ではなく質が重要である。まるでイベントで一番たくさん名刺を集めたら賞がもらえるみたいに、走り回って誰かれかまわず名刺を配ったりもらったりするのは、自らに大きな損害を招くことになるだろう。それに、忘れないでほしいのだが、誰かが名刺をくれたからといって、必ずしもその人をメーリング・リストや電子マガジンの購読者リストに加えていいという許可を得たわけでは"ない"。得ていないのだ。確かにフォローアップとして個人的なEメールを送ることはできるし、送るべきだが、リストに加えてはならないし、加えることはできない。そんな許しを得たわけではないからだ。
- **常にペンを携帯する**：名刺をもらったら、フォローアップのためにしな

ければならないこと、話の内容、個人的なこと、または珍しいことなど、その人を思い出し、今後の接触を個人的なものにするのに役立つようなことを、ざっとメモする。その人に会ったイベントの日付と名称は必ず書いておく。

ネットワーキング・イベントでしてはいけないこと

- **カッコよくしようとしない**：緊張を埋め合わせるために成功話を自慢しないこと。これは本当に興ざめする。
- **「お仕事は何ですか？」と最初に聞かない**：会話の中で自然にそうなるようにする。
- **イベントの大半を、知っている人と一緒に過ごさない**：知り合いといる方が楽かもしれないが、あまりにも気楽すぎるので一緒にいてはいけないのである。それはイベントに参加する目的にそぐわない。安全地帯から抜け出して、新しい人々を知ろう。
- **複数の物を手に持たない**：コートやかばん、ブリーフケース、飲み物、あるいはビュッフェのお皿を苦労して手に持つ必要をなくすため、身軽に動こう。握手をしたり、名刺にすばやくメモしたりできるよう、右手は空けておくこと。
- **ネットワーキング、または参加しているイベントについて不満を言わない**：何のことでも不平を言ってはいけない。不満のサイクルには容易に引き込まれてしまう。ほとんど全員がやや不快な思いを味わっているイベントでは特にそうだ。不満を言うことで座が和むようでは、魅力的なイベントとは言えない。そんなときは、話題を変えよう——「エビは召し上がりましたか？」などと言って。あるいはそのチャンスにこの素晴らしい本、『Book Yourself Solid（フリーエージェント起業術）』を薦め、この本がネットワーク・イベントについての考え方をどう変えたかを説

明しよう。……なんてね。
- **真面目に考えすぎない**：リラックスして楽しむことを忘れずに。

ソーシャル・メディアの将来性

　ソーシャル・メディア——情報を共有し、情報について話し合い、写真や動画などを共有するインターネット・ツール——にはきっとなじみがあると思う。プライベートと仕事の両方で、すでにソーシャル・メディアを使っているかもしれないし、あるいはこれから足を踏み入れる全くの未開拓分野かもしれない。

　ソーシャル・メディアは今後どれほど重要になるのか、不思議に思っているかもしれないが、2009年10月の『ウォール・ストリート・ジャーナル』紙の記事「Why E-Mail no Longer Rules（Eメールがもはや主流ではない理由）」では、5〜10年後にはEメールは過去のものになっていると予測されていた。情報やコンテンツを人と共有することに関しては、Eメールは重要ではなくなるだろう。

　「Eメールはコミュニケーションの王として大変人気があった。だがその支配も終わりを迎える。代わりにコミュニケーションを制するのは、新世代のサービスだ。TwitterやFacebook、そしてその他の数えきれないサービスが、新しい世界の1つのピースを争っている。10年以上前のEメールがそうだったのと同じように、この変化はコミュニケーションを、我々がようやく想像できるようになった方法で、根底から変えることは確かだ」

　マーケティングおよびコミュニケーションの主流はEメールからソーシャル・メディアへと変化しているが、今後もその流れは続くだろう。フォレスター・リサーチによれば、ソーシャル・メディアは最も急速に成長しているインターネット分野である。事実、『Book Yourself Solid（フリーエージェント起業術）』第2版の執筆中である今の時点で、Facebookは5億人のユー

ザー（訳注：2013年時点で11億人を超えたと報道されている）を誇る最も成長著しいオンライン・ソーシャル・ネットワークである。

一方、ソーシャル・メディアの成長はあなたにとって、そしてソーシャル・メディアをネットワーキングやマーケティングの目的で活用する能力にとってもプラスである——ソーシャル・メディアは機動性があり、簡単、迅速、そして自由である。友人のクリス・ブロガンは作家であり、ソーシャル・メディアの最先端トレンドをテーマにしたブログを書いているが、「あらゆる年齢層が同じようにソーシャル・メディアに関わるようなことにはならないだろうが、あらゆる年齢層が何らかの方法でソーシャル・メディアに関わるようにはなるだろう」と考えている。

その反面、簡単、迅速、自由であるという事実は問題でもある。それはつまり、かなりのがらくた——むしろ帯域幅を渋滞させる非常に不適切な雑音——であるということだ。そのため、ソーシャル・メディアは上手に賢く使わなければならない。そうすれば、ソーシャル・メディアはあなたが何者で、何を体現し、どのようにビジネスを行っているかについて多くを語ってくれるだろう。

●マーケティングかネットワーキングか？

ペイパークリック広告キャンペーンや販売促進活動などを通して、ソーシャル・メディアをマーケティングのために使うことができる。ただし、FacebookやLinkedInなどの**ソーシャル・メディアのプラットフォームの構築を開始する際は、前に述べたような形のない資産を共有することで、主に人とつながり、人間関係を築き、価値を生み出すツールとしてソーシャル・メディアを活用する**よう勧める。第16章で「予約でいっぱいにしよう」ウェブ戦略を紹介するが、そこではFacebook、Twitter、およびLinkedInをマーケティングと人間関係構築の両方のためにどう活用するかを教えるつもりだ。盛りだくさんすぎてこの章には収まりきらないからだ。重要な点を忘れないように——"**まず人間関係を考えよう。ビジネスはその後だ**"。

ネットワーキングし続けることが重要だ

　利益は、仕事を与えてくれる人々とのつながりから得られるだろう——他の人を紹介してくれる満足した顧客。あるいはあなたに講演の仕事を依頼できる、あなたについての記事を書く、またはあなたと提携する能力のある他の専門家。毎週末にあなたが見せる親しみやすい満面の笑みと、ベビーシッターが切実に必要なときに有能なベビーシッターを紹介してくれたことに感謝しているビデオ店のマネージャーを介して。

　「予約でいっぱいにしよう」ウェブ戦略を使って、驚くべきつながりのネットワークを作るという見通しは、必ずしも威圧的だとか脅威だと感じさせるものではない。毎日、私たちはみなすべての人と常につながっている。ただ今は、そうすることが日常生活の自然で心地よい一部になるまで、より認識を高めてそれを意識的に実行する必要があるのだ。

　その後、フォローアップを行う。連絡を取り続ける。**つながっているすべての人のデータをデータベースに入れ、それぞれのつながりに基づいて行動しなければならない。**相手がデータベースに含まれていない、あるいは連絡を絶やさないために必要な行動をとらないとしたら、ネットワーキングは無意味である。

大切なのは、個々のテクニックよりも原則である

　この章では、ネットワークを作る際に何をすべきで、何をしてはいけないか、他者とどのように交流するべきかについて多くのテクニックを紹介してきたが、テクニックと原則の間には大きな違いがあり、覚えておいて実行し始めるのに最も重要なのは原則である。**原則を具体化できれば、自然とうまくできるようになる**だろう。

例えば、みんなが言うことだが、ネットワーキング・イベントで人に会うときは、**相手の目を見て、固く握手し、微笑んでうなずかなければならない。**だが、それを実行したとしても、与える側のスタンスでいなければ、あなたがどれだけうまく立ち回ったとしても全く関係ないだろう。しかし、**常に与える側の立場で、知り合い、知識、および感情を共有**すれば、歯にホウレンソウが挟まっていようが、掌が汗ばんでいようが大丈夫だ。なぜなら**人は人間としてあなたがどんな人かに対して反応する**からである。それどころか、2本の前歯の間に大きなホウレンソウが挟まっていれば相手は優しく教えてくれて、思いやりの気持ちを伝えてくれるだろう。

　さあ、どう思うだろう？　より多くの顧客、より多くの利益、より深い人々との結びつきを得るためにあなたのやり方でネットワークを作る準備はできているだろうか。知識、ネットワーク、思いやりを共有することで、予約でいっぱいになるのに1歩近づくだろう。

CHAPTER11
ダイレクト・アウトリーチ戦略

> 行動を起こさなければ、100％成功しない。
> ——ウェイン・グレツキー

　ビジネス・オーナーとして、あなたは潜在顧客に積極的に働きかけてオファーをし、マーケティング・パートナーなどの意思決定者と積極的に接触してビジネスの機会を生み出さなければならないはずだ。ちなみに最も重要なのは、ネットワーキングやクロス・プロモーション（訳注：優良な顧客に対する報酬として、他社の商品やサービスを提供するプロモーション活動）、そして紹介関係を築くために他のサービスのプロ、企業、業界団体に対して行うダイレクト・アウトリーチだろう。

　まずは何がダイレクト・アウトリーチで"ない"かを明確にしてから、ダイレクト・アウトリーチとは正しくは何であるか、そしてダイレクト・アウトリーチを忠実に、容易に、うまく行う方法の詳細について述べよう。

ダイレクト・アウトリーチはスパムでは"ない"。スパムとは一般に、メーリング・リストやニュースグループ（訳注：ネットニュース内で、話題やジャンル別に分類されている記事のグループ、または投稿の場のこと）に許可なく送られる迷惑メールやEメールと考えられているが、今では人々が何をスパムと見なすかの範囲や意味は広がっていると思う。今日、スパマーとレッテルを貼られる可能性のある方法は増えている——自分では潜在顧客、あるいは仕事関係者の役に立つと思ってやっている場合でさえも。

　知っての通り、スパムは「予約でいっぱいにしよう」のやり方にはそぐわない。これまでも、これからも。インターネットが登場する前、ダイレクト・アウトリーチは極めて一般的なマーケティング戦略だった。今でも同様に普及していると思うが、残念ながらスパムと見なされる場合が多い。「予約でいっぱいにしよう」ダイレクト・アウトリーチ戦略の使い方には十分に気をつけて、よく見極めなければならない。

　何らかの営業メッセージや宣伝、ビジネスのオファーを盛り込んだ未承諾のEメールを直接潜在顧客に送ると、それだけでスパマーと見なされる。売り込み電話も同じだ。多くの人がそうした電話も一種のスパムと考えている。頼みもしないのに勝手にかかってくるからだ。Facebook、Twitter、LinkedInなどのソーシャル・メディア・プラットフォームを通じて個人に直接働きかける場合でさえも、不適切、もっと悪ければスパマーと判断されかねない。ブログやその他のソーシャル・メディアのサイトにコメントを投稿しても、そうだ。それが友人のFacebookのページでも、相手がセルフ・プロモーションの匂いを感じ取れば、スパム行為と言われるかもしれないのである。

　今は、**顧客の方があなたを見つける**のだ。しかし、だからといってマーケティングの責任から解放されるわけではない。**提供するサービスを認知させ、潜在顧客があなたの提供しているサービスを探しているときに、あなたを見つけられるようにする**必要がある。

　自分が顧客を見つけるのではなく、顧客の方があなたを見つけたがっているという事実が気に入らないのなら、責めるべきはGoogleだ。Googleは

顧客と企業の関わり方を一変させた。オンラインで検索するとき、人は望むものが見つかるまで、価値のない情報を次々と見て回ることを厭わない。なぜなら自分でそのプロセスをコントロールしていると感じられるからだ。欲しい情報が見つかって、もしそれがあなたなら、そこで初めて売り込みの許可を与えてくれるだろう。

Eメール、ブログ、ソーシャル・メディア・プラットフォームを通じてメッセージを送るのが簡単だからといって、人の関心を無理やりこちらに向けさせていいと言われているわけではない。相手の関心を引き寄せなければならない——これまでよりももっと。仕事仲間であるセス・ゴーディンはパーミッション・マーケティング（訳注：相手に事前にパーミッション（許可）を得て、その許諾の範囲内で、情報提供や販売促進などの活動が許されるとするマーケティングの考え方や手法）の提唱者だが、次のように述べている。「私の前に現れて、煩わせないのであれば、さあどうぞ、欲しいものを作ればいい。磁気ブレスレットを売りたい、あるいは際どい写真をウェブサイトに載せたいのなら、それはあなたの責任であり、選択だ。愚か者や裸の手品師、さまざまな違法行為を呼び物にしたウェブサイトを見つけたい？　そんなサイトは間違いなくゴミだ。しかし、存在している。探しに行かずにはいられないのだろう。だがあなたが私の玄関口に現れるとき、雑音で静寂が破られれば、ゴミはスパムに変わる」。

こういうわけで、何らかの行動を起こして認知してもらうことが以前よりも容易になったとはいえ、ダイレクト・アウトリーチはこれまでよりも扱いにくくなっている。**潜在顧客または仕事関係者にビジネス機会について承諾もなしに直接働きかけを行えば、相手はあなたを平和と静寂を邪魔したスパマーと初めから決めてかかる。**フェアじゃない？　そんなことは関係ない。身勝手に対処する方法、つまりスパマーとスパムを排除する方法が見つかるまでは、これが向き合わなければならない現実なのだ。他人の平穏を邪魔する音を立ててはいけないのである。

次のような人々に働きかけたい場合、これからは「予約でいっぱいにしよう」ダイレクト・アウトリーチ戦略を繰り返し活用することになるだろう。

- ターゲット市場内の理想的な顧客、または紹介パートナー
- クロス・プロモーションを行う、講演会の仕事を確保する、発表する記事を送るなどの、組織または組合の意思決定者
- マスコミ

あるいは数多くのその他のビジネス発展の機会において。

ダイレクト・アウトリーチで心掛けるべきこと

　何が効果的で何が効果的でないかを示す実際の例を見れば、コンセプトを最も簡単に理解できる場合がある。あなたを脅かして、ダイレクト・アウトリーチをやめさせようとしているわけではない。むしろその逆だ——ダイレクト・アウトリーチをもっと多用するよう促したいのである。

　ただし、**思慮深い、思いやりのある、共感できる、適切な、そして極めて誠実な、付加すべき価値を持つプロという印象を必ず与えられるような方法**でやらなければだめだ。

　常にそのように見なされるようにするために、私に送られてきたダイレクト・アウトリーチのメッセージの中で、ひどく失敗したものをお見せしよう。責任のない人々を守るため、すべての関係者名は変えてあるが、以下に示すのは実際の人から現実に送られてきたメッセージである。いやそれどころか、送信者は勤勉でまっとうなプロに違いない。残念ながら、彼らはダイレクト・アウトリーチの方法を学んでいなかったために、悪い意味で強烈なメッセージを送ることになってしまった。

　ではまず、LinkedInの受信箱に届いたこのメッセージから。

> "LinkedInの推薦"
>
> マリア・ベンターが仕事の推薦を依頼しています。
>
> マイケルへ
>
> LinkedInのプロフィールに加えるために、私の仕事について短い推薦文を書いていただきたくてご連絡を差し上げています。ご質問があればお知らせください。
> よろしくお願いします。
>
> ————マリア・ベンター
>
> マリア・ベンターを推薦してください。かかる時間はわずか1分です。あなたの推薦がマリア・ベンターの力になります。
>
> ・仕事を紹介し合う。
> ・顧客とパートナーシップを獲得する。
> ・プロとしてより強固な評価を確立する。
>
> このメールは、LinkedInを通じてマリア・ベンター(email@website.com)が、あなたのEメール・アドレスを入力してお送りしました。ご質問があれば、customer_service@linkedin.com にご連絡を。

マリアからの要求が問題なのには、いくつかの理由がある。

1．そもそも、私はマリアを知らない。
2．マリアを知らないのに、なぜ彼女が仕事や顧客やパートナーシップを

得られるように、そしてプロとしてのより確固たる評判を築けるように、推薦などしなければならないのか。
3．このメッセージを送るのにマリアがしたことと言えば、私のアドレスを入力するだけ。明らかに、彼女の側の努力が何ら示されていない。
4．LinkedInのプロフィールには、私がLinkedInのEメールを確認しないことが明記されている。そればかりでなく、リストに記載した公開アドレスにEメールを送るよう求めている。

マリアはどうするべきだったか？

1．私に推薦を依頼する前に、私を誰かに推薦すればよかった。私にその価値があると思えばだが。人に何かを頼みたいなら、まずは相手に何かを与えるのが常に望ましい。
2．私とのつながりが彼女にとって重要なのだとしたら、出席できるイベントに参加して私に会おうとしたはずだ。
3．私のブログ記事にコメントをしたり、LinkedInのプロフィールやFacebookのファンページにメッセージを書いたりできた。そうすれば私はマリアという人を知り、評価することができただろう。
4．公開アドレスにEメールを送り、私の仕事に対する評価を述べることができた。あるいは、何の見返りも求めず、何の憶測も経ていないいくつかのその他の活動を通して、個人的なつながりを作る何か他の方法を見つけることができたはずである。

私の提案は職業上の地位とは何の関係もない。私は誰に対してもそのように接触する。しかしもちろん、働きかけようとする相手がすでにあなたの仕事や名前になじみがある場合、つながりを作るプロセスは加速することが多い。もしも上のケースを、新米のビジネス・オーナーがダイレクト・アウトリーチで失敗した話にすぎないと考えているとしたら、考え直すべきだ。
次のEメールは、ベストセラー作家や大規模出版社を顧客に持つあるマー

ケティング会社の広報・宣伝マネージャーからのものだ。私は送信者も作家も知らないし、出版社とも何のつながりもない。同じようにすべての関係者名は変えてある。

ポート様

下記メールのご返信をまだいただいておりません。お客様の出版物を、この種の資料をお探しの極めて多くの人々に紹介する、素晴らしい機会をご提供いたします（当社の前回のブック・キャンペーンの閲覧者は500万人を超えております）。お客様が購読者の方々に優れた商品パッケージを提供できるばかりでなく、ウェブサイトへのアクセス数を増やし、ご自身のメーリング・リストを作ることもできます。費用はかかりません。

下のリンクをクリックして、当社が前回企画したジョン・スミス氏のニューヨーク・タイムズのベストセラー、『ｘｘｘｘｘ』のキャンペーンの内容をご覧ください。http://www.longurltoasalespage.com

参加なさりたい、あるいはご質問がある場合は、すぐにお知らせください。
よろしくお願いいたします。

アンドレア・ティフォネリ
広報・宣伝アシスタント・マネージャー
プログレッシブ・マーケティング社

PRやマーケティング会社が作家に連絡を取り、別の作家のプロモーションの役に立てるかどうか確かめようとすることの、何がそれほど悪いのか？
何も悪くない。全く悪くはないのだ。それどころか、他の作家による宣伝

は作家が注目を集める主要な方法の1つである。ではなぜ、失敗したのだろう。

1. 私は関係者を誰一人として知らない。それに送られてきたメールは明らかに定型メールで、個人的な要素が全く含まれていない。
2. アンドレアは私がその作家を宣伝したいと思う理由について、ありとあらゆる憶測を立てている。彼女は何が実際に私に行動を起こさせるか知らないし、時間をかけてそれを知ろうとさえしなかった。
3. 最後の行でアンドレアは、参加したければ「すぐに」知らせるように言っている。こちらの時間、スケジュール、生活などに対する気遣いや感謝の気持ちに欠けているのは明白だ。製品やサービスの販売促進をする際に、相手に迅速な行動を促そうとするのは悪いことではないが、これはそうした販売促進活動とは異なる（それを混同したところが彼女の間違いだ）。基本的に、これは同業者に別の同業者の力になってくれるよう依頼するメールであり、もちろん他にも気分を害する要素があるのだが、この時点で何をすべきか、いつすべきか指示されるのには反感を覚える。
4. 実はこれは、この「機会」についてアンドレアから送られてきた4通目のメールだ。前の3通に反応がなかったら、それは何かを意味しているとは考えないのだろうか？　さらに追い打ちをかけるようだが、アンドレアからメールが来るたびに、メールの送信をやめるよう書いて返信したのにもかかわらず、明らかに彼女は私の求めを無視した。彼らの本の販促活動に参加させようとしている作家「リスト」に、自分も加えられたのではないかという疑いは確信に変わった。だからこのメールはまさしく、紛れもなく、100%スパムなのだ。

アンドレアはどうするべきだったか？　私は販促活動や彼女が代理を務める作家についての情報を一切要求していないのだから、次のような趣旨で短いメッセージを送ればよかったのだ。

> マイケルへ
>
> 　私は、アンドレア・ティフォネリと申します。プログレッシブ・マーケティング社で広報・宣伝アシスタント・マネージャーをしております。当社は作家の代理として本のプロモーションをお手伝いしています。
>
> 　本日は、私があなたの著作のファンで、あなたのマーケティングの教え方を高く評価していることをお知らせしたくて、連絡を差し上げました。あなたのマーケティングのやり方は、マーケティングや営業が一般に好きではない人々——当社の顧客である作家の多くのように——に本当に役立っています。
>
> 　ただご挨拶とお礼を申し上げたかったのです。お役に立てることがもし何かありましたら、お声をおかけください。
>
> 　　　　　　　　　　　　　　　　　　　　　　　　　　　　　敬具
>
> 　　　　　　　　　　　　　　　　　　　　　アンドレア・ティフォネリ
> 　　　　　　　　　　　　　　　　広報・宣伝アシスタント・マネージャー
> 　　　　　　　　　　　　　　　　　　　プログレッシブ・マーケティング社

Eメールをこのように変えて、何が功を奏したのだろうか。

1．最初に連絡してくる段階で、アンドレアは私に何も要求していない。
2．自分が何者で、どんな仕事をしているかをすぐに説明している。
3．私を称賛し、自分が私の著作を知っているだけでなく、私が何を支持しているかを知っていることを明らかにしている。
4．見返りを何も期待せずに、サポートを申し出てメールを締めくくっている。

人との関係はこのようにして築き始めるのである。時間をかけて、このような適切で個人的なやり取りをもう何度かすれば、私が作家のプロモーションに関わることに興味があるかどうかを判断するために必要な、それ相応の信用と信頼が得られるだろう。

　もう1つ例を示そう。これは長い。確かにとても長いのだが、長さはたくさんある問題の1つにすぎない。しかし、こんな長いメールを書かなくても済んだかもしれない、シンプルな解決策が1つある。それが何かわかるだろうか？

　私はジェリー・ファーバーです。ｘｘｘコーチであるトム・ローズの下で仕事をしています。ローズ氏は、今度開催される3日間のクイック・スタートｘｘｘワークショップのために、極めて特別な共同事業パートナーを探しています。

　ｘｘｘの人気はますます高まるばかりです。オンライン・ビジネスで成功したい人なら誰でも、ファネル（訳注：認知から購買まで、顧客の状態をファネル（じょうご）でわかりやすく示したモデル）の一部にｘｘｘが必要です。そこで、トムと一緒に極めて高く評価されているｘｘｘワークショップのプレビュー・コール（訳注：これから提供するサービスや製品の内容を発売前に顧客に知らせたり、質問に答えたりするための活動）を主催する機会を提供したいと思います。

　トムは5年間このワークショップを指導し、不満を抱えた数百人の作家を成功させるのに力を貸してきました（数多くの証言をwww.firstwebsite.com でご確認いただけます）。

　今回ご連絡を差し上げましたのは、あなたはトムと同じターゲット市場を対象になさっており、この申し出が大変有益であると同時に、あなたのリストに多大な価値を提供すると考えたからです。

　今回は、販売ごとに（購読者がどのレベルで登録したかに応じ）200

〜1000ドルの手数料が支払われます。

　この共同事業の機会についての詳細をお知りになりたい場合は、www.secondwebsite.com にアクセスしてください。

　今回の共同事業の仕組みは、基本的に次の通りです。

　トムのワークショップのために共同で勧誘活動を行っていただくことに同意されたら（この勧誘活動は「ｘｘｘなときに人々が犯す7つの大きな間違いと、間違いを避ける方法」についてのもので、転換率は11〜22%です）、当社が活動用のページを設定し、あなたのリストに送る一連のプロモーション用Eメール、ブログの投稿、ツイートなど、プロモーションに必要なすべての資料へのリンクをお送りします。

　その後数週間で、彼らに素晴らしいコンテンツを次々に送ります（ただし、ワークショップの週は除きます。その週は、最後にQ&Aに向けた勧誘活動を行います）。

　トムと共同で勧誘活動をした時点で、あるいはそれ以降に、彼らがあなたのアフィリエイトのリンク経由で購入した場合、以下の手数料があなたに支払われます。

　　プラチナ・プラス・パッケージ：1,000ドル
　　プラチナ・パッケージ：500ドル
　　ゴールド・パッケージ：200ドル

　販売ページは www.thirdwebsite.com です。

　トムのワークショップのための共同の勧誘活動に興味がおありでしたら、お知らせください。私に直接メールを送ってくださって結構です（jerry@gmail.com）。

ご質問があれば、jerry@gmail.com までお気軽にメールをください。

参加する準備がすでにできている場合は、jerry@gmail.com にメールしてください。ウェブ・ページを設定できたらすぐに、開始するのに必要なすべてのものをお送りいたします。

お時間をとってくださり、ありがとうございます。心から感謝いたします——そして、あなたと共に事業ができる機会を楽しみにいたしております。このEメールをお読みくださったお礼を差し上げたいと思います。
　www.fourthwebsite.com には、Twitter の28通りの使い方を盛り込んだ pdf があります。あなたのビジネスのますますの繁栄にお役に立てれば幸いです。

成功をお祈りいたします。

ジェリー・ファーバー
×××コーチ、トム・ローズの代理

追伸：トムについてもっと詳しく知りたい場合は、www.fifthwebsite.com でトムの経歴をご確認ください。

www.sixthwebsite.com ではビデオをご覧になれます。

やれやれだ。どこから始めようか？

1. とんでもなく長い。
2. トムとジェリーは、私がこの共同事業に興味を持ちそうな理由について、ありとあらゆる憶測を立てている。

3．ばかげた大げさな表現だらけである。例えば、「……の人気はますます高まるばかりです。オンライン・ビジネスで成功したい人なら誰でも、ファネルの一部に……が必要です」。
4．ジェリーはマーケティング・ファネルについて言及しているが、それでジェリーが私の仕事について特別詳しいわけではないことがわかる。というのも、マーケティング・ファネルの哲学がいかに嫌いかを、私は幾度となく書いているからだ。
5．ジェリーは、このような共同事業がどう機能するかを私に教える必要があると思っている。
6．3つの文章に3回もEメール・アドレスを書いている。
7．私に6つの異なるウェブサイトを見てもらいたがっている。
8．メールをわざわざ読んでくれた「お礼」に、Twitterの使い方に関する電子ブックを提供している。私がTwitterやその使い方に不慣れだと思っているのだろうか。
9．中でも最大の侮辱は、自分のEメールニュースレターの購読者にメールを送りまくり、フォロワーにツイートし、トムの製品をブログで宣伝するよう私に指示していることである。私が知りもしない誰かを購読者や読者、フォロワーに数ドルの手数料を目当てに無差別に勧める人間だと、トムとジェリーが考えているとしたら、彼らは私がどんな仕事をしているか知らないし、彼らの購読者に対して多大な敬意を払っていないことは明らかだ。

では、ジェリーはどうするべきだったか？　この全く惨憺(さんたん)たるダイレクト・アウトリーチの試みに対するシンプルな解決策がわかっただろうか？　ジェリーは私がこの種の共同事業を行っているかどうか尋ねる短いメッセージを送るべきだった？　その通り。そうしていれば、私はしていないと答えただろうし、ジェリーに嫌悪感を抱くこともなかっただろう。トムとジェリーはそうせずに、要求してもいない彼らの共同事業の機会についてのEメールを読んでくれるよう私に頼んで、私（と彼ら）の時間を無駄にした。

次に、優れたダイレクト・アウトリーチの試みがどのようなものかを示す。

マイケルへ

　私はジェリー・ファーバーという者で、ｘｘｘの創造に関する講座を指導するトム・ローズと一緒に仕事をしております。あなたの著作を堪能し、スタイルがとても気に入りました。あまりお時間を取らせては申し訳ありませんので、できれば質問を1つさせてください……。

　他の専門家の製品の販売促進を行って、販売手数料をもらったことはあるでしょうか？　もしあれば、トムと、私たちが企画している共同事業キャンペーンについてもっと詳しい説明をお聞きになりたいと思いませんか？　もしなければ、よくわかりました。お時間をいただいてありがとうございます。トムも私もあなたの仕事を高く評価しています。将来いつかお会いできる機会があればと存じます。

　私たちに何かできることがあれば、遠慮なくお尋ねください。

敬具

　成功をお祈りします。

ジェリー・ファーバー
ｘｘｘコーチ、トム・ローズの代理
www.onewebsitehere.com

　トムとジェリーが私の提案したレターを使ったとしても、反応が得られる保証はないが、少なくともプロらしく礼儀正しい印象は与えられるだろう。これらは、信頼を勝ち取る最も重要な要素のうちの2つである。

　次はもっと短い例だ。このメッセージのどこが悪いかわかるだろうか？　Facebookのアカウントを介して受け取った――LinkedInのプロフィール

と同じように、"Facebook にメールを送らないでください。メールは questions@michaelport.com までどうぞ"。とはっきりと書いてある――という事実を除いて。

> マイケル、私の友人の要請を受けてください。何ができるか教えてください。本を書かれていますよね？ 何という本ですか？ 何について書いている本ですか？ 私も本の仕事をしていて、あなたが興味を持ちそうなプロジェクトに取り組んでいます。ビジネスの可能性について話し合いたいです。

この女性は、私に力を貸すよう頼んできた。もちろん、Facebook で私の仕事について説明しているし、4つの著作すべてを載せている。だから、おそらく私の勝手だが、彼女もちょっとした労力を払って、少なくとも Facebook のページをざっと読んで――私について少し勉強してほしかった。それが難しいところだと思う。

私たちは皆、自尊心を持っている。何の基盤も構築せずに、プロセスを早送りしてビジネスを依頼するのは、単に非効率なだけではない。嫌気がさしてくる。

つながりたいなら、相手のことを知らなければならない

顧客を探し求めようが、ドアをノックしようが、アウトリーチしようが、紹介しようが、あるいはただ単純に戸別訪問しようが関係ない。これらのいずれかまたはすべてを、接触する人や企業のことを知らずに行うというなら、米国大統領に電話したって構わない。せいぜい息切れして、時間を無駄にするか、そんなものはいらないと言われるだろう。あるいは最悪の場合、……恥をかくに違いない。みすぼらしい、疑わしい、押しつけがましい、準

備のできていない営業担当者のような気分は、誰だって味わいたくない。

　だったら、1日の終わりに、決して尽きることのない、心温まる、銀行口座を満たしてくれる顧客を生み出したいと口にしてみよう。

　もっと売り上げを伸ばしたい？　予約でいっぱいにしたい？　もっとお金が欲しい？　蓄えを作りたい？　それなら、お願いだ。**知りたいと思う人たちすべてのことを把握して、その人たちの前に出よう**。準備をする際は、あなたの有効性と自信を最小限に抑えてはいけない。そのために、以下を知ろう……。

1. **何が人をやる気にさせるか？**：人の活力を本当に高めるものは何か？　目を輝かせるものは何か？　仕事かもしれないし、家族や趣味かもしれない。その人の机の周りやウェブサイト、ソーシャル・メディアのページに見える写真や本などをチェックしてみよう。何を読んで、何を人に薦めているか？　心から興味を持っているものは何だろうか？

2. **その人は何を成し遂げたか？**：オンライン検索をしよう。その人のサイトを訪問しよう。笑顔をまだ見たことがなければ、Googleの画像検索をしよう。その人を褒めている人は誰か？　その人は、賞を取ったことがあるか？　感謝の言葉をもらったり、一般に認められていたり、出版の知らせをもらったことはあるか？

3. **何か共通の趣味はないか？**：その人との出会いはどんなものだったか？　思いやりや熱意の気持ち、共通の興味についての理解を表現しよう。焦点を常にその人に合わせよう。共通の興味を足掛かりに、彼らが世の中についてどう感じ、どう考えているかをもっと知ろう。

4. **その人の仲間は誰か？**：共通の友人がいる、または社交グループが同じではないか？　共通のFacebookの友人やTwitterのフォロワーはいないだろうか？　あなたは社交グループに参加しているか？　情報に通じ、つながりを維持しよう。

5. **その人のライバルは誰か？**：その人のビジネス上の機会と課題を把握

しよう。どんな課題の克服に力を貸せるだろう？　そして最終的には、どんな機会の実現に役立てるだろう？

6. **どんな独自の利益を提供できるか？**：他の人々は、あなたの仕事のどんなやり方を気に入っているのだろうか？　気楽に考えよう。自分の強みを知ることだ。一緒にいたい、一緒に仕事をするのが大好きだと人が思うような人になろう。

7. **その人を知る、または共に仕事をする際に、何があなたをワクワクさせるか？**：私たちは誰でも、感謝され、認められ、尊敬されていると感じたいものである。その人の仕事や意見があなたにどんな影響を与えたかを伝えよう。常に前向きに、自分らしく、称賛を込めて。

8. **あなたの考えるその人の可能性は何か？**：どれほど自信がある、または成功しているように見えても、信念には限界がある。その人が尻込みしてきた仕事または生活の分野はわかるか？　彼らの望みとニーズを踏まえて、あなたの考えるその人の真の可能性を詳しく説明してみよう（ただし、今のところは自分の胸にしまっておこう）。お互いのことがわかるようになったら、自分の考えを伝える機会がある"かもしれない"。

9. **その人の生活にとって、あなたは今どんな存在で、どんな役割を果たしているか？**：あなたが誰で、その人がなぜあなたと仕事をする、またはつながりを持たなければならないのかを、過大評価したり大げさに言ったりしてはいけない。自分が提供できるものや、人間関係がどのように展開していくか考えるときは、現実的にならなければならない。最高の人間関係はゆっくりと、信頼という基盤を伴って育っていくものである。

10. **どうすれば、その人にとってなくてはならない資産になれるか？**：その人がどうやって、またなぜあなたを知り、一緒に仕事をしなければならないのか、本当にわかっているだろうか？　あなたやあなたのサービスから得られる利益によって、その人の人生がより幸せに、楽に、より満たされ、豊かになる、つまりただとにかく良くなると信じ

ているだろうか？

　営業は必ずしも理にかなったものではない。人とつながることは必ずしもカッコイイものではない。あなたの提案が非の打ちどころのないものに見えたとしても、……人生や決断、人間関係が、姿の見えない何らかの影響を受けないことはない。そのような根本的な影響のいくつかを、私たちなら一見しただけですぐにわかる。他の人はもう少し時間がかかるだろう。

　しかし、知識を豊富にして準備を整えておけば、役に立ちたいと思う人々の人間としてのニーズに対処できるし、他者と自分自身のニーズの両方の達成に近づける。望んだものがうまく手に入るかもしれない。そのうえ、共通点を知り、共有していれば、会話がさらに容易に、楽しくなる。ドアがバタンと閉まることがなくなる。人々は行動を開始し、お金を出すようにもなる。

　ダイレクト・アウトリーチ戦略を始めるときは、必ず焦点を絞って個人個人に合わせた、有益で合法的な取り組みを行い、スパムと受け取られないようにし、また正しく評価され、それに基づいて人々が行動を起こすものであるようにしよう。

　「予約でいっぱいにしよう」ダイレクト・アウトリーチ戦略の活用とはすなわち、**個人的なつながりを作ること**である。次のダイレクト・アウトリーチ・ツールのどれを使っても、あなたにとって正真正銘本物のやり方で心から相手に働きかけるべきだ。

　俳優（私の最初の職業）をしていた頃、私はささやかながら成功を収め、『セックス・アンド・ザ・シティ』『サード・ウォッチ』『ロー・アンド・オーダー』『オール・マイ・チルドレン』『ペリカン文書』『天国からきたチャンピオン』、その他多くの作品に出演した。そのうえ、テレビコマーシャルやナレーションの仕事も数多くこなしていた。だが私は俳優の仕事を辞めた。実業界でのキャリアに意義を見出し、安定性があると考えたからだ。いやはや、「意義のある」ものが何なのかを、私は見誤っていたのだが。とにかく、……俳優時代、大成功を収めようとしてオーディションをしくじっていたのを思い出す。次の段階に進むことではなく、その役を獲得することに焦点を

合わせていたのである。二次オーディションに進むために集中するべきだった。二次オーディションに合格したら、また次のオーディションに受かることに注力する。次のオーディションに受かったら、次はプロデューサーとのミーティングに向けて努力する。それを通過したらスクリーン・テストをパスできるように頑張る。

ダイレクト・アウトリーチ戦略は、このように進めてほしい。**一度に１ステップずつ進む**のだ。うまくやれれば、あなたにとってより本物の戦略だと感じられるだろう。

運命の鎖の輪は一度に１つずつ扱われねばならない

他の人に働きかけるために活用できる方法はさまざまで、数多くある。Eメール、手紙、はがきを書いてもいい。Facebook、Twitter、LinkedIn をはじめとするソーシャル・メディア・サイトを通じて接触することもできる。電話も使える。

私が「何が何でも」ダイレクト・アウトリーチと呼んでいるツールを使うこともできる。逮捕されなければの話だが。例えば、Google のために素晴らしいサービスを提供できると思ったら、CEO の裏庭にパラシュートで降りるとか。注目してはもらえるだろうが、良い印象は与えないだろう。

これらのツールは美しい音楽を奏でる楽器にもなれば、大量殺戮の武器にもなりかねない。使い方次第である。

私のモットーは、ウィンストン・チャーチルの名言だ。**「あまりに先を読みすぎるのは誤りである。運命の鎖の輪は一度に１つずつ扱われねばならない」**。ダイレクト・アウトリーチのプロセスを進めていく際は、これを常に一番に意識すること。そうすれば、ダイレクト・アウトリーチのために苦し紛れの方法に頼らなくて済む。時間をかけて信頼を築いていけば、最後には

成功するはずだ。

　他者に働きかけを行う場合、人間関係を構築するための複数のステップを踏むことになる。プロセスのそれぞれのステップで、第6章で学んだ「予約でいっぱいにしよう」営業サイクルのプロセスとほとんど同じように、望むらくは新しい友人とより強い信頼を確立し、より多くの信用を獲得しよう。また、営業サイクルと同様に、人間関係の展開の仕方は常に全く同じではない。みんながあなたを愛するようになり、あなたの望む行動を取るよう保証する秘密の方法はないが、いつ誰に連絡を取り、どのようなやり方で接触するか、それを繰り返し実行するかどうかを知る方法はある——そしてその方法には、十分に発達した社会的知性が求められる。

"社会的知性"が成功を確実なものにする

　「マーケティングと営業について書かれた、最も優れた本は何ですか？」と聞かれると、いつもこう答える。「私の本以外で？」。これは冗談だ。冗談抜きで言うと、私の答えは、有名な心理学者ダニエル・ゴールマンの書いた『SQ 生きかたの知能指数』である。

　社会神経科学の調査に基づく本がなぜ、サービスのプロがマーケティングや営業の方法を学ぶのに役立つのか？　それは、**社会的知性が、自分が置かれている環境を理解して、社会的に成功する行為にふさわしい対応をする個人の能力と定義する**ことができるからである。社会的に成功する行為は、ダイレクト・アウトリーチの成功を確実にしてくれる。

　人々が社会的関係を理解するために用いる概念を理解すれば、"自分がどんな状況にあるか、このタイプの人にどうやって話しかければいいか？"というようなことを理解するのに役立つ。"彼はどういう意味でそう言ったのか？"という疑問に対する結論を出すのに役立つ規則を学び、行動の計画を立てて"それに対してどう対処するか？"を決定することもできる。

自分自身をどうとらえるかによって、この概念が好きかもしれないし、好きでないかもしれない。しかし、起業家としての多くの取り組みに成功する能力の基盤は、大部分は**自己認識と社会的手腕**である。**自分自身についてと、他者とどういう関係にあるかを理解し、他者にうまく対応する力には社会的知性が重要**なのであって、さまざまな巧妙な宣伝文句をどれだけ多く覚えたかや、相手に印象付ける方法をどれだけたくさん用意しているかは大事ではない。

ゴールマンによれば、神経学的に見ると人間はつながりを作るようにできている。なんという高速シナプスだろう、バットマン！（訳注：バットマンのフィギュアの１つに Batman rapid fire があり、それにかけたと思われる）

つまりあなたはマーケティングと営業をするよう生まれついているのだ！

実のところあらゆる脳の機能は別にして、精神面では、急な上り坂を行き、クラスのトップまで自然に上るためのスパイク底がすでに備わっている。

驚くがいい。もっと良い知らせだ。ゴールマンはこれらの能力（つながる能力）が必然的に持って生まれたものではなく、むしろ目覚ましい成果を達成できるよう努力して成長させられる、**学習によって身に付けられる**能力になり得ると考えている。

大きな視点でとらえる頭の切れる皆さん、あなたの言う通りだ。ダイレクト・アウトリーチの成功は幻ではない。**最高レベルで目的を達成し、現実の世界における現実の人々とのつながり方を強化するためには、社会的知性を高めなければならない。**向上のための努力、熟考、責任と共に、以下を学習する時間を確保しよう。

- **自己認識**：自分自身の気持ちを見抜き、他者への影響について認識しながら、直感で決断を導く能力。
- **自己管理**：自分の気持ち、衝動、状況の変化に対応できる能力の管理を伴う。
- **社会意識**：他者の気持ちを感じ、理解し、対応すると同時に、社会的ネットワークを理解する能力。

・**人間関係の管理**：対立に対処しながら、他者にひらめきと影響を与え、成長させる能力。

あなたが賢明に取り組む気なら、次のことに留意しよう。

・ありふれた営業トークに代わる別の「賢い」考えを練ったりしない。他者が心から望み、必要とするものは何かに耳を傾ける鋭い能力を伸ばす。
・「3つの簡単なステップで欲しいものを何でも手に入れる方法」のようなマニュアルを破り捨て、他者の感情の領域に踏み込むことで共感を高める。
・パワーポイントのプレゼンテーションから離れ、信頼、信用、つながりの自信を培（つちか）えるように、セルフプレゼンテーションの方法を学ぶ。

社会的知性の定義は、自分のいる環境を理解し、社会的に正しいと認められた行為に適切に対処する個人の能力だ。この幅広い知性は、したがって、ダイレクト・アウトリーチ戦略の最も重要な要素なのである。

人々が社会的関係を理解するために用いる概念を理解することは、社会意識、社会における存在感、信頼性、明瞭性、および共感を向上させる力になる。要するに、**他者のニーズや望みにより敏感になり、その結果より適切で、影響力の強い存在になれる**はずだ。

関係を築くべき20人のリスト

ビジネス上の関係を築きたいと思う、業界内の人物20人のリストを作ろう。リストに含まれるのは、**あなたがまだ知らない人——ビジネスを予約でいっぱいにする助けになる、ターゲット市場の有力者**である。これを20名の「予約でいっぱいにしよう」リスト（BYSリスト）と呼ぼう。

常にそばに置いておこう。机の上に置き、コンピューターに保存し、出か

けるときは持っていこう。

　なぜ20人で、どうしていつも持っていなければならないかって？　それは、**成功するかどうかは主として、あなたを他の人に紹介したり、理想的な顧客に引き合わせてくれたり、あなたを支持してくれたりする意欲のある業界内の人々によって決まるからだ**。そうした人たちをいつも一番に考える必要がある。リストを常に持っていればその人たちのことを必ず考えるだろうし、そうすれば彼らとつながり、彼らを知る機会に気付けるはずだ。そして20人というのは、焦点を拡大し続けるのには十分で、なおかつ圧倒される心配のない数なのだ。

> **4.11.1 練習問題**　直接、個人的に働きかけたいと思う人を、3人以上20人まで特定しよう（見込み客、組織や団体の意思決定者、あるいはマスコミ関係者）。今は20人も思い浮かばないと思うかもしれないが、何をしなければならないかはわかっているのだから、リストに加えるべき人々に注目し始めるだろう。たちまちリストは増えて、20人を超えるだろう。

　こうしたダイレクト・アウトリーチは毎日活発に行われている。**毎日あなたは新しい1人に働きかけを行い、すでに連絡を取った人たちのフォローアップを毎日する**。この点が重要なのだ。ダイレクト・アウトリーチの成功のカギを握るのは、**熱心な、訓練された、断固たる行動**である。

　忘れないでほしいのだが、「予約でいっぱいにしよう」20人のリストは、あなたのウィッシュリストなのだ。リストの中の20人は、紹介や助言を通してあなたのビジネスに多大な影響を及ぼす可能性のある人々である。毎日ダイレクト・アウトリーチを実行すれば、あっという間に予約でいっぱいになれるはずだ。

> **4.11.2 予約でいっぱいにするための行動ステップ** 20人のリストの最初の1人に連絡し、その人をフォローアップシステムに加えよう。それから新しい人を20人のリストに加えよう。

新たな段階：主張する

　たいていは最初の交際期間の後だが、人間関係の中で、あなたの欲しいものを主張してもよいところまでこぎつけたら、次のステップは**その人と接触する理由を発展させて、自分の主張をすること**だ。そのために、意識するしないにかかわらず、あなたの提案についてその人が検討する際に彼らが考慮に入れることが3つある。

1．うまくいくか？
2．やる価値はあるか？
3．この人は、できると言ったことができる人か？

　3つの質問に相手がはっきり「はい！」と答えられるなら、合格だ。あなたの読者がいぶかしげに眉毛を上げる質問が1つでもあれば、おそらくすでに結果は出ている。ダイレクト・アウトリーチを効果的に行うためには、すべての質問の答えが「はい」でなければならない。
　また、あなたが電話をかけたり、手紙やEメールを送ったりする前に、自分自身に次の質問をしよう。これは、あらゆる基盤が網羅されていることを確認するためである。

・読者とつながりを作る際に、その人の達成事項の1つに触れたか？
・フォローアップすることを伝えたか？
・どのような方法でフォローアップするかわかっているか？

- 押しつけることなく、率直か？
- メッセージは現実的か？
- 次のステップについて明確にしているか？

●何が何でもダイレクト・アウトリーチ

　注目を集めるためにはたくさんのことができるが、注目が役に立つのは、あなたが自分をよく見せられる場合だけだ。遊び感覚が強く発達した創造的な人なら、ルールに縛られない注目度の高いダイレクト・アウトリーチ・キャンペーンのアイデアを考え、実行することを大いに楽しめるだろう。というのも、あなたが本当につながりたいと思う誰かが、注目していないときもあるかもしれないからだ。

　数年前、あるエンターテインメント企業で副社長をしていたとき、私には上司がいたが、その人はまさに無謀にも、大きな化粧品会社のある幹部を私たちの会社のプログラムへの協賛に何としても同意させるよう、私に命じた。ただ問題は、その幹部が私の電話に出ないことだった。その会社は私たちの会社にふさわしいとは思わないと上司に何度も説明したのだが、上司は納得せず、どうしても協賛させるよう指示した。

　その幹部に会おうと数週間頑張った私は、ほとんど諦めていた。幹部のアシスタントは、これほどガードの固い人に会ったことがないというくらいの人だったが、ある日電話をかけたとき、幹部は昼食に出ているとぽろっと口にした。楽しい会話をするつもりで、私はこう聞いた。「そうなんですか。今日は何を召し上がるんですか？」。するとアシスタントは、よく考えもせずに「中華です。彼の好みなんです……」と答えた。「そうですか、ありがとうございます。良い一日を！」と言って私は電話を切った。

　翌日のランチタイムに、大量のおいしい中華料理をその幹部の元に届けさせた。本当の狙いはプロジェクトの提案だった。料理が届いた20分後に電話をかけると、すぐにつないでもらえた。「こちらの提案に目を通していた

だけますか？」と聞いたが、答えは「いいえ」だった。「どうしてだめなんですか？」と尋ねると、「届いた料理はどれも好きじゃないからだ」と答えた。「何がお好きなんですか？」と聞くと幹部は答え、「好きな料理を明日お届けしたら、提案を読んで私に会ってもらえますか？」と言った私に、「いや。だが提案には目を通そう。料理がおいしかったら、会ってもいい」と答えた。「ありがとうございます。いつフォローアップしたらいいでしょうか？」という私の質問に幹部は答えて、電話を切った。

　幹部は提案を気に入り、その後私に会ってくれたのだが、取引は成立しなかった。上司に言ったように、双方の会社が現実には互いに合わないことが明らかになったからだ。しかし私たちは親しくなり、会社を辞めて独立した後、幹部は私に最初の顧客の1人を紹介してくれた。何が起きるかわからないものである。

　私の顧客の1人は、大規模な多国籍企業のミーティング・プランナーとつながりを持とうとしたものの、時間を作ってもらうことができなかった。他のダイレクト・アウトリーチの試みがすべて失敗に終わった後で彼は、ミーティング・プランナーにココナッツを送った。こんなメッセージを添えて。「あなたは割れにくい木の実のような人ですね。どう思います？」。彼女は笑って彼に電話をし、会う約束をしてくれた。

　楽しくて斬新な、ルールに縛られない、注目度大のダイレクト・アウトリーチ戦略があなたにとって有効か、創造的に考えてみよう。リラックスして、アイデアが自由に浮かぶのに任せよう。

> **4.11.3 練習問題**　特に従来のやり方でうまくつながりを持てなかった人を相手に、個人的なつながりを作るための面白くて変わった独自の方法を5つ挙げよう。

ダイレクト・アウトリーチ計画

　潜在顧客や顧客とつながりを作る方法は多くあるが、私が示した方法はいずれも、計画がなければ効果的に機能しない。働きかけたい個人または組織を明らかにしたら、何をするか？　計画を作って実行する？　違う？　まあ、いいだろう。なぜならこれからは計画を立てるようになるはずだし、新しい計画がもたらす成功を喜ぶに違いないからだ。毎日、20人のBYSリストの相手に働きかけるためのシンプルな方法が、これだ。

1．働きかける個人を特定する。
2．その人とつながるために講じるステップを選ぶ。
3．取り組みのスケジュールをたてる。
4．計画を実行する。
5．計画を評価する。

終始一貫してやり続ける

　ダイレクト・アウトリーチに"トリックはない"ことを忘れずに。ダイレクト・アウトリーチに魔法のやり方があるとすれば、それはビジネスの始めから終わりまでずっと実行する、一貫したオープンな行動指針である。**ネットワーキングや連絡を取り続ける戦略と同様に、ダイレクト・アウトリーチを日常の一部にしなければならない。**時間はかかるが、辛抱強く粘り強くやれば、予約でいっぱいになるに違いない。

CHAPTER12
系統的な紹介戦略

> 私たちは与えることで多くを得る。
> ——アッシジのフランチェスコ

　どの顧客ともより深い関係を享受しながら、新たに今の3～4倍も素晴らしい顧客を引き付けている自分を想像してみよう。それは実現可能な上にシンプルで費用もかからない。カギは顧客から紹介を生み出すことにある。系統的な紹介プログラムを始めれば、今すぐにますます多くの新たな潜在顧客と苦もなくつながることができる。

　あなたの仕事を楽しみ、尊敬している顧客は、喜んであなたのサービスや製品を友人や家族に勧めてくれるだろう。そればかりでなく、新しい顧客の大部分は、直接間接を問わず、口コミの紹介によって、とっくにあなたの下にやってきている。推測するに、口コミ宣伝から受けられるはずの利益を得るためのプログラムを、まだ用意していないのではないだろうか。

　紹介の割合を飛躍的に増やすのは簡単だ。紹介システムを用いずに、今い

くつの紹介を受けているだろうか。では、その数字を3倍、いや4倍にしてみよう。早ければ来月には、その数まで顧客が増える可能性がある。多くの場合、紹介を生み出す顧客は、他のどんなタイプの潜在顧客よりも忠実で信念があり、あなたにふさわしい。

過去の紹介を分析する

これまでどのように紹介を受けてきたかについて見ていこう。顧客や同業者、あるいは他の誰かが以前顧客を紹介してくれたときの状況を明らかにすれば、望む結果を常に生み出すのに役立つパターンがわかるだろう。

> **4.12.1 練習問題** まずは、前回素晴らしい紹介を受けたときのことを思い出してほしい。
>
> 1．誰からの紹介だったか。
> 2．具体的に何についての紹介だったか。
> 3．紹介を受けた相手は、あなたのサービスがすぐに必要だったか。
> 4．誰から連絡が来たか——紹介してくれた人からか、それとも潜在顧客からか。
> 5．紹介してくれた人があなたを紹介してくれる前に、その人にあなたのサービスがどんなものか情報を与えていたか。
> 6．どのように紹介を受け入れて、フォローアップしたか。
> 7．紹介相手は継続的な顧客になったか。
>
> あなたは、紹介を生み出せる自分の強みのいくつかをすでに把握しているかもしれないが、プロセスにはやや注意しなければならない部分もおそらくあるだろう。いずれにせよ、これから作るのは簡単で利益の高

いプロセスである。

紹介の機会を見出す

　紹介の機会はあなたの周りにたくさんあるのに、今はほとんどが指の間をすり抜けている。そのような機会に気付いていない、あるいはそのために行動を起こしていないからである。まずは**１週間に１日、いつどこで紹介をお願いできるかに集中できる日を決めよう**。緊張するのはまだ早い！　今はまだ、紹介を生み出せそうな機会についての認識を高めているだけだ。細心の注意を払って、紹介を依頼できそうなあらゆる状況を心の中で探そう。

> **4.12.2 練習問題**　前回の練習問題の７つの質問を踏まえて紹介追跡記録を作成し、毎日の紹介の機会を徹底的にチェックしよう。紹介追跡記録は、紹介を得るための人々との関わりの詳細に焦点を合わせなければならない。それは、紹介プロセスの何が功を奏し、何がうまくいかないかを確認するのに役立つだろう。人々とどんな付き合い方をしているかを調べてみれば、そこから学び、結果に応じて行動を調整できると同時に、紹介の割合を大幅に増やすことができる。紹介の機会は毎日たくさん目の前に現れていて、それがただ生かされていないだけだと知るのは、うれしい驚きに違いない。

紹介プロセスを始める

　新しい熱心な顧客と仕事をする準備はできているだろうか。彼らはあなたの専門知識についてすでに聞いていて、あなたの提供する利益を探し求めて

いる。**自分のビジネスがいかに利益を生み出し、繁栄する可能性があるか、決して忘れてはならない。**どれほど情熱を注いでいるか。絶対にやらなければならないことだと確信しているだろうか。している？　よろしい、では続けよう、揺るぎない、熱心なあなたのために！

●ステップ1：顧客の利益を明らかにする

顧客に紹介の話をするときは、常に顧客の利益に留意する。利益が得られるからこそ、顧客はあなたに仕事を頼むし、他の人にもそうしてほしいと思うのだ。

> **4.12.3 練習問題**　あなたに仕事を依頼することによって顧客が得られると思われる利益のリストを作ろう。考えられる利益をすべて出し切るまで続けよう。

●ステップ2：あなたに顧客を紹介する理由を明らかにする

困っている人に彼らを助けられる人を紹介できる存在であることの、感情的、社会的、そして職業上の利益とは何だろうか。

> **4.12.4 練習問題**　最も良い顧客を2人思い浮かべて、なぜ彼らが家族や友人をあなたに紹介したいと思ったのか、その理由として考えられるものを書き出そう。ここでもやはり、利益の観点から考えること。友人や家族を紹介した後、顧客はどう感じているだろうか。
> **例**：独自のやり方で、自分の友人がビジネスまたは生活を向上させるのに役立てて、気分は最高だ。友人の生活にプラスの影響を与えられたので、格別の気分である。自分は大切な存在で、知識豊富だと感じる。友

> 人や仕事仲間を非常に質の高いプロに紹介したことで、気持ちがつながり、認められていると感じる。自分は友人の生活にとって有益なリソースであり、友人をそのニーズを満たすのにふさわしい熱心で人に好かれる人物に紹介したと自信を持っている。

●ステップ3：自分の望む紹介の種類を明らかにする

最高の仕事ができる理想の顧客とだけ仕事をするという、入場制限ポリシーを覚えているだろうか。

> **4.12.5 練習問題** 顧客、仕事仲間、友人、および家族に、どんなタイプの人にあなたの話をしてほしいかを書き出そう。友人や家族は、誰にあなたを紹介していいかわからないかもしれないからだ。
> **例**：家族、親友、近所の人、知り合い、仕事仲間、小企業の経営者、重役、離婚経験者、または経済的に困っている人。

●ステップ4：紹介相手に会う場所を明らかにする

この段階の目標は、顧客やその他の知り合いの周りにいる誰があなたのサービスや製品によって最も利益を得られるか、そうした人々とどこで会うかを、彼らが理解できるよう手助けをすることである。つまり、自分の周りにいる誰が、あなたに会って仕事を依頼するべきなのか、顧客や知り合いがはっきりとしたイメージを持てるよう力を貸すのである。この2点――紹介してくれる人は誰にあなたを紹介するべきで、どこでそうした人々に会うのか――を頭に入れておけば、紹介戦略をスタートさせるために必要なものはすべて揃ったことになる。

> **4.12.6 練習問題** 紹介してくれる人があなたにとって良い紹介相手と会う、またはつながりを持つ場所を書き出そう。
>
> **例**：オフィス、子供を学校に送っていく途中、町内の行事、スポーツ大会、ランチの約束、仕事の後の付き合い、チャリティー・イベント、ジム、政治行事。

●ステップ5：どのような紹介をしてほしいかを明確にし、伝える

　紹介してくれる人が潜在的な紹介相手と簡潔な会話をし、紹介相手とあなた、そしてあなたの提供するサービスを効果的に結びつけられるよう、力を貸す方法に焦点を当てよう。成り行き任せではいけない。**その他大勢の中から自分を際立たせ、役に立つ運命にある人々と自分を完全に結びつけられるように、自分が何をするかをはっきりと伝えられる**能力は、必要というよりも、予約でいっぱいにするためには絶対に不可欠である。

> **4.12.7 練習問題** 紹介してくれる人に、あなたのことを知り合いにどんなふうに紹介してほしいか書き出そう。彼らには何と言ってほしいだろう。自分の仕事についてどのように説明してほしいだろう。使ってほしい具体的な言葉やフレーズは何か。「最高だ」と言ってもらいたいか。優れた社会奉仕を認められて、最近賞をもらったことについて話してもらいたいか。極めて具体的に書き出すこと。自分を1人のPR会社だと考えよう。自分のことを人にどう言ってもらいたいか、決めるのはあなたなのだ。

●ステップ6：紹介を頼む

　紹介の割合を50％増やしたければ、最も良い戦略は**紹介をお願いする**こ

とである。紹介の依頼は、「予約でいっぱいにしよう」紹介戦略の最もシンプルで、最も重要な部分だ。前の２つの練習問題は、効果的な依頼をするのに役立つだろう。２つの練習問題を必ず最後まで終えてほしい。そうしないうちから、慌てて行き当たりばったりで紹介を頼んだりしてはならない。今日始められるのは、**紹介を生み出す会話の機会を探し求める**ことである。紹介を生み出す会話に自然とつながる素晴らしい状況の例をいくつか挙げよう。

- 理想の顧客が、優れたセッションやうまくいった仕事のお礼を言う。
- 理想の顧客がさらにサービスを依頼する。
- 理想の顧客が、プロセスまたはコンセプトについて明確な説明を求める。
- 理想の顧客が、以前あなたが解決の役に立った問題、または達成できるよう力を貸した目標について述べる。

また、以下も明らかにそうした状況に含まれる。

- 理想の顧客が、自分が直面したのと同じ問題を抱えている友人、または仕事仲間の話をする。
- 理想の顧客が、数日間開かれる業界の会議に行くと言う（しかもあなたは、その業界の企業または個人にサービスを提供している）。

あるいは、次のような方法で紹介につながる会話の機会を作ることができる。

- セッションまたはプロジェクトの間に顧客が注いだエネルギーや熱意に対し、お礼を述べる。
- 顧客の目標を明確にする、または思うがままに仕事をしたらどうか提案する。

- 一緒にしている仕事について、または過去の問題についてどう感じているか、顧客に尋ねる。
- 顧客の進歩を称賛する──これは常にしなければならない。

顧客が話し始めたら、あなたのセッションからどんな価値が得られたか聞いてみよう。それをきっかけに、あなたのサービスが顧客の関係する人々や組織にどんな利益をもたらせるかについて話してもらおう。

●ステップ7：フォローアップして、つながりを容易にする

顧客にとって大切な人に会いたい、話し合いたい、または助言をしたいと申し出よう。あなたのサービスを顧客の友人に理解してもらえるよう手伝いたいと、顧客に伝えよう。

友人や家族に配れるカードを顧客に渡す、あるいはEメールを送ろう。もっとよいのは、その人に引き合わせてくださいと今日お願いすることだ。あなたの話をしてくれる人が電話をかけたり、Eメールを送ったりする手間をあなたが負担できる場合もある。**その人が紹介したがっていないからではなく、生活が邪魔をするからで**ある。つまり、人は忙しく、やることリストに載っている他の用事に気を取られがちなのだ。**実際に"あなたが"つながりを作ってフォローアップを行えば、紹介は必ず発生する。**

あなたが直接潜在顧客と会うときは常に同じことが言える。潜在顧客は電話をすると言う。それも良かれと思って言ってくれたのだが、何かが起きて邪魔が入り、電話をできないことがある。だから、どうしてもつながりを持ちたいと思う人、あなたのサービスに興味があると言った人に会う場合は、自分でその人に電話をかけよう。

●ステップ8：紹介された人にオファーを与える

新たに紹介を受けた相手に連絡を取り、自分がどんなサービスを提供して

いるかを説明しよう——有意義で、その人に関連性のある、役立つ方法で。そのためには、「人々に勧めるためにいつでも準備しておくべきオファー」が重要になる。これがあれば、潜在顧客と会話を始めるのが極めて容易になるし、リスクも障壁もなく、人を引き付ける魅力的なオファーができる。そのようなオファーを惜しむことなく与えれば、「予約でいっぱいにしよう」の営業サイクルをスタートさせることができるのだ。

潜在顧客と関係を構築し始める際は、以下を考慮しよう。

・個人的に会って説明し、新しい何かを始めようとするときに感じているかもしれない恐れ、または困惑を取り除けることを証明する。
・あなたと同じ種類のサービスまたは製品について、潜在顧客がしたことのある過去の経験、そしてもっと重要なのだが、彼らが何を実現したいと思っているかを知る。
・どんなことが期待できるか、あなたの仕事の方法、彼らが手に入れるであろう利益について話す。
・管理上の詳細事項についても含める。何を用意しなければならないか（該当する場合）。顧客ができるだけ安心し、準備ができていると感じるように力を貸す。
・第三者の記事やデータを提供し、潜在顧客が得られる利益を説明する際に分析の裏付けを行う。
・一緒に仕事をするよう顧客に頼む。「予約でいっぱいにしよう」の超シンプルな営業システムを思い出そう。顧客の予定に合った具体的な日時を伝えよう。

●プレゼンテーション練習

・表情豊かに話し、胸を躍らせ、サービスによって提供できる利益に対する情熱を見せる。
・微笑む。

- アイ・コンタクトをする。
- 自信を持つ。
- 心を開く。
- 潜在顧客が話し始めたら、静かに聞く。

4.12.8 予約でいっぱいにするための行動ステップ　5日連続で毎日紹介を依頼すると心に決めよう。

これから出会うたくさんの潜在顧客のことを思って、あなたも私と同じようにワクワクしているだろうか。あなたのような専門家を探し、紹介を受けたいと思ってきたあらゆる潜在顧客について考えてみよう。今すぐ顧客を紹介してくれるよう依頼して、潜在顧客とコミュニティーの役に立ってほしい。あなたならやってくれると思う。個人的な深いレベルで潜在顧客と話をするようになれば、潜在顧客はあなたをその職業以上に重要な人だと思うだろう。彼らはあなたをより多くの価値を持つ重要な人と見なし、より敬意を払うはずだ。

こうした有意義なつながりが、ビジネスをもっと繁栄させ、個人的な満足感をさらに高めるのに重要なのである。それが、「予約でいっぱいにしよう」のやり方だ。

●もう一度思い出させてあげよう

顧客や友人、家族、そして仕事仲間の何人かは、頼まなくてもあなたを他の人に紹介してくれるかもしれないが、多くの人はそんなことはしてくれない。先に述べたように、それはその人たちがあなたを紹介したくないからではなく、生活に追われて忙しく、思い出す余裕がないからである。

紹介を依頼するのは、最初のうちはきまりが悪いと感じるかもしれないが、とにかくやってみよう。こちらが思い出させてあげれば、驚くほど喜んで彼らは紹介してくれる。あなたと仕事をした経験がある人なら、友人や家

族、仕事仲間にも同じように素晴らしい利益を手に入れてほしいと思うだろう。それだけでなく、あなたの助けになれてうれしいはずだ。人生に良い影響を誰かに与えてもらったら、たとえそれがどんなに小さなことであっても、何かお返しをするのは気分がいいし、そのためには紹介がうってつけの方法である。

●もう1つの紹介源

同じターゲット市場であなた自身のサービスや製品を補うようなサービスや製品を提供する他のプロは、紹介源として理想的である。欠乏と競争ではなく、**豊かさと協力の視点からビジネスを行えば、他のプロに働きかけて互いに利益を得られる関係を構築するのは容易になる。**

> あなたが他の人の話をすればするほど、彼らはあなたの話をする気になるだろう。

サービスのプロは、他のプロ5～6人と共に正式な紹介グループを作る場合が多い。彼らは互いに同じターゲット市場を対象にしているが、互いの提供するサービスや製品は重複していない。グループの各メンバーは、メンバー同士で紹介し合うよう努める。極めて誠実な紹介グループに属していれば、紹介の範囲を大きく広げることができるだろう。また、他のメンバーがあなたやあなたのサービスについて話してくれるので、評判を確立できるはずだ。

●謝礼をするためのプログラム

あなたを他の人に紹介してくれた人に謝礼をするシステムを作ろう。謝礼はきちんとした提携プログラムに基づくものなら何でもよく、紹介に対して現金を払ってもいいし、サービスや製品、プログラムの割引クーポンを渡す

こともできるし、高級食品の詰め合わせをプレゼントしてもいいだろう。

提携手数料を払うなんて損ではないかと気にするプロもいる。だが、次の数字を見れば話は違ってくる——**紹介に対してお金を払うことで、お金を"生み出せる"**からだ。

サービスに対してもらう料金が１カ月あたり500ドルで、現在10名の常連客がいるとすれば、今の売り上げは１カ月5,000ドルである。では、10名の顧客それぞれがもう１人ずつ顧客を紹介してくれて、１カ月の料金は500ドルだとする。ということは顧客が10名、売り上げは5,000ドル増える。紹介手数料が料金の10%だとしたら、紹介１件につき50ドルで合計500ドルになる。つまり、500ドル払って5,000ドルを稼ぎ、4,500ドルの利益を挙げて１カ月の売り上げをほぼ２倍の9,500にできるのだ。

どうだろう？　私ならそうすると思う。もしあなたが現在毎月４万ドルとか５万ドル稼いでいるとしたら、どんなことになるか考えてみよう。

賢者への一言：紹介手数料や謝礼をもらえるという理由だけで紹介する人は滅多にいない。あなたやあなたの言うことを信じるから、紹介してくれるのである。手数料や謝礼は人が心の中で喜ぶ素敵なボーナスにすぎない。

●鉄は熱いうちに打て

他の人を紹介してくれる相手との間に築いた関係を育てていこう。そして**"必ず"、紹介を受けたらすぐにフォローアップしよう**。それから最高の仕事をして、顧客に満足してもらうだけでなく、**熱狂的なファンになってもらわなければならない**。あっという間に、予約でいっぱいになるだろう。

CHAPTER13
連絡を取り続ける戦略

> 健康で、良い仕事をし、連絡を取り合おう。
> ——ギャリソン・キーラ—

　連絡を取り続ける戦略は、これから用いる最も重要なマーケティング戦略になるだろう。潜在顧客が安心してあなたを雇う、あるいはあなたの製品を購入するまでに、彼らと何度もつながりを持つ必要があることはもうわかっている。

　連絡を取り続けるための体系化された自動的な戦略を準備しなければ、よく言われているように、目の前のビジネスチャンスの多くをふいにしてしまう。最も大きいのは、力を貸す運命にある人々のために役立つ機会を逃してしまうことである。

　連絡を取り続ける確固たる戦略がないために、多くの企業が失敗している。企業は多すぎるくらいの情報をうんざりするほど送りつけたり、オファー攻勢をかけたりするか、反対に全く何の連絡もしないかで、顧客の側

は自分たちが大事にされていない、意味のない存在だと感じている。

　私の顧客であるバーバラの経験について考えてみよう。数年間という短い間に、バーバラは5,000を超えるオプトイン（訳注：電子メールでダイレクト・メールなどを送る場合、事前にユーザーの承諾を得ること）名簿のデータベースを作った。登録者名は把握していたが、バーバラはその人たちに対して特にフォローアップはしていなかった。
　しかしある日、販売促進のためのオファーをリストに送信してから考えが変わった。張り切って"送信"をクリックしたバーバラの元に返ってくるメールのほとんどが、彼女が誰で、どうやって自分と知り合ったか尋ねるものだったからだ。その日バーバラは有益なことを学んだ。
　この戦略を活用するための最適なアプローチを決めて、連絡を取り続けるための計画に組み込もう！
　以前から私は、連絡を取り続けるための主な手段として電子ニュースレターを使っているが、**送信するたびに製品の注文やサービスについての問い合わせが来る。毎回だ！**　連絡を取り続ける確固たる戦略がなかったら、時間をかけて人々との信頼関係を構築することはできないだろう。

　潜在顧客や仕事仲間などを1対1で直接フォローアップするのと、電子ニュースレターを発行する、ダイレクト・メール・キャンペーンを送信する、ブログ記事を書く、ソーシャル・メディアなどの他の出版プラットフォームを使用するなどの、連絡を取り続けるための自動化された戦略を確立するのには、重要な違いがある。
　人に会って連絡先の情報を交換していれば、その人に連絡して双方にとって有益な話を始め、継続する許可を得たことになる。ただし、だからといってその人をメーリング・リストに加えて、ニュースレターなどの自動送信あるいは一斉送信メッセージを送ってよいと言われたわけではない。
　人々に一斉送信するフォローアップはすべて、パーミッション・マーケティングの原則に基づいて行われなければならないのである。パーミッショ

ン・マーケティングとは自ら進んで売り込みされる機会を潜在顧客に提供するという考え方であり、セス・ゴーディンは『パーミッション・マーケティング』の中で、「自分から望んだ人にだけ話をするので、パーミッション・マーケティングでは消費者が間違いなくマーケティング・メッセージにもっと注目するようになる。マーケティング担当者は穏やかに簡潔に話ができる。互いに利益のあるやり取りの中で、マーケティング担当者と消費者の両方の役に立つ」と述べている。パーミッション・マーケティングは潜在顧客が期待する、直接的で適切な方法である。

- **期待される**——人々はあなたから連絡が来るのを楽しみにしている。
- **直接行われる**——メッセージは個人に直接関連したものである。
- **適切である**——潜在顧客が興味を持つ事柄に関するマーケティングが行われる。

上の3つはどうしても必要な条件だ。というのも、あなたからの連絡を楽しみに待っている人にしか働きかけをしたくないからである。あなたのマーケティング・メッセージを期待している顧客なら、メッセージを受け入れてくれやすい。しかし当たり前だが、送ってほしいとはっきりと依頼されていないのに顧客にニュースレターなどを送ってしまったら、スパムの可能性があるどころでなく、100％完全にスパムである——こちらがどんなに、潜在顧客が楽しんでくれるはずだと思おうと関係ない。

そうは言うものの、人々と知り合ったら、ニュースレターを購読しないか尋ねてみるべきである。その内容や、有益な点、送信日時などの関連情報を提供しよう。その結果メーリング・リストに加えることを受け入れてもらえたら、ニュースレターと共に特別オファーやその他のプロモーション・メッセージを送る許可を得たことになる。

そのコンテンツは
潜在顧客にとって有益か

（たくさんあるうちの1つの）連絡を取り続ける戦略を活用して潜在顧客と共有するコンテンツが、関連性があって興味深く、最新の有益なものであることを保証できるかどうかはあなた次第だ。そうした基準を満たすコンテンツには6つの基本カテゴリーがある。

1．業界の情報
2．戦略、ヒント、テクニック
3．別の情報源（専門家）によるコンテンツ
4．製品およびサービスのオファー
5．連絡を取り続けるための素敵な方法
6．特別なお知らせ

●業界の情報

広く知られているかどうかを問わず、ターゲット市場に関連がある業界の情報は、リストに送信するのに優れたコンテンツだ。業界のエキスパートとしての地位を確立できるのと同時に、現在の顧客や潜在顧客に常に価値を提供することができる。そのうえ、彼らは情報と情報を共有してくれるあなたの心の広さに感謝するはずだ。

例えばあなたがヨガの指導者を認定するプロだとしたら、業界の基準や法規制に関する情報がターゲット市場にとって役に立つかもしれない。プロジェクト・マネージャーだったら、安全問題に関する情報など、OSHA（訳注：米国労働安全衛生局）による最新の研究結果や発表が重要になるかもしれない。また、連絡を取り続ける戦略に重要な情報を盛り込めば、潜在顧客

が情報を保存して後でそれを参考にする可能性が高くなり、将来サポートが必要になったときには常にあなたを一番に思い出すだろう。

●戦略、ヒント、テクニック

　戦略やヒント、テクニックは、特にサービスのプロにとってはおそらく最も一般的なタイプのコンテンツである。電子雑誌の購読者には、私も主にこの種の情報を送っている。

　この豊かなコンテンツによるアプローチが魅力的であるにもかかわらず、多くのサービスのプロは自分の資料をあまりにもたくさん配ることに不安を感じている。「素晴らしいヒントや戦略をすべて無料で提供してしまったら、誰も自分を雇ってくれないのではないか？」と。

　こちらが与えるものは何でももらうが、雇ったり製品を買ったりはしないという人はもちろんいる。けれども、そのような人はどっちにしろ絶対に雇わないのである。それに、そんな人でもあなたの仕事や、あなたがどう役に立ってくれたかを他の誰かに話すかもしれない――わからないものなのだ。"タダで"彼らに力を貸したという理由だけで、顧客でない人からの紹介を山ほど受けた経験が私にはある。

　無料のアドバイスやサポートは、あなたが本当に自分の役に立てると人々が信じるのに必要な信用を構築するのになくてはならないものだ。アドバイスやサポートを受けた人たちは、いずれあなたを雇ったり、製品を買ったりするかもしれないのである。加えて、多くの人々は、無料で配布している以上の知識を当然あなたが持っていると期待するだろう。彼らは、「わあ！こんなにもたくさん素晴らしい情報を与えてくれるのだから、実際にお金を払ったらどんなものが手に入るか想像できる？」と思うはずだ。

●別の情報源（専門家）によるコンテンツ

　他の人々による関連コンテンツを、現在の顧客や潜在顧客に提供すること

は多い。できる限り期待以上の情報を提供したいからだ。この方法によって、コンテンツを作り続けるタスクからしばし解放されるし、1人でやるよりも豊富なコンテンツを相手に提供することができる。また、プロモーションに役立ったことで他のプロたちには感謝される。

　メリットは他にもある。私がとりあげた専門家はたいてい、"彼らが"サービスを提供している顧客に私を宣伝することでお礼をしてくれるのだ。誰もが得をするやり方ではないか？　ビジネスを始めたばかりのあなたにサービスを提供する許可を与えてくれた人々のために、大きな価値を生み出す最も簡単な方法でもある。

　それでもまだ、他の専門家に注目を集めたら自分が顧客を失ってしまうのではないかと心配しているとしたら、「予約でいっぱいにしよう」の原則を思い出してほしい。

> 　あなたが力を貸す運命にある人々がいる。そうでない人々もいる。他のプロがあなたを介してビジネスを獲得するのに役立てるなら、関係するすべての人のためにより多くの豊かさを生み出すだろう。

製品およびサービスのオファー

　潜在顧客に何らかのオファーをしなければ、彼らはあなたが力になれるとどうやって知るのだろう。あなたの助けを必要としている人々の役に立つために、できるすべてを行っていないとしたら、何をしているのか。真面目な話、あなたのサービスを必要としている人々やあなたが助けることができるとわかっている人々に対しては、意義のある、関連性のある方法でサービスを提供する義務があると思う。

　別の見方をしよう。**私たちの多くは購入する物を通して自分の価値を表現する**。私たちは自分が買った物の産物だ。考えてみよう。私のことを知らない人が、過去3カ月の個人および会社の財務諸表をたまたま見たとしたら、

何を大切にして時間をどう使っているかなど、私について多くを知ることになるだろう。財務状況から私が毎晩バーに行き、ラスベガスのスロットマシーンにお金のほとんどをつぎ込んだことが明らかになれば、私が重視しているものを感じ取れるだろう。週に5日瞑想クラスに通い、1カ月に4冊の本を買い、息子の私立学校の学費に年間数千ドルを払っているとわかれば、また別の価値を持つ人物だと思うかもしれない。

　私たちのほとんどは、購入する物を通して自分自身を表現する機会を求めている。生活や仕事に価値を与えてくれる物の場合は特にそうだ。だから、あなたがサービスを提供する人には、あなたが提供すべき物を買うことで彼らが価値を表現する機会を"どうか"与えてほしい。

　そうはいうものの、潜在顧客に製品やサービスを提供するだけでは、そんなに感謝されないかもしれない。提供する物には、**彼らが期待する以上の価値を無料で付けなければならない**。私個人の目標は、連絡を取り続ける場合には80対20の法則に従うことだ。つまり、連絡を取り続けるためのマーケティングの8割を、サービスを提供する人々の役に立つコンテンツや機会、リソースを無料で提供することに充てて、残りの2割を、やはりサービスを提供する人々の役に立つサービスや製品、プログラムのオファーに充てるのである。

　忘れないでほしいのだが、**あなたのサービスに興味を示した人々はどのような方法であなたと仕事ができるかを知りたがっているので、彼らの選択肢について説明するのはあなたの責任なのである**。

●連絡を取り続けるための素敵な方法

　わかっていると思うが、**あなたが自分を表現することは私にとっても喜び**なのだ。そうすれば理想の顧客をより容易により迅速に引き付けられることも、もう言うまでもないだろう。連絡を取り続けるためのこの方法が素敵なのは、一味違う楽しくユニークな、あるいは魅惑的な方法が含まれており、あなたの癖が明らかになるものもあるかもしれないからだ！　癖といっても

風変りだとか突飛だとかいう意味ではないことをお忘れなく。それは、他とは異なる、独自の、特別なという意味である。だから、**創造的になろう！ 大胆に！** その他大勢の中からあえて傑出した存在になろう！

例えば、ヘア・スタイリストのスーザンは大の犬好きである。スーザンの連絡を取り続ける毎月の戦略の中には、斬新で楽しい、ワイルドでインパクトの強いヘアスタイルやカラーに加えて、自分と犬の写真が含まれている。面白くて記録に残る、まったくスーザンらしいやり方だ！

連絡を取り続けるための素敵な方法として使える、あなたの特別でユニークな、人を楽しませてくれる癖は何だろう。可能性は無限だ。

●特別なお知らせ

特別なお知らせがターゲット市場にとってふさわしく、重要で、学習ツールとして提示されれば、連絡を取り続ける有益な方法になる。ただし、気をつけよう――この方法は使いすぎてしまう場合が多く、相手に関係のない会社のニュースのように、"私が主役"的な形のものだと、送られる側にはどうでもいい、うっとおしいものと思われかねない。会社の新たな発展や経営陣の刷新について知らせるお知らせの中で、本当に自分が気にしているものを受け取った経験は、何度あるだろうか。

> **4.13.1 練習問題** あなたの興味、ならびにターゲット市場のニーズや望みを踏まえて、連絡を取り続ける戦略に盛り込むのにはどんな種類のコンテンツが最適か。

連絡を取り続けるためのツール

顧客や潜在顧客と共有できる優れたコンテンツが完成したら、今度はコン

テンツを届けるのに最適な方法を選ばなければならない。最も一般的な方法は、次のようなものである。

- 電子ニュースレター（電子雑誌）
- 印刷版ニュースレター
- 電話
- ハガキ・封書
- ソーシャル・メディア（Facebook、Twitter、LinkedIn）

多数の人々と連絡を取り続けるのに、以前（少なくとも2000年代）は電子雑誌（Eメールニュースレター）が一番簡単で費用対効果の高い方法だったが、それも変わりつつある。大きな要因は消費者の行動だ——私たちの多くはEメールの多くを無視する。終わりのない大量のスパムの拡散と、それほどの重要性はないが代わりのツールとしてのソーシャル・メディアの出現・台頭がその理由である。

紙のニュースレターはマーケティング・ツールとしては効果的だが、印刷して郵送するのにコストがかかる場合がある。

電話はダイレクト・アウトリーチ戦略としては素晴らしいものの、少なからず最も不安を生じさせる方法である。だから私は、売り込みの電話はしないように、そして相手と少なくとも一度は前向きなやり取りができるまでは電話をかけないように言っている。

1対1で連絡を取るならハガキや封書も優れているが、たくさんの人と連絡を取り続けるためにはやはり費用と時間がかかる。数百万ドル稼ぐ小企業に成長したら、マーケティング・キャンペーンに紙のニュースレターや封書などを取り入れて、購読者や連絡相手との接触点を増やすことを考えてもいいだろう。

ソーシャル・メディア（Facebook、Twitter、LinkedIn）を使って多くの人と連絡を取り続ける方法については、第16章で見ていこう。今のところは、以下に関して今なお効果的なマーケティング・ツールである電子雑誌

に焦点を当てる。

- メーリング・リストを作成し、価値を与え、購読者に繰り返しマーケティングを行う。
- 製品やサービスを売ると同時に、素晴らしいコンテンツを配信し、価値を与える。
- その業界または分野の専門家としての立場を確立する。
- 製品やサービスに興味を示したすべての人に連絡を取り続け、ボタンをクリックするだけで彼らに働きかける。
- バイラル・マーケティング（訳注：製品やサービスの「口コミ」を利用し、低コストで効率的に告知や顧客の獲得を行う手法）のキャンペーンを行う（この種のキャンペーンは、人に伝えられるのに伴って飛躍的に拡大する）。役に立つと思えば、購読者は友人にも電子雑誌を送ると思われるからだ。
- 事実上費用が全くかからずに、大きな利益が得られる継続的なマーケティング・キャンペーンを行う。

　私の場合、製品とサービスの売り上げの90％は、毎月の電子雑誌の誌面の20％と、それ以外のEメールによる直接のプロモーションによって生み出されている。重要なことなので、明確に述べよう。売り上げの詳細を調べた結果、**オンラインによる売り上げの90％は毎月のニュースレターに対する直接の反応であって、ウェブサイトのどれかにアクセスした新しい訪問者によるものではない**ことがわかった。ウェブ戦略について考えるときに学ぶと思うが、**ウェブサイトは人々を購読者リストに登録したい気持ちにさせる手段として活用する**のが最も効果的である。その結果人々に価値を与え、時間をかけて信頼を構築することができる。フォローアップによって、マーケティングの取り組みが金銭的にも個人的にも実を結ぶのである。

●電子雑誌の効果的フォーマット

　電子雑誌のフォーマットには多くのやり方があるが、初心者には一番簡単で最も費用対効果が高く、自分の強みに適したものをお勧めする。HTMLの編集の仕方をどうしても学びたいと思うのなら、独自の HTML 形式の電子雑誌の編集方法をぜひとも今すぐ学習し始めよう。しかし、このスキルの学習に興味がなければ、専門家に任せるか、テンプレートを使おう。電子雑誌を書いて専門家に送ると、プロがグラフィックや色、その他のしゃれた方法を使って HTML 版を作ってくれる。

　ただし、プロらしく見せる目的で HTML 版のニュースレターを作る必要はない。最も成功しているインターネット・マーケターには、テキスト版の電子雑誌だけを使う人もいる。テキスト版はスパム・フィルターにかかる可能性が少ないので、相手にきちんと届く確率が概して高いのだ。スパム・フィルターはプレーン・テキストよりも HTML を検知する傾向にあるので、HTML 版の E メールがフィルターによってブロックされる確率の方が高い。

> **4.13.2 練習問題**　電子雑誌をどのフォーマットを使って送るか？そして、その理由は？

●電子雑誌のレイアウト

　電子雑誌のテキストのレイアウトは、内容と同じように重要である。読者のほとんどは、本当のところはあなたの電子雑誌を読むわけではない。読者はまず、電子雑誌にざっと目を通す。その後で、もし内容が自分に関連していて面白そうだと思えば、より丹念に読む。

　魅力的で、目を通しやすく読みやすい電子雑誌にするには、プレーンテキストメールを使っている場合はなおのこと、テキスト幅を小さくしよう。業

界の基準は、Eメールを65文字（訳注：半角英文の場合。全角の日本語の場合、35〜38文字くらいに相当）で強制改行するよう勧めている。そうすれば、ほとんどのEメール・プログラムでテキストを判読できるからである。

テキストの行が長すぎると、読者は左右にスクロールしながら読まなければならない。**ほとんどの読者はメールを読まずに走り読みする**ということを忘れないように。テキスト全体が画面に表示されないと、目を通すことができないのだ。

顧客からの推薦の言葉を除き、各段落は7行以内に留めよう。優れているとまでは言わないが、短い段落で十分効果がある。段落が長いと目を通すのが難しくなる。最後になるが、コンテンツの内容をより効果的に伝えるレイアウトにするためには、連絡を取り続けるための、あるいは販促活動のためのどんな種類のコンテンツを書くときにも、次の基準を考慮しなければならない。

・見出しを活用して読者の関心を引き付ける。
・ケース・スタディと顧客による推薦を盛り込んで、主張の信頼性を高める。
・読者の観点から書く。
・特徴だけでなく利益について書く。
・文章を声に出して読み、会話のように聞こえるか確かめる。
・仕事仲間または顧客に読んでもらい、アドバイスを受ける。
・1人の人間——ニュースレターを読んでいる人——に話しかけるように書く。
・具体的に。
・簡潔に。
・シンプルに。

●電子雑誌の発行頻度

発行頻度は多くの要因によって決まるものだが、だいたいの場合は電子雑

誌でどんな目的を達成しようとしているかをもとにして決めた方が良い。毎週発行する人もいれば、1カ月に2回程度、月ごと、あるいは3カ月ごとに発行される場合もある。毎日発行される電子雑誌を見たこともある。月に一度のペースで始めるのがお勧めだ。

　毎日、いや週に一度でも、始めたばかりのあなたや購読者には負担が多すぎるかもしれないし、かといって3カ月ごとでは期待するほどの認知度が得られないだろう。

　そう言いながらも私は毎週電子雑誌を発行しており、それに加えて特別なお知らせやプロモーションも行っている。週に一度の頻度で十分に私は忙しくなるし、読者にとってもちょうど良いペースなのだ。

　私がニュースレターの購読者とどのようにつながりを作り、価値を生み出しているかをじかに知りたければ、MichaelPort.com にアクセスして無料の電子雑誌を今すぐ購読しよう。私の電子雑誌は、これからも予約でいっぱいにするのに役立ち続けるだろう。おっと、それから私の他の3冊の著作『Beyond Booked Solid（仮邦題：予約でいっぱいになったら）』『The Contrarian Effect（仮邦題：へそ曲がりのメリット）』『The Think Big Manifesto（仮邦題：シンク・ビッグ・マニフェスト）』の一部を無料で読むこともできる。

連絡を取り続ける戦略を自動化する

　毎月電子雑誌を作ることや、何であれ連絡を取り続けている相手に提供する予定のその他のコンテンツやオファーは、戦略を実行する第一歩にすぎない。繰り返しになるが、連絡を取り続ける戦略を自動的に実行するシステムがなければ、戦略がないのと同じである。

　そろそろ、以下を実行するときだ。

・データベースを構築し、管理する。

・見込み客およびプロとしての機会をフォローアップする。

●データベースを構築し、管理する

　仕事で知り合ったがその後連絡を取り続けていない人は、数千人とまではいかなくとも、数百人はいるはずだ。今や対処できないほど多くの顧客を魅了したいと望むサービスのプロとして、きっとあなたはそうした人たち全員と連絡を取っておけばよかったと思っているだろう。いや、大丈夫だ！　これからは、会うすべての人と連絡を取り続けられる。

　とはいえ、これまでに会ったことがあって、連絡をしなかったすべての人々について考えると元気が出てくる。なぜなら、そうした人たちのおかげで潜在顧客やネットワーキングの相手のデータベースを作るのがとても簡単になるとわかるからだ。データベースの構築に注力すれば、すぐに予約でいっぱいになるはずである。

データベース・プログラムの選択：連絡を取り続ける戦略を効果的にするためには、信頼できる包括的なデータベース・プログラムが必要になる。選択できるプログラムはたくさんあるので、ここには書ききれないが、例と重要な基準をいくつか示すので、選ぶ際に考慮してほしい。

　考えてもらいたい重要な区別は2つある。**営業管理と接触履歴管理**である。CRM（顧客関係管理）システム、例えばInfusionsoft®、Salesforce®、Goldmine®、Act®などは皆、接触だけでなく営業プロセスを管理して、販売のきっかけを機会に、機会を顧客に転換させることを目的に作られている。一方でマイクロソフトのOutlook®やApple® Contactsのような接触履歴管理システムは、一般に会社や個人としての接触を管理するための方法を提供しており、そうした接触には営業の機会が含まれている場合がある。その他にネットワーキングや紹介の機会があるが、セールス・リード（訳注：営業プロセスのきっかけになるもの。問い合わせや見込み客の情報など）や営業機会の追跡管理に関連する機能は非常に限られている。接触履歴管理シ

ステムは記録する方法は提供しても、ビジネスにおいて最も重要な営業プロセスを追跡する優れた方法を提供するわけではない。

この問題について何を言おうとしているかおわかりだろう。CRMシステムを使って、接触だけではなく、リード・ジェネレーション（訳注：見込み客の獲得）から機会管理、セールス・コンバージョン（訳注：広告やウェブサイトの閲覧者が商品購入に至ること）までの営業プロセスも管理する必要がある。

CRMシステムを活用すれば、以下を行うことが可能になる。

- リード・ソースの成果の追跡管理——リード・ジェネレーションの少ない労力で、売り上げの大半を得られる可能性がある。
- 一貫性のある営業プロセスの構築——1人にでも仕事をした経験があれば——何が良い結果につながるかを把握するのに役立つだろう。
- セールス・コンバージョンのスピードアップ——新たな見込み客に素早く対応し、Eメールや電話によるフォローアップを絶やさず、すぐには顧客にならない見込み客を大切にする。
- 活動の追跡管理——しなければならないときに、すると約束した期限を守って物事をやり終える。
- 過去の実績報告——何をしてきたかわからないで、何をしなければならないかをどうやって把握するのか。
- 今後の売り上げ予想——どこを目指すかわからずに、どうやってそこに到達するのか。

忘れないでほしい。連絡を取り続ける戦略の管理に役立つプログラムの購入が大事なのではなく、潜在顧客、今の顧客、そして昔の顧客と連絡を取り続けるためにそのプログラムを実際に活用することが重要なのである。**結論：CRMとは、顧客との関係をよりうまく管理することである。**

データの入力：新しい見込み客の連絡先情報を手に入れなければならないが、

その点が不十分な人はほとんどいないので、とりたてて何かをする必要はない。連絡先の情報をシステムに入力・保存して、見込み客と継続的に連絡を取り続け、時間をかけて信頼を築かなければならない。データベースの規模と、最も大切であるデータベースに含まれている人々との関係の"質"は、ビジネスの経営状態と直接比例する。

データのバックアップ：データのバックアップは毎日とろう。データベースはビジネスの基盤である。そうした肝要なサポート構造を失えば、代わりになるものはない。必然的に最初からやり直すことになり、数カ月とまでは言わなくても多大な時間とコストがかかってしまうだろう。

●フォローアップし続けることが戦略の成功に不可欠である

　見込み客およびプロとしての機会をフォローアップすることは、成功の大きなカギであり、大きな見返りをもたらしてくれる投資である。「予約でいっぱいにしよう」の営業サイクルは、連絡を取り続ける戦略の成功の上に築かれるものであり、そのためにはこの戦略によって多大な価値をもたらさなければならない。どうか、この戦略の成功を最優先させてほしい。

> **4.13.3 練習問題**　連絡を取り続ける戦略を、どのように自動化するか。

「予約でいっぱいにしよう」連絡を取り続ける戦略は、マーケティングの取り組みを効果的に行い必ず成功させるために重要である。**信頼と信用を構築するためには、潜在顧客と連絡を取り続けることは必須であり、それによってあなたやあなたが提供するサービス、製品、プログラムを必要としたときに、潜在顧客はいつでも真っ先にあなたを思い浮かべるようになる**はずだ。

CHAPTER14
スピーチ戦略

> 気の利いた即興スピーチをするためには、私の場合準備にたいてい3週間以上かかる。
>
> ——マーク・トウェイン

「予約でいっぱいにしよう」スピーチ戦略は、自分の知識や才能、強みを基盤として潜在的な理想の顧客の前に出るために、事実上サービスのプロなら誰でも活用することができる。

知識の共有が素晴らしいのは、あなたにとってもあなたの話を聞く側にとっても利益があるからだ。プレゼンテーションまたはイベントが終わる頃、彼らはやや賢くなり、より大きな視点で考えられるようになり、あなたが教えたことを実行するのに役立つ行動計画を手にしているはずである。自分が誰かの力になれたとわかるのは、自分のためにもなるだろうし、それがサービスの仕事をしている理由でもある。そして同時にサービスや製品の認知度を高められるだろう。

ターゲット市場の前に出るためには、自分自身をプロモーションできるよ

うになるか、あるいは他の人にプロモーションしてもらおう。自分自身をプロモーションするのなら、ターゲット市場の潜在顧客をイベントなどに招待し、彼らの問題の解決や切実な望みの実現に力を貸そう。他の人にプロモーションしてもらう場合は、その人たちがあなたをターゲット市場の前に登場させる。両方の方法を使いたいと思わないか。私ならそう思う。

「予約でいっぱいにしよう」スピーチ戦略を使って、私はこの2年間だけで10万人を超えるサービスのプロに話をして、力を貸す運命にある人々にメッセージを伝える方法を実証することができた。スピーチやデモンストレーションを活用して、力を貸す運命にある人々にメッセージを伝えれば、あなたも同じような結果を生み出せる。

スピーチ戦略におけるセルフ・プロモーション

もちろん、「予約でいっぱいにしよう」7つの中核的なセルフ・プロモーション戦略のすべてにおいて、何らかの方法を使って自分自身をプロモーションすることが求められるが、「予約でいっぱいにしよう」スピーチ戦略を活用してターゲット市場の前に出る機会を他の人に作ってもらう場合であっても、そうした場を用意してくれる人に対してセルフ・プロモーションする必要がある。

最初に、純然たるセルフ・プロモーションについて考えよう。この場合はターゲット市場の潜在顧客をあなたが行うイベントに招待することになるが、それらは必ずしも大がかりなワークショップや会議ばかりでなく、コミュニティー形成のための、シンプルな、有意義で啓発的なイベントなどもある。製品やサービスを提示して注目を集め、市場における評判や信頼性を確立できる、スピーチやデモンストレーションを行うためのそうしたイベントは、「人々に勧めるためにいつでも準備しておくべきオファー」の1つに該当するかもしれないし、1回限りのイベントでもよい。

●電話会議

　月に一度、または週に一度顧客に電話をかけて、あなたに仕事を依頼するメリットを伝えよう。毎回新しい、タイムリーで関連性の高い話題を用意する。業界誌の記事を話題作りのきっかけに使い、ゲストを招いてその専門分野について議論し、一番聞きたいのはどんな話か教えてくれるよう顧客にお願いしよう。それ以外は自然と Q&A コーナーになるだろう。電話会議を開始し、あなたならではのアイデアのひらめきや創造性を刺激するためのアドバイスを2、3紹介しよう。

- サービスのプロなら誰でも、自分の専門分野に関する Q&A を毎月、または毎週提供できる。計画は必要ない——ただ電話をかけてあなたの知識を見せればいい。
- 会計士の場合、3カ月ごとの電話会議で、例えば税法の改正や税負担を軽減するための計画戦略を教えることができる。
- フィナンシャル・プランナーは、週に一度、自分の販売する製品を使って財産を築くための最高の戦略をテーマにした電話会議を行うことができる。
- インターネット・マーケティング・コンサルタントなら、ウェブ会議を行って、サーチエンジンの最適化やウェブ・トラフィックを生成するためのその他の戦略についての最新情報を提供することができる。
- パーソナル・コーチは、専門分野（不安を軽減し、集中力を高め、境界線を引くなど）についての電話会議を行うことができる。

　テレセミナーと呼ばれることも多いが、電話会議を行うのに費用はかからない。FreeConference.com や NoCostconference.com など、電話会議のサービスを無料で提供してくれる会社はたくさんあるし、MaestroConference.com などは通常料金はかかるが、その他の機能を提供

してくれる。すべての電話を録音し、ウェブサイトにリンクさせよう——上記のサービスはすべて録音機能が備わっている。実際に電話をすることができない人でも、録音したものを聞いて利益を得るチャンスがある。ウェブサイトまたはブログで電話をアーカイブに入れるというのも素晴らしいやり方だ。新しいウェブの訪問者と素早く信頼と信用を構築できる。

●デモンストレーションおよび啓発的なイベント

　デモンストレーションと啓発的なイベントは電話会議と似ているが、直接人に会って行う点が異なる。物理的なサービスまたはロケーションベースのサービスを行う場合や、サービスを提供する人々がみな同じ市や町にいる場合は、これらは潜在的な理想の顧客に働きかける優れたやり方である。また、電話会議では自分の長所を生かせないと感じているとしたら、このアプローチはそれに代わる方法としても素晴らしい。

　デモンストレーションや啓発的なイベントは、想像力を働かせて自分を表現する新たな機会でもある。例えば、オープンハウスや、公園などの場所での屋外のデモンストレーションを行う何か楽しいイベントができるかもしれない。潜在顧客ばかりでなく、現在の顧客や友人、仕事仲間など、あなたのサービスの価値を知っていて、自分の経験を話す意欲のある人をイベントに招こう。

- フィットネスの専門家なら、顧客や潜在顧客のために毎週健康チャレンジのイベントを開くことができる。顧客に毎週新しい友人を連れてくるように頼もう。週ごとに新しいエクササイズとその後の交流会を企画する。
- 不動産業者なら、週に1回不動産投資家のツアーを実施できる。積極的な不動産投資家をバンまたはツアーバスに乗せて、近所の人気の場所で徹底調査を行う。
- プロのオーガナイザーは毎月、10〜15人の人々（この種のイベントに

はウェイティング・リストがあってもよい）と共に潜在顧客または新しい顧客のオフィスまたは家に行き、改装を行うイベントを主催できる。プロのオーガナイザーがその場所を整理し直し、完成したオフィスを通して、生産性と効率を上げるための方法の基本を見学者に指導する。

・ヘア・スタイリストも、改装のコンセプトと似たようなものを月に一度行うことができる。さらには、毎月コンテストまたはくじを用意して、勝った人がイメージ・チェンジできるイベントなどを開いてもいい。

・あらゆるサービスのプロは、費用のかからない、かかってもわずかの朝の瞑想タイムを主催できる。遊び心を持って大胆にやろう。お金はかけなくていい。必要なのは想像力だ。顧客にあなたを知ってもらい、同じ興味や目標を持つ人たちと知り合いになってもらう。お茶や山盛りの新鮮な果物、スコーンを出すというような、シンプルなものにしよう――そしてあなたの豊富な知識を共有しよう。

・ニッチ・クラブを始めよう。顧客が楽しめそうな何か素敵なものや、あなたの大好きな活動について考える。創造的なブレインストーミング・クラブ、毎週のプレイ・グループ（訳注：親子で参加する育児サークル）、楽しい家族のお出かけなどを企画するのもいいだろう。

・製品レビュー・クラブを始めよう。製品を試したり、新しいソリューションを使ってみたりするのが人は大好きである。顧客にあなたの仕事の一端を経験してもらい、顧客とサービスをつなげるであろう楽しい製品の概要を紹介する。イベントの規模を拡大したければ、同じ考え方を持つ他のプロを誘ってみるとよい。

こうしたオファーを、「予約でいっぱいにしよう」の対話の終わりに紹介する。「あなたを＿＿＿＿＿にご招待します」や、「私や私の顧客と一緒に、面白く楽しい＿＿＿＿＿に参加しませんか？」などと言うのである。自分にとって何が効果的かわかるまで、いろいろな会場や話題を試してみることだ。

思い出してほしいのだが、クライアントを手っ取り早く獲得しようという典型的な考え方と、「予約でいっぱいにしよう」の方法の違いは、前者は愚

か者に見えないようにするために安全第一でいくという点にある。「予約でいっぱいにしよう」の方法では、**「どうすれば、型にはまらず大胆になって、自分のサービスに対する興味やときめきを生み出すことができるか」**と問いかける。

さまざまなことに挑戦したり、顧客や潜在顧客にとっての経験を作り出したりするのに、どうしたらいいかわからずに途方に暮れることは決してない。イベントにできるだけ多くの人を招待したいと思うのには、重要な3つの理由がある。

1. 時間をうまく活用して、最短の時間でできるだけ多くの潜在顧客とつながりを持ちたい。
2. コミュニティーの力を生かしたい。人を集めると、1人のときよりもずっと大きなエネルギーや興奮が生まれる。ゲストも、あなたが提供するものに興味を持つ他の人々に会うことができる。それは信頼を構築する最も良い方法である。
3. 人と人を結びつける心の広い人と見なされる。人々を集める人物として市場で知られるようになれば、評判を確立して好感度を高めるのに役立つだろう。

> **4.14.1 練習問題** 潜在顧客や顧客を招待して、すぐにでも価値を与えることができる方法を3つ考えよう。

他者によるプロモーション

では、次に、他者にプロモーションしてもらい、スピーチやデモンストレーションを行う方法について見ていこう。団体や企業に講演することを生業(なりわい)とするスピーチの専門家の詳細について述べるのではなく、人前でスピー

チをして自分の提供するものの認知度を生み出し、予約でいっぱいにする方法を扱うつもりだ。講演のプロになることに関心があるなら、アラン・ワイスの『Money Talks: How to Make a Million as a Speaker（仮邦題：金は力なり――講演家になって巨万の富を得る方法）』や、ロバート・ブライの『Getting Started in Speaking, Training, or Seminar Consulting（仮邦題：スピーチ、トレーニング、セミナー・コンサルティングを始めよう）』を読もう。

　人に知ってもらうためにスピーチをする場合、ほとんどのスピーチやデモンストレーションでは、謝礼金や交通費を除き、前もって料金を支払ってもらえることはおそらくないだろう。スピーチやデモンストレーションを行う目的は、**潜在顧客に対応し、あなたが提供する物に興味を持たせる**ことにある。その場合に想定される取引は、あなたはマーケティングの機会を得て、スピーチやデモンストレーションの場を用意してくれた団体や組織は、所属する人たちの役に立つ素晴らしいコンテンツを手に入れる。重要なのはその２つを両立させることだ。講演を頼まれて、スピーチの９割方の時間をさいて自分の提供するものについて話したとしたら、あなたは歓迎されないだろうし、二度と呼ばれはしないだろう。しかしながら、全く何のオファーもしなければ、予約でいっぱいにするための大きなチャンスを逃すのは間違いない。

あなたが接触する団体や組織の階層は

　他者からのプロモーションを受けたければ、ターゲット市場でサービスを提供する団体や組織の意思決定者と信頼関係を作る必要がある。ビジネスの世界では、そうした人々はミーティング・プランナーと呼ばれている。地元の団体ではコミュニケーション責任者とか教育担当者などと呼ばれているかもしれない。結論：そうした人々があなたをターゲットとする人々の前に立

たせることができる。

　ターゲット市場でサービスを提供している団体や組織は数多くある。例えば、全国の大学は企業幹部用公開講座、コミュニティー学習プログラム、およびあらゆる種類の経営セミナーや小規模ビジネスセミナー、ワークショップを主催している。総合的なプログラムを作るために、大学はしばしばあなたのような専門家をゲストとして招き、専門分野に関するプレゼンテーションをしてもらう。すべての事業者団体やネットワーキング・グループは、メンバーに話をする講演者を必要としており、この現象はラーニング・アネックス、ラーニング・コネクション、シェアード・ビジョン・ネットワークなどの組織に加えて公的セクターにも広がっており、これらの組織がサービスを行う地域のコミュニティーにおいて大きな役割を占めている。最もメリットが大きいと思われる会場では、以下が得られるだろう。

・大勢の聴衆
・製品やサービスの潜在的な購入者を含む聴衆
・一流であるという知名度
・イベントで製品（本やCDなど）を販売する機会

　あなたやあなたのサービスに出資できる団体や組織には階層がある。私は、下の方の組織や団体のリストから始めて、最高レベルの組織および団体にまで働きかけを行う。下位の組織はたいてい小規模であまり有名ではないが、階層にだまされてはいけない。下のレベルの団体や組織のメンバーの前で話すことによって練習にはなるが、必ずしも一番下から初めて徐々に上がっていかなければならないわけではない。低いレベルの団体や組織における過去のスピーチ経験が、より高いレベルの団体や組織から予約を得るのに役立つ場合もあるだろう。

●レベル1

　スピーチやデモンストレーションを初めて行うには、コミュニティー・センター、教会、YMCAおよびYMHA、社会奉仕クラブ、政治活動グループ、商工会議所といった、地元の非営利コミュニティー・グループまたは組織が適している。中には特定のターゲット市場にサービスを提供しているものもあるが、ほとんどは同じ興味を持つ個人で構成されている。これらの組織は潜在顧客を見つけるのにふさわしく、資料を研究して人前でスピーチやデモンストレーションをする練習を行うのに良い場所である。

> **4.14.2 練習問題**　レベル1に属するグループまたは組織で、あなたが接触できるものをいくつか特定しよう。

●レベル2

　ラーニング・アネックス、ビジネス・ネットワーク・インターナショナル、大学などの継続的な教育・ネットワーキング・グループをはじめとする、地元の営利企業のグループ、学習プログラム、学校を探そう。
　これらの組織は、あなたが提供するものを真剣に学習するために出席する人々に的を絞ってサービスを提供しているため、あなたにとっての価値尺度の上の方にある。それに加えて、これらの組織は地元の非営利コミュニティー・グループよりもやや名が知れている。

> **4.14.3 練習問題**　連絡を取ることができるレベル2の組織またはグループをいくつか特定しよう。

●レベル3

　レベル3では、地元や地域の事業者団体でスピーチを行うことになるだろう。地元や地方には数えきれないほどの事業者団体があって、生涯を通じてもすべてでスピーチをすることは無理だ。今すぐGoogleで検索をして、在宅ビジネスや電気技師から、コンピューター・プログラマー、弁護士、家族経営のワイナリーに至るまであらゆる団体を探してみよう。地元や地域の事業者団体や組織は、ターゲット市場とつながる素晴らしい機会である。なぜなら、あなたの話を聞きに来るのがどんな人たちかを正確に把握することができるからだ。

　ターゲット市場と提供するサービスの種類に応じて、考えなければならないのは、大小の企業である。私は、小企業をレベル3に、大企業をレベル4に位置付けている。多くの企業は従業員向けに啓発的なワークショップ、プログラム、および会議を提供している。ランチタイムのセッションに講演者を招く場合もあるだろう。あるいはもっと正式な形で、会議場で多くの人の前で話すこともあるかもしれない。

　とにかく、特定の企業をターゲットにする理由を明確にしておこう。相手のニーズを満たすためには何を提供しなければならないか、企業や企業に属する個人がどんな機会をあなたに与えてくれるかを知ろう。

> **4.14.4 練習問題**　連絡を取ることができる、レベル3の地元または地域の事業者団体または企業をいくつか特定しよう。

●レベル4

　このレベルからは、地元や地域の事業者団体から全国の事業者団体、さらには国際的な事業者団体へと、梯子を上り続けていくだけだ。国際貿易協会

連盟（FITA）という組織だってある。

> **4.14.5 練習問題**　連絡を取ることができる、レベル4の全国的または国際的な事業者団体をいくつか特定しよう。

聴衆の見つけ方

　ターゲット市場に関係する団体や組織について必要になる情報のほとんどは、インターネットで見つけることができる。ウェブサイトを見ただけでは誰に連絡を取ったらいいかを判断するのが難しい場合もあるが、それでもインターネットは、事を起こすには最適な、最もコストのかからない方法である。頼りになるマーケティング戦略として、「予約でいっぱいにしよう」スピーチ戦略を真剣に活用したいと思うのなら、『米国事業者・専門職団体名簿（NTPA）』を入手しよう。NTPAにはあらゆる事業者団体の名称、代表者、予算、年次総会の会場、会議のテーマ、会員数、その他の関連情報が記載されている。また、地元の図書館にある『事業者団体ミーティング・プランナーおよび会議ディレクター名簿』や非営利団体名鑑を参考にすることを考えてもいいかもしれない。

> **4.14.6 練習問題**　前回までの練習問題で選んだ組織の意思決定者が誰か調べよう。そうした意思決定者や意思決定者を知る誰かとあなたをつなぐことができそうな知り合いがいないか、ネットワーク中を探してみよう。

> **4.14.7 予約でいっぱいにするための行動ステップ**　本章を読んだ後、新しく構築したダイレクト・アウトリーチ戦略を活用してそれらの意思決定者に連絡を取り、スピーチの機会を得よう。

スピーチの機会を得る

　ミーティング・プランナーや同様の職務を持つ人々は、あなたのような人からメンバーにスピーチをしたいという申し出を数多く受ける。だからこそ、「予約でいっぱいにしよう」のシステムに従うことが必須なのである。ビジネスの確固たる基盤と、信頼・信用戦略があれば、あなたはなぜ人々が自分の売るものを買うかを理解し、仕事の内容をどのように説明すればよいかがわかり、市場でどんな人として知られたいかを明らかにし、営業会話のやり方を学び、自分の分野において好感度の高い専門家になれる。また、ブランドを構築し自己を表現する製品を生み出しているので、望むすべての顧客を手に入れるだけでなく、スピーチしたい団体や組織の意思決定者から一目置かれることにもなるだろう。

　では、課題を出す。**ミーティング・プランナーまたは教育担当者に連絡する場合は必ず、その組織について可能な限り多くの知識を頭に入れるようにしよう**。このステップを見過ごして、課題をこなさずにミーティング・プランナーに売り込みの電話をかける人がどれほど多いか知ったら、驚くかもしれない。そうした労力を払ったかどうか、ミーティング・プランナーは会話が始まって数分も経たないうちに見抜くものだ。

　できれば組織のメンバーに最初に話をしよう。彼らの差し迫ったニーズと切実な望みを把握するのだ。メンバーのニーズはメンバー自身が一番よくわかっているので、彼らからそれを聞き出し、それから意思決定者に働きかけを行う。そうすればぐっと速いスピードでスピーチを依頼されるだろう。もっ

と良いのは、メンバーまたは役員会のメンバーにあなたを紹介してもらうことである。自らしなくても、他の人々が自分について話をしてくれるとしたら、どんなにうれしいだろう？　ものすごくうれしいはずだ！

まずはEメールまたは妥当な資料を送って、電話でフォローアップしよう。いつものように、気さくに、適切に（つまり、本当にその人たちの役に立てる場合にだけ、サービスのオファーをする）、共感し（ミーティング・プランナーの立場に立つ）、現実的になること（大げさな営業トークをしない）。

●あなたを検討するための材料

組織や企画するイベントの種類に応じて、それぞれのミーティング・プランナーが検討材料として提出するよう求める資料は異なるだろう。地元のコミュニティー・センターでスピーチの機会を得ようとするとしたら、電話での簡潔な会話が功を奏するかもしれない。業界最大規模の会議だったら、もっと多くの資料が必要になることが予想される。ビデオ、セッションの説明、学習の目的、スピーチ経験、推薦状、経歴書、自己紹介書（登場する直前にあなたを紹介するために使う）などを求められる場合もある。仮に5つの組織が同じ資料を要請したとしても、そのやり方はそれぞれ独自だろう。賢者への一言：指示には必ず従おう。人々は、ミーティング・プランナーならなおのこと、そうすることを好む。

●スピーチを依頼されたら

スピーチまたはプログラムのプレゼンテーションを依頼されたら、たいていは打ち合わせや電話をして、プログラムの責任者とさらにやり取りをする。最初に接触する段階で、ミーティング・プランナーとあなたは一般に、扱うトピックやプレゼンテーションにかかりそうな時間を決定することができる。

●主要な関係者について知る

　依頼を受けてからお礼状を書くまでの間、主要な関係者を把握して彼らに連絡を取る方法を知ることが何よりも肝要だ。ただし、物事は変化するのが常である。フォローアップのスケジュールをしっかりと管理していれば、最後の最後に不意打ちをくらうことは絶対にない。

- イベントの責任者は誰か。
- あなたを紹介してくれるのは誰か。
- 固定電話および携帯電話の番号。

●聴衆を知る

　あなたのスピーチを聞く側について考えることから始めよう。プレゼンテーションに出席する人々に関するリサーチをできるだけ行い、あなたの設定した学習目的を彼らのニーズや望みにきちんと合わせられるようにする。スピーチをするグループの文化を理解するよう努め、彼らと最もうまくコミュニケーションできる方法を知る。聴衆によって語彙（専門用語）の選択が変わるだろうし、服装も変えなければならない場合もあるかもしれない。聴衆についてしっかりと把握すれば、メッセージを効果的に伝えるために、どれだけ多くの参考資料を渡す必要があるか決定するのにも役立つはずだ。

　指導的な立場にある何人か（そのうちの数人がセミナーまたは会議に出席してくれたら、もっと胸が躍る）にインタビューし、個人的な目標や議題に誰が同調しているか判断する機会を持てるかどうか聞いてみよう。彼らはプレゼンテーションに関わることを承諾してくれるだろうか。

　うまくいくよう前もって状況を整えておけば、プレゼンテーションのストレスのほとんどは解消され、実際のプレゼンテーションにより自信を持って臨めるはずだ。繰り返すが、**強固な基盤が優れた成果につながる**ことを忘れ

てはいけない。

●聴衆を知る手段——アンケート

　経験によってわかったのだが、この段階で特定の聴衆に向けて作ったアンケートを提示して、背景情報を得るのがよい。効果的なプレゼンテーションを行い、成果を評価するのに役立つようなさまざまなフォームを作ることで、プログラムの担当者と話す際にはプロとして優位に立てる。

●当日必要なものを準備する

　プレゼンテーションの会場や利用できる視聴覚機器（使える場合）の情報は、当然手に入るだろう。スライドその他の視覚資料は、使いたくなければ使う必要はない。**スピーチの所要時間と、プレゼンテーションの前後に聴衆が何をするかを明らかにして、情報を計画に組み込めるようにしよう。数分前にスピーチを終わらせる**のもよいアイデアだ。満場の喝采を浴びるようなスピーチをしたとしても、聞く側は自由な時間が少し増えたことに感謝するはずだ。

　プレゼンテーションの日が近づいてきたら、**会議の進行担当者に必要なものを念押しする**のを忘れないように。進行担当者はたくさんの情報をさばいているのだから。あなたのプレゼンテーションは大きな会議のほんの一部にすぎないかもしれない。

●スピーチ会場について知る

　会場を下見できるか聞いてみよう。ゲスト・スピーカーとして、会議の議長、進行担当者、またはミーティング・プランナーと会う約束は重要である。いくつかの要素を決定するチャンスは、たった一度しかないと思われるからだ。

- 部屋のレイアウト──スピーチの場所──設備や会議室が使える時間
- 洗面所の場所
- 準備時間とプレゼンテーションできる時間の内訳──スタッフは手伝ってくれるか。
- 技術面および物理面のニーズ──誰が何を提供するか。
- 部屋の奥での販売──許可されるか。
- 駐車場──無料か、予約されているか、場所はどこか、許可は必要か。

●プレゼンテーション作成ガイド

　スピーチの依頼を受けるからには、拍手喝采を浴びるようなプレゼンテーションを作る必要がある。できるだけシンプルにしよう。**効果的なスピーチをするためには、聴衆が知らない、またはまだ十分に理解していない──が、学んでよかったと思うはずの──何かを教えるか、彼らを良い気分にさせる経験をさせるかしなければならない**。理想を言えば、その両方を実現したい。

　プログラムを作成する際は、会場、主要な学習目的、聴衆に接する時間をまず考えよう。あなたが提供したいものがどれほど多いかも、驚いて椅子から転げ落ちるほど人々に多大な価値を与えたいと思っているかもわかる。信じようが信じまいが、圧倒するほどたくさんの内容でなくても、妥当な量の情報を伝えることでそれは可能なはずだ。聴衆はどこかから急いでやってきて、プレゼンテーションが終わったらどこかに急いで行ってしまうかもしれない。だから、**シンプルかつ明確なアプローチが成功する**のだ。繰り返すが、**予定時間をオーバーしないこと**が重要だ──スタンディング・オベーションを受けて、観客が「アンコール！　アンコール！」と叫んでいるとしたならもちろん別だ。その場合は、ぜひとも礼をして応え、プレゼンテーションを続けよう。

●経歴書と自己紹介書を作成する

　素晴らしいスピーチの最も重要な2つの要素は、聴衆"からの"敬意と彼らに"対する"愛だというのを聞いたことがある。愛は大丈夫だろうから、ぜひとも十分な時間をかけて、望むような方法で伝えたいことを伝える経歴書と自己紹介書を作ろう。スーパースターの気分になろう――自尊心をただ高めるためではなく、**壇上に上がる"前に"聴衆にあなたのことを尊敬させる必要がある**からである。そしてもちろん、彼らのために何ができるかを経歴書ではっきりと伝えなければならない。前もって送って回答をもらったアンケートから、聴衆のプロフィールやあなたに何を期待しているかを把握しておこう。

　プレゼンテーションが始まると、聴衆は往々にしてこう思う。

- なぜこの人にプレゼンテーションを依頼したのだろうか。
- 誰がこの人を推薦したのだろうか。
- 企業またはコミュニティーでの講演者の評判はどうなのだろうか。
- 講演者は推薦者と個人的な知り合いなのか。
- 何の権利があって特定のグループにスピーチをしているのだろうか。
- その分野のエキスパートだと思われている人なのか。

　必ず、これらすべての疑問に答えられるような自己紹介書を作ろう。そうすれば、聴衆が最初からあなたに敬意を表する可能性が非常に高くなる。

　あなたのことを紹介してくれる人は誰か。その人に前もって自己紹介書を送るのだが、自分でも2枚以上コピーをとっておこう。会議の準備をする間に、いろいろな書類の中に紛れてなくなってしまうかもしれないからだ。進行担当者に事前に自己紹介書を渡して、即興で紹介してほしくないことを説明しておく。人物紹介をする人が、名前の正しい読み方や、その他の情報をしっかり理解していることを確認しよう。自己紹介書には名前に振り仮名を

振っておき、賢明な予防策として、紹介者には何度か声に出してみてほしいとお願いしよう。たとえ自分の名前は発音しやすいと思っていても、この点は真剣に考えてほしい。私は幾度となく、ハーバード・ビジネス・スクール教授で著名な執筆家のマイケル・ポーター氏と紹介された経験がある。あなたを紹介してくれる人はスポンサーかもしれないし、その他のVIPかもしれない。有名人でもない限りあなたのことは知らないだろう。ついでに言わせてもらえば、私の名前はマイケル・"ポート"だ。

プレゼンテーションの計画を立てる

　エキスパートは必ずしも他の人よりも多くを知っているわけではないけれども、情報がよく整理されていると聞いたことがあるのだが、これには一理あるかもしれない。どんなプレゼンテーションを作る場合も、情報を整理する方法を知るのが成功のカギである。

●自分の役割を決める

　情報製品の内容を決める際に講じるべきステップの1つが、情報製品の作者として果たす役割を選ぶことだとはすでに述べたが、プレゼンテーションの内容を作る場合にも同じことが言える。プレゼンターとして負う役割を選ぼう。役割を決めれば、プレゼンテーションを作り、発表する方法を具体化するのに役立つ。

●メッセージを明確にする

　魅力的なスピーチにするためには、伝えたい何かがなければならない。聞く側の全員があなたのメッセージや意見に同意するなどということは滅多にない。しかし、**強力なメッセージがあれば**──"重要ポイント"と呼ぶこと

にしよう——、そしてメッセージを極めて明確に伝えれば、賛成しない人でさえ興味を持って聞いてくれるはずだ。プレゼンテーション全体で、はっきりと、説得力のある方法で重要ポイントのメッセージを伝えるよう注力しなければならない。

●プレゼンテーションのタイトルを付ける

ここでもまた、「予約でいっぱいにしよう」認定コーチのジャン・リートンが貴重な情報をくれる。ジャンはメッセージの作成を次のように説明している。

「プレゼンテーションのタイトルを、聞き手に贈る素晴らしいプレゼントのバスケットに添えるギフト・カードと同じように考えるのが好きだ。どんなふうにカードを書いてラッピングするかは、プレゼントそのものと全く同じように大切である。カードやラッピングを工夫すれば、『わあ、開けるのが待ちきれない』と相手に思ってもらえる。プレゼンテーションのタイトルもそういうものでなければならない。1人1人に合わせ、気持ちをかき立て、期待を高め、行動の動機づけになるタイトルを付けなければならないのだ」

●バスケットをいっぱいにして、内容を明確にする

書き始める前に何を言いたいかがわかっていれば、原稿を作るのがぐっと簡単になる。プレゼンテーションをバスケットに譬えると、まず1本目の持ち手部分に相当するのは"結論"、あるいは重要ポイントだろう。これがはっきりしていれば、あなたがこれから話す内容を聞く側にきちんと伝えることができるのだ。次に、2本目の持ち手をつかんでバスケットのバランスをとる。つまり、あなたの方はプレゼンテーションの準備が整い、聞く側はプレゼンの内容に興味を持っている。そうなれば、人をやる気にさせるちょっとしたものやコンセプト、ならびに聴衆にバスケットを持って帰りたいと思わせるようなツールをたくさん盛り込んだプレゼンテーションを作ることがで

きるのだ。

　きちんとした構成のプレゼンテーションを作るかどうかで、どれだけ好評を博せるかが決まる。

　資料を検討するときは、「提示する情報を理解するのに、聴衆が講じる必要のあるステップは何か」を自らに問いかけよう。

　次の6ステップのガイドは、情報を整理して、スピーチやデモンストレーションの準備を十分に行うのに役立つはずだ。

ステップ1：プレゼンテーションを作るためには、まずその主な目標を定めることから始めよう。聞く人にはプレゼンテーションから何を手に入れてほしいか。どんなアイデア、コンセプト、または戦略を学び、理解し、利益を得てほしいだろうか。

ステップ2：冒頭部分を作成しよう。冒頭には、以下を含めなければならない。

・プレゼンテーションの目的──あなたの目標。
・プレゼンテーションのプロセス──何をしようとしているか。
・プレゼンテーションのメリット──聴衆は何を得るか。
・プレゼンテーションのプレゼンター──ウェブサイトや「人々に勧めるためにいつでも準備しておくべきオファー」を含め、なぜ自分がこのプレゼンテーションをするかについて一言言おう。

ステップ3：プレゼンテーションの重要点を適切な順番で述べ、プレゼンテーションの内容を伝える。シンプルにすること。

ステップ4：重要点を要約する──たった今聴衆に教えたこと、あるいは聴衆に実証したこと。

ステップ5：Q&Aを行う──または、プレゼンテーションの合間に行ってもよい。状況に最もふさわしい方を選ぶ。

ステップ6：最後に聴衆や主催者に感謝の言葉を述べ、「人々に勧めるため

にいつでも準備しておくべきオファー」を通してあなたと連絡を取り続ける方法について再度触れる。

メッセージを伝える

　プレゼンテーションを作成するときは、人が学ぶ方法には基本的に3通りあることを覚えておこう。もちろん、途中で複数の方法を使う場合もあるが。耳から学ぶ人もいれば、書かれた言葉——パワーポイントまたはホワイトボードでの説明など——を見て学ぶ人もいる。どちらかと言えば経験に基づいた感覚的な雰囲気——質感を感じ、匂いを嗅ぎ、味わうことを取り入れる感覚的な生き生きとした言葉による描写——から学ぶ人もいる。

　優れた講演者なら、3通りの学習方法を組み合わせて1つのプレゼンテーションにまとめ、ある部分ではすべての聴衆がプレゼンテーションに関わるように試みるだろう。数は少ないが適切なサポート資料を使って主張の裏付けを行う。

　要するに、箇条書きだらけのパワーポイントは良くないのである。真面目な話だ。年月を重ねるにつれて私は、スライドを使ったほとんどのプレゼンテーションが実際にはメッセージから逸れてしまうことを知った。マイクロソフトのパワーポイントの優れたガイドなら、クリフ・アトキンソンの『Beyond Bullet Points（仮邦題：箇条書きを超えて）』か、ガー・レイノルズの『プレゼンテーションzen』を読んでみよう。

　あなたの話を聞きながら、聴衆は何を見ているのだろう。講演者自身のボディー・ランゲージもまた、聞き手にメッセージを伝える（シャロン・セーラーの『What Your Body Says (and How to Master the Message)（仮邦題：身体が語る言葉（とメッセージを極める方法））』を読もう）。ボディー・ランゲージが聴衆にどんな影響を及ぼすかについて、特別な研究をしている講演者もいる。そこまでする必要はないだろうが、このスキルを理解してスピーチをすれば、聴衆の反応を見るのに好都合である。

活気のあるプレゼンテーションにする方法。

- 練習、練習、練習。
- 実際にプレゼンテーションを行う。
- 聴衆を愛する。
- 聴衆にふさわしい服装をする。
- テーマから外れないようにしながら、エキスパートとして自分を売り込む。
- マイク、備品、配布資料を効果的に使用する。

情報製品やマーケティング・ツールなどに活用できるよう、プレゼンテーションの録画は必須だ。

●自分のテーマについて把握する

話している内容について知っているという印象を与える最も良い方法は、**実際に内容について把握する**ことである。自分のテーマを十分に理解し、関連する質問に答えられなければならない。

とは言うものの、すべてを知るなど誰にとっても不可能だ。答えられない質問をされたときは、恥じることなくこう答えよう。「わかりませんので、調べてご連絡します」。あるいは、その部屋に答えを知っている人がいないかどうか聞いてみてもいい。見つかる確率はとても高いはずだ。

プレゼンテーションを作る際には、これから話をする相手と同じようなタイプの、ネットワークの友人や顧客などのことを、時間をかけて調査しよう。自分のトピックについて相手の人がどう考えるか、できるだけ多くを学び、プレゼンテーションが「いわゆる」テストに必ず合格するようにしよう。テスト用の聴衆を相手にプレゼンテーションを行い、終わったときに彼らが「だから何？」と言わないことを確かめるのだ。

●締めくくりとフォローアップ

　出席者には必ずあなたの連絡先情報を教え、可能なら出席者の連絡先情報を手に入れるようにしよう。フォローアップ戦略には、プレゼンテーションの成功に力を貸してくれた人たちへのお礼状が含まれるだろう。あなたに講演を依頼した人または組織、会場の準備を手伝ってくれた人など。もちろん、プレゼンテーションの最後の調査で、連絡先の情報を聞き、新しい情報をEメールで送ってもよいという許可が得られれば理想的だ。

　連絡を取り続ける戦略の一環として、フォローアップ資料が利用できると組織に思い出させたいと考えるかもしれない。わかった事柄を書き留めて、今後のプレゼンテーションに、特に再び同じ組織から頼まれたらそれを適用できるようにしよう。

人前でスピーチをするのが得意でなかったら

　自分の才能がわかっていて、人前でスピーチをするのが得意でないなら、**スピーチ戦略を使わない**のが重要だ。スピーチや演技が上達しないと言いたいわけではなく——上達できるのだから——、**自分に何ができるかをはっきりと知る必要がある**のである。私は、始めた頃よりはプレゼンテーションがうまくなった。初のプレゼンテーションで学んだ事柄を次の機会に取り入れるようにしよう。

　ただし、人前で話すのが本当に不安だとか、単純にやりたくないと思うのだったら、主要なマーケティング戦略の1つとしてスピーチやデモンストレーション戦略を活用することはお勧めしない。

　だがやはり、重要なのではっきり言っておきたい。スピーチをすると考えただけであがってしまうからといって、優れたスピーチをする能力がないわ

けではない。私だってスピーチの前にはいつも緊張する。そうならない方が心配だ。ドキドキして当たり前なのだから。**スピーチやデモンストレーションに魅力を感じ、やってみたいと思っているのなら、ぜひとも挑戦してみよう！** 応援してくれる友人や仕事仲間の前で練習する、あるいはもっと気楽な電話セミナーから始めてみよう。気が楽になり、自信がついてくるとともに、徐々にうまくなっていく。

誰だって、ちゃんとできなかった人と言われたくないし、私とて例外ではない。仕事を始めたばかりの頃、出席者の多くから好意的なフィードバックをもらっていたにもかかわらず、私は1つか2つの否定的なフィードバックに腹を立て、打ちのめされていた。最大の不安に直面していたのだ——人にばかだと思われるんじゃないか、私の話が気に入ってもらえないんじゃないか。それが、人前でスピーチをすることに対して私が抱いている、最も大きな矛盾する心情——人にばかだと思われるかもしれない——なのだ。けれども私は、「予約でいっぱいにしよう」の方法の基本原則を思い出した。

> メッセージを共有する使命があると思うのは、世の中にあなたのメッセージを聞くのを待っている人たちがいるからだ。

私の仕事は、懸命に努力して、自分のメッセージを聞くのを待っている人たちを見つけ、自分が力を貸す運命にある人たちを見つけるのを反対派——私のすることが嫌いな人々——に邪魔させないようにすることである。この原則が私を動かし、動かし続けて、繰り返しこう言わせる。「話さなければならない、メッセージを共有する使命があると感じるとしたら、それはあなたのメッセージを聞こうと待っている人たちがいるということだ」と。

「予約でいっぱいにしよう」スピーチ戦略は、あなたのメッセージをもっと大々的に世の中に伝える優れた方法であり、この戦略によって、力を貸す運命にあるより多くの人々に働きかけられるようになる。

CHAPTER15 ライティング戦略

> 言葉は言うまでもなく、人類が用いる最も効き目のある薬である。
> ——ラドヤード・キップリング

　記事の執筆は評価を築くための重要な方法であるため、私は良き友人でありウェブライティングの達人であるロージー・ギーン（Marketing-Seek.com）にこの章を書くにあたって協力してほしいと頼んだ。ロージーは素晴らしいライティング・スキルとマーケティング戦略を教えてくれたので、皆さんに「予約でいっぱいにしよう」の５つのライティング戦略を伝授したいと思う。この章では、ウェブサイトのトラフィックを生成する最も有効な方法の１つである、効果的な記事の書き方、およびオンライン投稿の仕方を学ぶことができる。

　また、さまざまなオフラインのライティング市場の分析方法と、編集者に記事を発表してもらうための手順も伝授しよう。記事を書いてオンラインおよびオフラインで発表すれば、エキスパートとしての評価を確立し、製品や

プログラム、サービスへの興味を生み出すのに役立つだろう。オンラインおよびオフラインで発表することで、可能な限り幅広く、カテゴリーの権威としての地位を強く印象付けられるはずだ。

　書くのが得意だと思う人なら、「そうだ、この本書のセルフ・プロモーション戦略は自分にうってつけだ。今すぐにでも活用しよう！」と言うだろう。自分は書くのに向いていないと思っているとしたら、この章を読み飛ばしたいと考えているかもしれないが、どうかやめてほしい！　この話を聞けば、書くのが得意でない人でも効果的な記事を書く方法を学べるとわかるはずだ。

　私は4年生のときに担任の教師から、25年間の教員生活で私ほど綴りの間違いが多い生徒は見たことがないと言われた。それから何年も経った後、子供の頃の友人の1人に大きな出版社から本を出したと報告したら、彼は自分の助けなしでどうやってそんなことができたのかと聞いてきた。彼にしてみれば私は、5段落のエッセイを書くのさえ嫌いな高校生のイメージのままだったのだ。だが私は、5段落よりもずっとたくさん書けるようになった——しかもうまく書けるようになったのである！

　要するに、書けないと思うからという理由だけで、この重要なセルフ・プロモーション戦略を学ぶチャンスを逃してほしくないのである。話すことができるのなら、書ける。何も名作と呼ばれる小説を書かなければならないわけではない。サービスを提供する人々に知識を与え、販売するサービスの宣伝活動をするために書くのである。文章を書く天賦の才能はないとしても、書くことは学習によって、「予約でいっぱいにしよう」ライティング戦略をマスターできるくらいには身に付けられるし、練習を通して向上できるスキルなのだ。

書かないで済ませる方法もある

　それでもまだ、記事を書かなければならないと考えると身がすくむだろうか。もしそうだとしても、心配は無用だ。キーボードに近寄らずとも、記事を書くことがもたらすメリットを得る別の方法が2つある。

　1．ゴースト・ライターを雇う。
　2．ライターと提携する。

　ゴースト・ライターとは、料金を払えばあなたの選んだテーマに関する記事をあなた用に書いてくれるプロのライターである。文章の最後にある署名欄と筆者情報欄には、あなたの名前とビジネス情報が載る。もちろん少しばかりのお金は要るが、それでも比較的費用のかからないマーケティング・ツールだ。それに1つ記事を書いてもらえば、さまざまな多くの方法で活用することができる。

- 記事をオンラインのアーティクル・ディレクトリ（訳注：記事を分類して保管してある媒体）に配信する。
- 関連するウェブサイトおよび投稿を認められたニュースレターに送る。
- 自分の電子ニュースレター（電子雑誌）に発表する。
- 自分のウェブサイトにアップロードして、メーリング・リストに通知する。
- 自分の専門分野を対象とする紙媒体の出版物に投稿する。

　1つの記事にはたくさんの利用価値がある。専門的な性質のものである場合は、なおのことだ。
　ライターとの共同製作は、サービスを知ってもらうもう1つの簡単な方法

だ。知り合いに優れたライターがいれば、その人の記事を読んだ経験があって尊敬できる人がいいのだが、その人に共同事業の話を持ちかけることを考えよう。あなたは専門知識を提供し、その人はライティング・スキルを使ってあなたからの情報をもとに記事を書く。そして、あなたとライター両方の名前とウェブサイトのアドレスが、末尾の筆者欄に載る。

こうした提携は、ライティング嫌いの問題を解決する素晴らしい方法であると同時に、2つのビジネスを同時に効果的に宣伝できる。

5つのライティング戦略

記事を書くのはやりがいのあるセルフ・プロモーション戦略なのだから、すぐに取り掛かろう！

パート1：テーマを決める
パート2：理想的なトピックを選ぶ
パート3：注目を集めるタイトルを付ける
パート4：記事を書く
パート5：記事を発表する

● パート1：テーマを決める

テーマは何にしよう。テーマとは幅広い知識のカテゴリーのことである——ダンス、ボート、ファッション、ビジネス、社会、レクリエーションなどはすべてテーマになる。記事のテーマはあなたがすでに極めて詳しい事柄か、好奇心を持って知識を広げたいと思っている新しいテーマのどちらかだろう。ライティングの方向を決めるのに役立つ、次のような質問をしよう。

・自分は何に一生懸命取り組んでいるか。

- 個人として何に興味があるか。
- 専門知識の範囲は。
- これまで人生で何を学んできたか。
- ターゲットとする読者は何を学びたいと思っているか。

これらの質問に答えることで、良いテーマを見つけるのが楽になるはずだ。言うまでもなく、ライティングの黄金律——**知っていることを書く**——を常に忘れてはいけない。例えば、行き詰まったら、製品やプログラム、サービスに関連するテーマを選ぶことを考えよう。なぜならそれが最もよく知っている事柄だからである。

同時に、**個人としての興味を掘り下げる**のも忘れないように。趣味、家族、コミュニティーへの関わり、慈善事業に基づいてテーマを考えよう。人生経験から、記事を書くのに無限のアイデアを生み出せる。

> **4.15.1 練習問題** 情熱、個人の興味、専門分野、これまでの人生で得た教訓、およびターゲット市場が何を学ぶことに関心があるかを踏まえて、楽に書けると感じるテーマを5つ挙げよう。書くテーマ分野を1つ選んだら、それを理想的なトピックに絞り込む準備はすでに完了だ。

●パート2：理想的なトピックを選ぶ

トピックとはテーマ分野の中で具体的に焦点を絞った事柄である。ダンス、ボート、ファッションなどのテーマでは広すぎて、特に一般的な記事の文字数は500～3,000なので、書くのは難しい。記事や本のほとんど（参考資料を除く）は、狭いトピックに焦点を合わせていると気付いたことがあるだろうか。理由は簡単——その方が書くのに（読むのも）扱いやすくなるからだ。

ダンスについて書くとしたら、モダン・ダンスは民族舞踊からどう発達し

たか、ダンスは心臓の健康にどのように役立つか、快適なダンスウェア、あるいは特定のダンス・スタイルへの関心の高まりなどのトピックを選択できる。

次の例で、幅広いテーマを絞り込んでトピックに焦点を当てる方法を示す。

広範なテーマからトピックを絞り込む

ダンス→女性向けダンス→高齢の女性のためのフィットネス・ダンス

ダンス→男性向けダンス→踊る色男のための滑らかな動き

ダンス→カップル向けダンス→ラテン愛好家のための社交ダンス

ボート→ウォーター・スポーツ→安全な水上スキーのヒント

ボート→趣味の釣り→ウィークフィッシュを釣る人に人気の餌

ボート→安全→低体温症の予防

ファッション→スタイル→着心地の良い、流行のウォーキング・ファッション

ファッション→季節のトレンド→秋ファッションのコーディネート・ランキング、トップ10

ファッション→10代→プロム（訳注：学年末に開かれるダンス・パーティー）→お金をかけないパーティー・ウェア

4.15.2 練習問題 4.15.1の練習問題で選んだテーマに基づいて、楽に書けると感じる絞り込んだトピックを5つ挙げよう。

書く目的を決める 絞り込んだ記事のトピックを選んだら、はっきりとした目的を定める必要がある。情報を提供するために記事を書くのか、説得するためなのか、それとも新しい領域を開拓するためか、あるいは個人的な意見を表現するためか。目的がわかっていれば、記事の内容に集中しやすくなるだろう。以下の質問を自分に問いかけよう。

- 読者に何を教えたいか。
- 共有したい人生経験は何か。
- 新たな領域に踏み出したいと思うか。
- どうやって有名になりたいか。

　これらの質問についてもっと詳しく見ていこう。最も一般的なものの1つが読者に何かを教えるための「ハウ・ツー」記事だが、これは特に新米のライターが手始めに書くにはうってつけである。なぜならすでに持っている専門知識をただ活用すればいいので、リサーチに必要な時間を省くことができるからだ。同様に、人生の教訓が得られた経験を共有するのも、実際に人々に影響を与えられる話を伝えるわかりやすい方法である。

　あるいは、読者ばかりでなく自分自身も勉強になる、全く新しいトピックについてリサーチしてもいい。ライティング・プロセスが常に新鮮で面白いと感じられる。

　読者に、リンク先をクリックしてさらに情報を得るといった行動を促す記事は、出版元にとっても非常に評判がいい。記事の中で優れたリソース（おそらくは自分自身のウェブサイトのページ）へのリンクを提供することは、読者の役に立つと同時に信頼できる情報源としての自分の立場を確立する良い方法である。

　どんなタイプのエキスパートとして知られるようになりたいかを今決めておくのは、記事の目的を定めるのに有益だろう。独立して会計業務をしているとしよう。在宅で仕事をする人々のための税金のヒントについて一連の記事を書けば、自分の持つ知識基盤をうまく活用し、在宅勤務者が抱える税金の問題を理解する会計士としての評判を確立できる。そうした類の信頼が得られたら、広告費を全くかけないでも新たなビジネスが舞い込んでくる。

　ターゲット市場の読者を理解する　ここまででテーマを限定してトピックを絞り込み、記事を書く目的を決めたので、今度は読者について考えてみよう。

第2章で話したように、ターゲット市場とはあなたが満たすことのできる共通の興味、またはニーズを持つ顧客または見込み客である。同じことが記事のターゲット読者——共有すべき情報に対する共通のニーズで結びついている人々——にも当てはまる。
　ターゲットが誰かを正確に定めるために、以下の質問を自分に問いかけよう。

- 読者の何を知っているか——収入、年齢、性別。
- 読者の教育の程度はどれくらいか——専門教育を受けているか、学識豊かか、最低限の教育か。
- 自分のトピックについて、読者には今の時点でどの程度の知識があるか。
- 読者は、自分が教えられるどんなことを知る必要があるか。
- トピックに関する誤解で、読者のために自分が解消できることはあるか。
- ターゲット読者とはどんな関係か。
- その他の方法で、どうすれば読者の役に立てるか。

　読者に関するこれらの質問について、深く掘り下げじっくりと考えて答えを出せば、読者の生活やニーズについて思い描くのに役立つはずだ。例えば、マラソンすると決心したが、全くの初心者だとしよう。あなたと同じように、走りたい、走ることで健康になりたい、自分も走れると知って満足感を得たいと思う人は何千人といるはずだということはわかっている。この場合、ターゲットとなる読者は、極めてやる気があって健康志向、チャレンジに前向きで、好奇心旺盛で新しいことに挑戦する意欲のある人々だと考えられる。自分と似ているので、そうした人々の特徴を挙げるのは簡単だ。
　自分が書きたいトピックに関する単純な情報を必要としている人々がいることがわかっていれば、このように彼らを特徴づけられる。また、そうした知識は以下を明確にするのに役立つだろう。

- 彼らに"何を"伝えるか。

・"どうやって"伝えるか——文章の調子、語彙、およびスタイル。

ホット・ボタン（訳注：感情的な反応を引き起こすもの）　読者をもっと理解するもう1つの方法は、私たち皆を動かす感情面のホット・ボタンについて調べることである。読者のボタンが何かがわかれば、読者の人生における基本的な興味を参考にしてトピックを選び、記事を書くのに役立つ。リンク先（http://bys.marketing-seek.com/hotbuttons.php）を訪問してロージーのホット・ボタン・リストを手に入れ、次回のライティングのためのひらめきを得るために活用することができる。

記事のトピックが決まったので、そろそろ書き始めよう。

●パート3：注目を集めるタイトルを付ける

第7章で、情報製品にどんなタイトルを付けるかによって、売れるかどうかに大きな違いが生まれると述べた。注目を集める記事のタイトルを作る場合にも同じ考えが当てはまる。それどころか、タイトルが最も大事だと言うライターもいる。なぜならタイトルに興味を引かれなければ、誰もわざわざ記事の他の部分を読んだりしないからだ。注目を引くタイトルを作る際に創造性を刺激するのに役立つ、その他のヒントがいくつかある。

1. 記事の主要なポイントを短く説明する、心に響く言葉をいくつか選択する。例：大金をつぎ込まずにキッチンをリフォームする方法。
2. 読者に何を学べるか教える。「全体の95％が」「3人のうち2人が」といった具体的な表現を使う。例：新たな報告——就学年齢の子供の54％がカウチポテト。
3. 記事が提供する解決策のヒントを与える。例：空腹にならない、炭水化物の少ない食事を作ろう。
4. タイトルを疑問形にして読者を巻き込む。例：気付かないうちに睡眠不足になっていませんか。

5．好奇心は強力なツールなので、じらすようなタイトルを考える。例：顔形と犬の選択の共通点。
6．結果を約束する。記事が読者の問題をどう解決するか説明する。例：飛行機恐怖症を5分で克服しよう。
7．「〜の方法」や「うまくなるための5つのステップ」のようなフレーズを使い、読者に何かを教えることを約束する。例：ベリー・ダンスを踊るための、簡単な3つのステップ。

タイトルの最適化　例えば、ベリー・ダンスについての記事を書いているとしたら、検索エンジンでベリー・ダンスの情報を探している人々があなたの記事を見つけられるようにしたい。その場合はまずキーワード検索をして、読者が使う可能性の高い検索ワードを見つけ出し——例：ベリー・ダンスの踊り方、ベリー・ダンス・フィットネス、ベリー・ダンス——、そうした言葉を1つか2つ、記事のタイトルに組み入れよう。

"ベリー・ダンスの踊り方"よりも"ベリー・ダンス"の方が検索頻度が高いとわかったら、こんなタイトルの記事を書いてもよい。「初心者のためのベリー・ダンス」。あるいは2つの人気検索ワードを1つのタイトルに入れることもできる。「ベリー・ダンス：健康志向の人々のための楽しいフィットネス」。

検索エンジンはタイトルに含まれている言葉を重視するので、キーワードをタイトルに盛り込むことはウェブで記事を見つけてもらえるようにするためには極めて重要である。

最高のタイトルのためのヒント　上の例は単に食欲を刺激するためのものだ。タイトルを書くためにもっとひらめきが欲しい、あふれ出るほどの想像力が欲しいと思ったら、リンクをクリックして、最も人を引き付ける最高のタイトルのための106のヒントのリストを手に入れよう（http://bys.marketing-seek.com/106titles.php）。

> **4.15.3 練習問題** 選んだトピックを踏まえてタイトルを5つ作ろう。タイトルには、記事の内容を示し、そのトピックに興味のある人々に――さらに興味のない人々までも――もっと読みたいと思わせるほど魅力的な言葉をいくつか組み込む必要があることを忘れないように。検索のトップ・キーワードやフレーズを入れられれば、もっとよい！

●パート4：記事を書く

導入部 導入部には、記事の中の貴重な情報、記事の本文に書かれている内容をまとめた短い要約が含まれる。導入部はタイトルに示されたトピックに基づいて書き、その情報がなぜ読者にとって重要なのかを説明する。そのため、ターゲットとする読者がどんな人かを把握するのが極めて大切なのである。

　主要な部分を3つ目か4つ目の段落に書くことで、話をさかのぼる傾向があるライターがいるが、これは危険な戦術だ。ほとんどのケースでは、**記事の最初の段落でタイトルを反映させて詳細を述べ、以降で書かれている情報に対する興味をそそらなければならない。**

　導入部は記事全体の調子を決める部分でもあるので、ぜひとも**読者が頻繁に用いる言葉を使って直接彼らに訴えかけよう。**形式ばらないスタイルの方が、学術論文や技術文書の文体よりも読者に愛されるだろう。いずれにせよ、導入部を極めて効果的なものにするためには読者に読み続けたいと思わせるアイデアを提供することだ。

　魅力的な導入部分は、すべての人が抱く最も妥当な質問（私に何の得があるのか？）の答えをくれる。自分の情報が読者のためにどう役に立つかを理解し、それを記事の冒頭で読者に伝えよう。記事を読んで読者がどんな利益を得られるか想像できないとしたら、戻ってトピックを練り直す方が賢明だ。

> **4.15.4 練習問題**　導入部を書き、最も重要な情報を最初に提示しよう。タイトルに示したトピックについて触れ、記事から何を得られるかを読者に説明するのを忘れないように。導入部では、読者が何か新しいことを学ぶ、問題を解決する、あるいは単に短い時間読者を楽しませるのに、あなたがどう力になれるかを述べることで、読者に直接訴えかける。

本文　記事の本文では、テーマを広げることでタイトルおよび導入部で行った約束を果たす。以下は、記事で最も長い部分である本文を簡単に書くためのヒントである。

- **1つの文章に1つのアイデア、1つの段落に2～3つの文章を忠実に守る**：読者にとっては、情報が簡潔にまとまっている方が読むのにずっと楽だし、長い文章のかたまりよりも気後れしないで済む。
- **小見出しを使う**：小見出しとは、次に何を書くかを説明し、文書を管理しやすいセクションに分けるのに役立つ小タイトルのようなものである。小見出しはまたアウトラインとやや似ており、情報を計画的に提示するのに役立つ。目立たせるために太字または全部大文字で書くこと（訳注：「全部大文字」は英語の場合）。
- **リストを使う**：箇条書きや番号付きのリスト、または他の形式で読者に情報を提供しても、記事は読みやすくなる。要するに、トピックに非常に興味を持っている人であっても、忙しいので情報はすぐに知りたいのである。
- **レイアウトにマッチさせる**：箇条書きリストの最初の項目を体言止めにしたら、他の項目も体言止めで統一しなければならない（訳注：原文では、「箇条書きリストの項目を動詞で書き始めたら、他のどの項目も最初の言葉は動詞にしなければならない。例えば、このリストは5つの項目からなるが、それぞれの最初の文は動詞の命令形で始まっている」と

なっているが、日本語の場合に合わせて、表現を変え、一部省略している）。
- **本文では最適な頻度でキーワードを繰り返す**：検索する人が記事を見つけるチャンスを増やしたければ、タイトルのために選んだキーワード・フレーズを記事の本文全体に使わなければならない。やりすぎにならない程度に効果的にそうしたフレーズを何度も繰り返すのは芸術技なので、自然に読めるくらいの頻度でキーワードを使うことを目指そう。

わざわざ記事の本文を最適化するのは、2つの理由から価値がある。

1. 自分の書いた記事が、他のコンテンツと比べて検索エンジンで上位に表示されるのに役立つ。他のライターが記事に関連するキーワードを含めていない場合は特にそうである。
2. 検索する人を満足させる。なぜなら、その人たちのニーズに直接訴えかける情報を見つける助けになったからだ。他の人々（読者）が必要とするものを手に入れるのを助ける人々（あなた）は、多くの場合極めて高く評価され、記憶してもらえる。

適切なキーワード・フレーズをタイトルおよび記事の本文に盛り込むのが、あなたと読者の両方にとって有益なことがわかる。

> **4.15.5 練習問題**　そろそろ記事の本文を書こう。データで主張を裏付けることで、導入部で行った約束について詳しく述べ、約束を果たさなければならない。行き詰まったら、先に挙げたポイントをもう一度見てみよう。そして、最初の原稿ですべての言葉を完璧にする必要はないことを忘れないように。ライティングの大部分は書き直しと編集である。この時点では、概略に集中し、プロセスを楽しもう。

結論 言いたいことは全部言っただろうか。では仕上げに入ろう。結論は簡単である。今書いたすべての事柄をまとめるだけだからだ。重要なのは、**主要なテーマを読者の記憶に残りやすいように要約し、読者の心の中で強固になるようにすること**である。

結論まで書かずに記事をそのまま終わらせたとしたら、読者は宙ぶらりんで放っておかれているような気がするだろう。話に満足できる結末を求めるのは人間の本質だ。どうすれば情報を読者の有利になるように最大限利用できるかを共有すれば、最後にもっと良い話ができる。あるいは励ましになるような言葉を2、3書いてもよい。

これらのガイドラインを使って結論を書こう。

・重要ポイントを繰り返し、きちんとした要約で締めくくる。
・アドバイスを試してみるよう読者を促す。
・前向きなコメントで終える。

> **4.15.6 練習問題** 記事の最後は説得力のある結びの言葉で終えよう。記事本文のキー・ポイントを要約して結論を書き、教えたばかりの情報を最大限に活用する方法を読者に伝えよう。

筆者情報欄（筆者略歴） ここは読んでくれたお礼の意味を込めて、自分や自分のビジネスに関連する何らかの情報を共有し、読者に行動を起こすよう促す部分である。また、サービスのオファーを行う大切な機会でもある。

それぞれの記事の最後は、5〜6行程度（各出版物のガイドラインによるので、提出前にチェックする）の独立した段落である。この情報欄、すなわち筆者略歴の使い方はいくつかあるが、ほとんどの筆者は情報欄に以下の情報を含める。

・自分の経歴および専門知識についての簡潔な説明。

- ビジネスまたは販売促進したい特別オファーについて1、2行。
- 電話する、リンクをクリックする、またはその他の方法で連絡を取るよう読者に促す、行動のきっかけになる言葉。
- オプション：行動意欲を刺激するプレゼント、その他のインセンティブの提示。

情報欄を書くカギ　情報欄では必ず、効果的にはっきりと行動を促し、その行動がなぜ読者にとって利益になるかを説明する。無料レポート、無料相談、ニュースレター購読の申し込み、あるいは製品やサービス、プログラムについての詳細を知るため、またはあなたの才能あふれる記事をもっと読むために単にサイトを訪問するよう促す場合も同じである。

> **4.15.7 練習問題**　筆者情報欄を書こう。専門知識、ビジネスまたはオファー、行動を促す特別なきっかけ、適切な連絡先情報、およびリンクを記載するのを忘れないこと。

より簡潔にし、校正する　さて、極めて慎重に、愛を込めて書いた記事だが——放置しよう。"少なくとも"1日は忘れよう。しばらく経ってから再び取り掛かり、時間をかけて記事を声に出して読んでみる。このときに、欠けている言葉やおかしなフレーズが明らかになるだろう。文法と誤字脱字をチェックしよう。記事を磨いて完璧に近づけるのだ。10回読み直したとしても多くない。もっとうまく、簡潔に、あるいは正確に表現できると思える箇所が毎回見つかるだろうから。

校正機能について一言：ワープロソフトにはおそらく文法や文章の校正機能が付いているだろう。この機能は使うべきだが、頼りすぎないこと。この機能を使ったところでミスはなくならない。例えば、"記者"としなければならないのに"汽車"と変換されたまま気が付かないことがある。言語は複雑なものなので、校正機能ではどの単語を使おうとしているか、文脈によっ

てどう変換するべきかまでは対応できない。よって、書いた記事を他の人に読んでもらい、自分では見過ごしていた誤字脱字や文法の間違いを見つけてもらおう。

> **4.15.8 予約でいっぱいにするための行動ステップ** これまでに積み上げてきたリサーチやライティングの要素をすべてまとめて、選択したトピックに関する500〜700語（情報欄を含む）の記事を書こう。見直しをして満足のいく出来になったら、友人や仕事仲間、あるいはライティング・グループに見せて、自分のライティング・プロセスについて有益なアドバイスをもらおう。

●パート5：記事を発表する

書く労力が実を結ぶときだ。記事を完成させたら、世の中に発表するのに役立ちそうなニッチなウェブサイトや出版媒体を検索したいと思うだろう。

ウェブ上で発表する　インターネットには書いたものを発表する独自の環境がいくつかあり、それによってウェブサイトへのトラフィックを生み出し、信頼性を構築し、製品やプログラム、サービスの認知度を高めることができる。いくつか例を挙げよう。

- アーティクル・ディレクトリ
- 記事通知リスト
- ニッチなウェブサイト
- 電子ニュースレター（電子雑誌）

より詳しく見ていこう。

- **記事通知リスト**：記事通知リストの目的は、質の高いコンテンツを探しているウェブサイトの所有者や電子ニュースレターの発行者にEメールを送信してあなたの記事について知らせることである。通知する時期はさまざまで、リストの所有者が決める。多くの通知リストは一定期間記事を保管するが、記事が投稿された時点で利用可能なコンテンツを伝えるために特別に使われている——検索エンジン用にアーカイブするためではない。http://Groups.Yahoo.com を参照しよう（訳注：日本語サイトはこちら。http://groups.yahoo.co.jp/）。

- **ニッチなウェブサイト**：ニッチなウェブサイトの所有者は、特定のトピックについて書かれた優れたコンテンツを必要としている。ウェブの所有者は、ターゲットとする読者向けの記事で常に新鮮なウェブサイトを作らなければならない。そのため、無料のコンテンツを提供してくれるあなたのようなライターを探し求めているのだ。WebProNews.com を参照してみよう。

- **電子ニュースレター（電子雑誌）**：電子ニュースレターの形式やサイズはいろいろで、トピックも多様である。コンテンツを書いたらニュースレターの発行者に送り、あなたのターゲットでもあるニュースレターの読者へのアクセスをすぐに手に入れよう。発行者は記事を書かずに信頼できるコンテンツを得、あなたは多数の見込み客に働きかける。New-List.com を参照しよう。

どこから始めたらいいのだろう。**ターゲットにする読者について、特に彼らがオンライン上のどこで過ごす時間が最も長そうか**考えてみよう。その場所が常にあなたが記事を提示するのに用いることになるホット・スポットである。ただし、提出プロセスに取り掛かる前に、もう2、3細かい点について考えなければならない。

- **適切な環境をリサーチする**：ターゲットとする読者向けの特定の環境を見つけて、記事提出のガイドラインに慣れよう。

- **記事の要約を書く**：記事の簡潔な概要を書こう。
- **1行の文字数を決める**：異なるファイル形式で記事を作ろう。1行の文字数を60字にしなければならないアーティクル・ディレクトリもあれば、もっと長くするよう求められるものもある。どの形式が適しているかわからない場合は、記事を提出する前にウェブサイトの所有者に確認してみよう。
- **記事をテキストに変換する**：マイクロソフトのワードなどのソフトウェア・プログラムを使用して記事を書く場合は、提出するためにテキスト・ファイル形式で保存するよう求められるだろう。
- **キーワードおよびキーワード・フレーズを選ぶ**：アーティクル・ディレクトリのために必要なキーワードおよびキーワード・フレーズのリストを作ろう（記事のタイトルを作り、検索エンジン向けに記事をコピーするときに使ったのと同じものでなければならない）。
- **文字数リストを作る**：コンテンツ・サイトによっては記事の文字制限が課される場合がある。通常、記事の本文に加えてタイトルや情報欄など、記事を構成するすべての部分の文字が含まれる。
- **誤字脱字および文法をチェックする**：提出する前には記事を確認しよう。マーク・トウェインの言葉には同感だ。「1つの単語を1つのスペルでしか書けない人間など、知ったことか」。しかし残念なことに、同意する人ばかりではない。現実には、誤字脱字が1つでもあれば、人はうんざりしてしまうのである。
- **Eメールを書く**：電子雑誌の発行者に、書いた記事の内容と、電子雑誌の読者になぜ利益をもたらすかを細かく説明するレターを書こう。メール本文に記事のコピーを含めること。

4.15.9 練習問題 ターゲット市場にサービスを提供しているアーティクル・ディレクトリを5つ挙げよう。

4.15.10 予約でいっぱいにするための行動ステップ 　上で特定したアーティクル・ディレクトリに記事を送ろう。

4.15.11 練習問題 　ターゲット市場にサービスを提供している電子雑誌の発行者を5つ挙げよう。

4.15.12 予約でいっぱいにするための行動ステップ 　上で特定した電子雑誌の発行者に記事を送ろう。

　マーケティング・ツールとして記事を書き、発表するには、一貫性がカギとなる。つまり、潜在顧客が有益な情報を探しているときに、あなたの名前や記事が検索エンジンの結果に繰り返し表示されるようにして、ターゲット市場の需要を満たすのである。

紙媒体で発表する　オンラインで書いたものを共有するのに慣れたら、手を広げて記事を紙媒体の印刷物として提供することを考えるかもしれない。紙媒体の市場向けに記事を書くのは非常に競争の激しいプロセスではあるが、同時に極めてやりがいがある。
　紙媒体で発表する戦略を練ろう。

1．大きな視点でとらえつつ、小さく始める。
2．ライティング・ガイドラインを要請する。
3．コンテンツを分析する。
4．問い合わせ状を書く。
5．返信用封筒（SASE）を送る。
6．編集者にフォローアップを行う。

それぞれのステップをさらに詳しく検討しよう。

大きな視点でとらえつつ、小さく始める　出版部数の多い主流雑誌ではなく、地元の新聞や雑誌、業界誌、近所のコミュニティーのニュースレターなどといった、小規模で焦点を絞り込んだ出版物に狙いを定めよう。これらの出版元はあなたの記事を受け入れてくれる可能性が高く、出版物にふさわしいように記事を編集するのに力を貸してくれさえする場合もある。

比較的規模の小さい出版元の1つに書くことを認められたら、紙媒体の実績を積み重ね、さらに大きな市場にアプローチできる。この段階を踏むことが重要である。なぜなら大きな出版社の編集者の多くは、過去に書いたものが発表されたことを確認できなければ、あなたのライティング能力を考えてもくれないからだ。その点は、スピーチの世界に飛び込もうとするときと同じである。地元のレベルから始めて、地域レベル、全国レベルと進み、最終的には国際的なレベルに達する。紙媒体に書こうとする際も同じ考え方をするのだ。

ライティング・ガイドラインを要請する　出版元が何を求めているか、何を受け入れるか理解しないで記事を送ってはいけない。文字数、スペースのフォーマット、スタイル、各出版元が盛り込もうとしている情報の種類を知る必要がある。数千とある紙媒体の出版元のライティング・ガイドラインに関するより詳細な情報について知りたければ、キャサリン・S・ブロガンの『Writer's Market（仮邦題：ライターズ・マーケット）』を読んでみよう。

コンテンツを分析する　聞いたところによると、出版物のテーマにそぐわない記事を受け取ることほど、編集者のはらわたを煮えくりかえすものはないという。したがって、時間をかけてその会社の出版物について理解すれば、記事の出版を認めてもらえる確率は極めて高くなるはずだ。購読するかバックナンバーを購入するかして、記事の長さ、記事のトーン、取り扱うトピッ

ク、短い記事と長い記事のバランス、イラストまたは写真がいくつ使用されているかなどといった事柄を検証して内容を分析しよう。

問い合わせ状を書く　どんなトピックについて書くかを把握し、記事を書く出版元を特定したら、次にレターを書こう。問い合わせ状とは基本的に、記事のアイデアを売り込むための1ページの提案書である。出版元があなたのコンセプトに対しどれほど熱意があるかを探る方法として、すでに書いた記事、またはこれから書く記事に関する問い合わせ状を送ることができる。

　問い合わせ状は優れたビジネス・レターの原則に従わなければならない。たちどころに関心を引き、記事のアイデアを納得できるように（ただしやんわりと）売り込むべきである。ビジネス用のレターヘッドを使うこと。なければ白いコピー用紙で構わない。シンプルなフォントを選び、サイズは12ポイント、行間を空ける。中黒を使って重要なポイントを一覧表示し、読みやすくする。特に、編集者名および出版社の住所は必ず正確に書くこと。

返信用封筒（SASE）を送る　編集者からの返信用に、問い合わせ状には切手を貼った返信用封筒を必ず同封する。気長に待とう。編集者が返事をくれるまでには、最高で半年かかる場合もある。

編集者にフォローアップを行う　問い合わせ状を送り、それ相応の期間反応を待ったら、電話でフォローアップしてみる。目的は、編集者があなたの記事に興味を持っているか、新しい情報を必要としていないかを尋ねることである。編集者の答えがノーなら、気持ちを変えさせようとしてしつこくしない。その代わり、その人が関心のありそうな異なる記事の傾向はあるか、あなたの記事に興味を持つかもしれない誰か他の人を知らないか聞いてみよう。

> **4.15.13 練習問題** 　ターゲット市場にサービスを提供している、紙媒体の出版元を5つ挙げよう。

> **4.15.14 予約でいっぱいにするための行動ステップ** 　4.15.13の練習問題で特定した紙媒体の出版元に問い合わせ状を送ろう。

編集者に力を貸す

　どの出版元も、優れたコンテンツへの欲求はとどまるところを知らない。彼らは読者に情報を提供し、読者を楽しませる――お金の貯め方、痩せる方法、自尊心を高める方法、棚の組み立て方などといった、生活を向上させるのに役立つ記事を探している。

　ほとんどの編集者が必要としているのは、それぞれの分野のエキスパートでもある上手なライター――あなたのような――だ。多くの場合、編集者は高い原稿料を支払ってスタッフやフリーのライターに記事を書いてもらわなければならない。そのため、あなたが無料で面白い記事を提供できれば、出版元は時間とお金を節約し、あなたは人々の前に出るまたとない機会を手に入れる。

　編集者と強固な関係を築くことができれば、以下を知るのに役立つ。

・将来出版するアイデアとして、どんな種類の情報が検討されているか。
・この先どんな種類の話が必要になる可能性があるか。
・特定の話を書くためにインタビューを受ける機会を、どうやって増やすか。

　考えることは、紙媒体の出版ビジネスにおいては大いに効果的だ。編集者

との関係を構築するために最も必要不可欠な要素は彼らの話を聞き、最高の情報を提供して彼らのニーズを満たすことだとわかるはずだ。編集者と連絡を取り続け、優れた記事を提供するために常に努力していれば、やがてあなたとあなたのビジネスの知名度を上げてくれる人間関係をうまく築くことができるだろう。

4.15.15 練習問題　記事を提出する継続的なスケジュールを決めよう。毎週、隔週、または毎月とすることができる。

4.15.16 予約でいっぱいにするための行動ステップ　新しい記事を書き、提出しなければならない期限を設定し、実行しよう。または、オンライン上での記事の投稿に慣れたバーチャル・アシスタントを雇い、その人にやってもらおう。

　ご褒美を後にとっておく術を学ぶことが大切だ。すぐに結果が欲しいのは当然だが、これはプロセスであって、一夜にして名声と富が手に入る魔法の方法ではない。私が目にするサービスのプロが犯す最大の間違いの1つは、最初の取り組みがたちまち成果を生み出さないと、あまりにも性急に諦めてしまうことである。**努力の積み重ねが利益をもたらすのだから、首尾一貫して粘り強く頑張らなければならない。諦めるな！**

CHAPTER16
ウェブ戦略

> 私が大統領に就任した頃、いわゆるワールド・ワイド・ウェブという言葉を聞いたことがあるのは、熱心な物理学者くらいのものだった……今やうちの猫までもが自分のウェブサイトを持っている。
>
> ──ビル・クリントン

　大きな成功を収めているサービスのプロは、ほとんどがウェブサイトを持っている。なぜかって？　それはウェブが潜在顧客との会話を始め、継続させるための強力なツールだからである。とはいえ、ウェブ・マーケティングを主要なサービス・プロモーション戦略として絶対に活用しなければならないわけではないし、サービスをマーケティングするのに効果的とも言い切れない。いや、ウェブは"極めて"効果的なツールになり得るのだが、**インターネット・マーケティングがすべての人、すべてのビジネスに適しているわけではない**のである。ウェブが自分にとってしっくりこなければ、決して効果は得られないだろう。

　インターネット・マーケティングのマニアになりたいというのでないなら、ならなくていい。検索エンジン最適化やペイパークリック広告、多くのそ

他のツールといった戦術を使いこなすのは、ネット上で時間の大半を過ごしたい人に向いた戦略だ。そうした戦術に情熱を感じられないとしたら、たちまち打ちのめされてしまうだろうし、あなたも私もそんなのはまっぴらごめんだ。

新しいテクノロジーを学ぶためにエネルギーを費やす気にはなれないが、それでもインターネットの力を活用したいと思うのなら、自分にないスキルや才能、望みを持つ他の人を雇うなり、そういう人と提携するなりすればいい。

昨今では、独立してビジネスをするのは必ずしも1人で仕事をすることを意味しない——むしろ全くかけ離れている。今や私のビジネスは成長し、1人で経営するレベルを超えているため、私は専任のチームと一緒に働いている。しかし始めたばかりの頃でさえ、私は嫌いな、いや率直に言ってあまり得意でない仕事の多くを、アシスタントや技術的なエキスパートに委託していた。他の人に任せれば、1人でするよりもずっと多くの仕事ができる。

この章はすべての人——初心者も熟練者も同様に——にとって何らかの意味がある。いや実は、マーケティングやプロモーションのためのウェブの活用方法について、あまりに多くの情報を集めてしまったので、この章を3つのセクションに分けなければならなかったほどなのだ。

セクション1：ウェブサイトをデザインする
セクション2：ウェブサイトに訪問者を呼ぶ
セクション3：ソーシャル・メディア・プラットフォームの構築

ウェブは自分を表現するための類まれな手段である。ウェブは、あなたが何者で何を提供するかを伝える多大な機会をもたらすと同時に、他の人とつながるという恩恵も与えてくれる。学習しなければならないことはあるが、素晴らしい機会には必ず新しい何かを学ぶことが求められるものだ。世の中で成功するために最も重要な2つの規則は、**行動の中で学ぶことと他の人々と仕事をすること**である。

行動と同時に、行動しながら学習しなければならない。外に出てやりたいことをするためにあらゆる条件が完璧に整うまで、待っている余裕などないのである。世に出て大きな事柄を成し遂げるために完璧を待っていたら、どこにもたどり着けない――さらに言うなら、何もやり遂げられない。多くの人々がしり込みするのは、実際に行動する前に何かを行う方法をすべてわかっていなければならないと考えてしまうからだ。それは間違っている。やりながら学べるし、学ぶべきなのである。

　実際に走らなければ、走り方を学習することもできないし、走るのだってうまくならない。あるやり方で腕を動かせばどうストライド（歩幅）に役立つかについて書かれた記事を読むことは確かにできるが、そのような情報を実際に使ってみない限り、それが本当なのかわからないし、経験することもできない。インターネット・マーケティングや、学んでみたいと思うその他の新しいスキルにも、同じことが言える。行動しながら学び、自分よりも経験の豊富な他の人々と共に仕事をすることによってそれらのマーケティング戦略を取り入れれば、非常に短い期間のうちに自分が達成できる事柄に、心地よい驚きを感じるはずだ。

Section1
ウェブサイトを デザインする

> デザインとはどう見えるか、どう感じられるかだけの問題ではない。どう機能するかだ。
>
> ——スティーブ・ジョブズ

セクション1では、ウェブサイトを持つ目的とメリット、多くの人々がオンラインで犯す最大の間違い、ウェブサイトのコンテンツを組み立てる方法、サービスのプロにとって最も効果的な10のウェブサイトのフォーマット、およびウェブサイト・デザイナーに何を期待すべきかについて説明する。しかも、ビーチにいるような気分で——少なくともノート・パソコンを持って——読んでも理解できるようにするつもりだ。

ウェブサイトを持つ目的とメリット

　ウェブサイトを作り、ウェブ・プレゼンスを強固なものにする目的やメリットはたくさんあるが、そのうちの多くについてこれまで検討してみたことがきっとあると思う。ウェブサイトを持つことには、次のようなメリットがある。

- **エキスパートとしての立場を確立する**：自分自身のウェブサイトを持つことで、認知度が高まり、信用度や信頼性が向上する。
- **ブランド・アイデンティティを構築する**：ウェブサイトは市場においてあなたやあなたのビジネスを象徴する。
- **グローバル市場に働きかける**：ウェブサイトにおいて利用できる製品があれば、地元や近所から全世界へと地理的な市場を広げられるだろう。
- **24時間365日受動的収入を生み出す収益マシーンを作る**：ウェブは眠らない。つまり、コンピューターとウェブサイトを24時間レジにすることができ、すべてではないにしろプロセスの多くを自動化できる。
- **データベースを構築する**：フォローアップの許可をくれたターゲット市場の潜在顧客のリストを作ることで、ウェブは直ちに営業サイクルの有効性を向上させることができる。オプトイン・サイト（訳注：メール・アドレスを登録してもらうためのウェブサイト）は、（Eメール・アドレスと引き換えに価値のある何かを提供することにより）データベースを構築すると同時に価値を提供することを可能にする。忘れないでほしいのだが、サイトの訪問者には、オファーやサービスを投資に見合う価値のある機会ととらえてもらわなければならない。たとえ投資がEメール・アドレスのような小さなものでもだ。
- **適さない顧客をふるいにかけられる**：あらゆるマーケティング資料は潜在顧客をウェブサイトに導くことができる。ウェブサイトによって、潜在顧客はあなたやあなたのオファー、サービス、手順、価格を理解してから、より多くの情報を得るためにあなたに連絡を取ることができるので、あなたは貴重な時間を節約できる。潜在顧客はその後で、あなたが仕事を依頼するのにふさわしいかどうかを判断できる。
- **思い切った自己表現の機会を与えてくれる**：ウェブサイトは自分自身を表現する素晴らしいツールである。ウェブサイトはあなたやあなたが提供するものの延長であり、象徴なのだ。

オンライン上で犯す最大の間違いとは

　優れたウェブサイトの技術的な側面について見ていく前に、ほとんどの人々がオンラインで犯す最も大きな間違いについて考えてみよう。彼らは、**訪問者がサイトを閲覧するときに何をしてほしいかを把握しておらず、把握している場合でも、訪問者に実際にそうしてもらうためにはどうすればいいかをわかっていない**のである。

　人々はたいてい、ウェブサイトを1つのものととらえるが、それは間違いだ。それどころか、ウェブサイトは同じドメインにある多数のページ群で成り立っており、ページそれぞれに関連性がある。ウェブサイトの各ページについて、以下の3つの質問に完璧に答えられなければならない。

1. **誰がページを訪問するか。**
2. **訪問者に何をしてほしいか。**
3. **どうやって訪問者にそれをしてもらうか。**

　これら3つの質問に対する答えを知っていれば、各ページのコンテンツを訪問者のタイプにぴったり合わせて、確実にウェブサイトをデザインできるだろう。なぜか。それはどんな種類の話をするか、どう話すか、どうやって訪問者がそのページのために設定した目標に到達できるようにするかについて検討することになるからだ。ウェブサイトは——正しく行われれば——顧客を魅了し、確保するための目覚ましく有効なツールになり得る。

　美しくデザインされたウェブサイトが必ずしも優秀なウェブサイトというわけではない。確かに、サイトを訪れた人から2、3件電話があったり、いくつか製品が売れたりすることはあるかもしれないが、単にきれいというだけなら、サイトに来る人々の大半は再び訪問してはくれないだろう。あなたが提供するものを気に入らないというのがその理由とは限らず、人々は忙し

いので、ほとんどがそもそもどうやってあなたのウェブサイトにたどり着いたかさえも覚えていないのである。きれいは忘れられやすい。

一方、**訪問者のニーズに応えるコンテンツは、人々の記憶に残る**。そして、使いやすいサイトなら、訪問者はその内容を理解できる。

オンライン・マーケターとして成功するには、ウェブサイトへのトラフィックを潜在顧客、すなわちあなたのマーケティング・メッセージを待ちわびている人々に転換するための努力に集中しよう。マーケティング・メッセージは、その後素晴らしいサービスの提供という形で伝えられ、潜在顧客の人生の側面を向上させる助けになるはずだ。

そのためには、潜在顧客と連絡を取る許可をもらう代わりに、特別レポート、無料のビデオ・レッスン、あるいは大幅な割引クーポンなどの価値を与えるのもよい。時間をかけて信頼を構築することがいかに大切かを忘れないように。主な目的が、Eメール・アドレスやフォローアップの許可と引き換えに、前もって非凡な価値を与えることにあるなら、信頼関係が築けた後で、適切な、ふさわしい金銭的価値のある何かを提供することができる。

コンテンツと組み立て──情報を分類する

ウェブサイトのコンテンツと組み立てとは、**伝えたいと思う情報と、ナビゲーションしやすいよう情報をどうやって体系化して分類するか**ということである。情報製品と同じコンテンツをいくつかの異なるフォーマットに活用できるように、さまざまなフォーマットを選んでウェブサイトのコンテンツにレイアウトすることができる。

コンテンツと組み立てを考える際は、ターゲット市場を重視すべきだ。デザイナーと一緒に仕事をする場合には、ターゲットである読み手と同じように考えることが特に重要になる。ターゲット読者の立場になって考えるのだ。彼らは何を求めているだろうか。**彼らのニーズを満たすデザインにしよう。**

コンテンツと組み立ては、ウェブサイトが有効に機能するかどうかを決定

づける重要な要素である。コンテンツはターゲット市場にふさわしいものでなければならず、訪問者が訪れる必要のあるページと、訪問者がしなければならないことがわかりやすく表示されたレイアウトにするべきだ。

　ウェブサイトの訪問者は、仕事や生活に役立つ情報やリソースを求めている。必要なものが見つからなければ、訪問者はあなたのサイトやあなた自身に不満を感じるだろう。その結果、彼らとつながりを持つことができなくなってしまう。ナビゲートしやすく使いやすいウェブサイトを作れば、訪問者とすぐに良好な関係を築けるはずだ。訪問者はすでにあなたのことを知り、理解しているような気持ちになるからである。

4.16.1練習問題　自分のウェブサイトのホーム・ページについて考えてみよう。そのページを訪問するのは誰か（つまり、潜在顧客か、現在の顧客か、過去の顧客か、それとも紹介パートナーか、マスコミか）。

4.16.2練習問題　自分のウェブサイトのホーム・ページについて考えてみよう。訪問者に何をしてほしいだろうか（つまり、ニュースレターを購読するためにメール・アドレスの登録に同意して特別レポートを入手できるようにする、「人々に勧めるためにいつでも準備しておくべきオファー」である電話会議に申し込む、など）。

4.16.3練習問題　自分のウェブサイトのホーム・ページについて考えてみよう。訪問者に何をしてほしいかがわかったところで、どのようにすれば彼らにそれを実行させることができるだろうか（つまり、コピーまたはビデオに魅力的な話を盛り込む、あるいは倫理に叶った賄賂などを贈る）。

> **4.16.4 練習問題**　前記の３つの練習問題をウェブサイトのページごとに行う（ウェブサイトがある場合）。ウェブサイトを作っている途中なら、その過程でサイトの各ページについて３つの練習問題をしよう。

ウェブサイトで戦略を活かすための基本

　ウェブサイトはあなたを、ターゲット市場に価値あるコンテンツや経験、そして機会を提供するスーパースターにしてくれる。プロらしい、最新の情報が詰まった、モダンなデザインの、ターゲット市場に役立つ優れたコンテンツが満載のウェブサイトがあれば、自分の専門分野のエキスパートとして、また頼りになる人物としての地位を確立できるはずだ。

　今は、効果的なウェブサイトを完成させるまでの道のりは難しいように思えるだろうが、それと同時に本書においてすでに行ってきた取り組みが、知らぬ間に成功の基盤となっていることにうれしい驚きを感じているかもしれない。**ウェブサイトは、自分がどんな人物として知られたいかを決定づけ、コントロールする場だ**。キャッチフレーズはあなたが何をどうして行うのかを大胆に表現する。ウェブサイトは理想的な顧客の価値に訴えかけ、あなたがターゲット市場およびそのニーズや望みにどんなふうに熱心に尽くしているか、ターゲット市場があなたに時間を投資することで得られる金銭的、感情的、物理的、および精神的な利益に加えて、あなたが力を貸してターゲット市場が手に入れられる最大の成果を明らかにする。

　さらに、ウェブサイトはプラットフォームを実証し、信用と信頼を構築するのに役立つ。そのうえ、**７つの中核的なセルフ・プロモーション戦略のそれぞれを、自分が推し進める方法に組み入れて、サイトを活用する**ことができる。ウェブサイトは、情報製品または経験を新たな潜在顧客に無料で提供し、潜在顧客との会話を始めるのに有益で、潜在顧客を営業サイクルに組み

入れ、時間をかけて信頼関係を築くのに効果的な方法だ。ウェブサイトは、製品やサービスのためのさまざまな価格設定のインセンティブを提供し、理想的な顧客との超シンプルな営業会話につなげることができる場なのである。

「予約でいっぱいにしよう」7つの中核的なセルフ・プロモーション戦略を、ウェブサイトに正しく生かすための具体的なアイデアをいくつか示そう。

- **ネットワーキング戦略**：さまざまなソーシャル・ネットワークのプラットフォーム、例えばFacebook、Twitter、LinkedInなどに参加するよう人々を誘ってみるといい。また、そうしたプラットフォームを活用し、購読者リスト、ブログ投稿、および「連絡をください」フォームを通じて毎日新しい人たちとつながりを持つことができる。
- **ダイレクト・アウトリーチ戦略**：ダイレクト・アウトリーチを使い、投稿にコメントを付けたり、彼らのブログ記事の一部を転載しても構わないか尋ねてみたりすることで、同じ専門分野の他のプロと知り合いになれる。その人たちのブログに記事を提供し、発表してもらうこともできる。ウェブサイトは、潜在顧客だけでなく業界の有力者との会話を始めるのに最適なツールでもある。ビジネス上の取引を考える人々が、あなた自身についてやあなたが自分にとってふさわしいかを評価するのに、最初に検討するのはたいていの場合ウェブサイトである。
- **紹介戦略**：ブログを投稿する、または記事を書くなどして、自分の専門分野ではない特定の問題を抱える顧客の力になれる、別の仕事仲間を紹介することで、紹介戦略を実行できる。あるいは、さまざまな紹介先をまとめたリソース・ページを設けてもいい。ニュースレターも紹介を行う機会である。
- **連絡を取り続ける戦略**：潜在顧客の購読者リストを作り、ニュースレターを通して価値あるコンテンツやアドバイス、ひらめきを与えて営業のオファーをすることができる。

- **スピーチ戦略**：電話会議、講座、イベントをウェブサイトで宣伝できる。加えて、ウェブサイトを通じてポッドキャストすることもできる。
- **ライティング戦略**：ブログをウェブサイトに組み入れ、自分の分野のエキスパートとしての地位を確立するのに役立つ記事を集めたページを作ることができる。ウェブサイトのトラフィックを増やし、エキスパートとしてのステイタスを向上させてくれるアーティクル・バンク（訳注：ウェブサイトに掲載するためのコンテンツを融通したり供給したりするためのシステム）やアーティクル・ディレクトリ（訳注：記事を分類し整理して、保管してある場所）に記事を送ることもできる。

中核的なセルフ・プロモーション戦略をウェブサイトに組み入れれば、潜在顧客を引き付け、彼らと信頼を築くことができ、最終的に潜在顧客は充実した人生を送り、仕事で成功する理想的な顧客になるだろう。

極めて優れた「予約でいっぱいにしよう」認定コーチの1人、ホリー・シャンタル（HollyChantal.com）はウェブ・デザインとインターネット・マーケティングを専門にしている。ホリーは、ある顧客が「予約でいっぱいにしよう」の戦略をウェブサイトに取り入れるのに力を貸し、その顧客は平均で毎週4人顧客を増やすことができた。

ホリーの顧客であるジェシカは直販ビジネスに携わっており、製品やお勧め品に注目が集まるようブログを活用し、記事を書いて顧客に有益な情報を与え、ニッチ市場で頼りになる人としての地位を確立した。ジェシカは顧客の数を倍にできたので、入場制限ポリシーを厳しくし、最も理想的な顧客とだけ仕事ができるようになった。ジェシカはまた、自分では適切なサービスを提供できない顧客を、ふさわしい仕事仲間に紹介できるようにもなった。その結果、収益力がアップしてジェシカのチームによる収益は上がり、組織における彼女の地位は高まった。「予約でいっぱいにしよう」の戦略（およびホリーのコーチング）のおかげで、ジェシカのチームはその会社の国内売り上げトップ10に入った。

サービスのプロにも有効な10のフォーマット

●パンフレット型

　パンフレット型のウェブサイトは通常5ページ前後で、オンライン版の小冊子のようなものであり、サービスのプロにとって最も一般的なフォーマットだ。パンフレット型ウェブサイトには概して、まずはあなたやあなたの会社、サービスについての情報やいくつかのリソースが含まれている。

　このフォーマットを使う場合のリスクは、サービスを提供する相手ではなくあなたに関することばかりが書かれているように思われ、想像力を働かせないと、他のサービスのプロのウェブサイトと大して違わないような印象を持たれかねないことだ。

●Eメール転換

　Eメール転換フォーマット——またの名をスクイーズ・ページ（訳注：メール・アドレスを収集するためのページ）——は究極のワンステップ・ウェブサイトである。Eメール転換型のウェブ・ページで訪問者がすることはたった1つしかない——特別レポート、ホワイト・ペーパー、ミニ講座、クーポン、人々に勧めるためにいつでも準備しておくべきオファーへのアクセスなどのような価値ある何かを得るために、Eメールのアドレスを教えるのである。サイトを作る側はとても魅力的なオファーを明示して、訪問者を参加するよう促さなければならない。極めて貴重なEメール・アドレスを手に入れるためのチャンスは、一度しかないからだ。

　こうしたサイトを作る際は慎重に。購読者リストの作成に役立つEメール・アドレスは得られるかもしれないが、この種のウェブサイトを不快に思う人々もいるのである。そもそも、このようなサイトでは与える前に何かを求

めることになる。**見返りとして何かを求めたりせず、まずは何かを与えるのが「予約でいっぱいにしよう」のやり方である**ということは、おそらくもうわかっているはずだ。このやり方を試し、ターゲット顧客や理想の顧客がどのような反応を見せるか確かめてみるといい。それが——**サービスを提供する相手がどう反応するか**——あらゆるマーケティング戦術の効果を示す真の**指標**である。どんな結果が生まれ、マーケティングを行う相手はその戦術をどう感じるだろうか。

　Eメール・アドレスを手に入れ、顧客に確認メールを自動送信し、引き換えに価値を届けてフォローアップできるツールが必要になるが、ConstantContact.com、AWeber.com、1shopping.com、Infusionsoft.comなど、そのために役立つプログラムは数多くある。

●1ページのセールス・レター型

　1ページのセールス・レター型のウェブサイトは、製品やプログラム、サービスの購入を促すために特別に作られたものである。わざとらしい、やりすぎの、押しつけがましいものを見たことがあるかもしれない。

　そんなものはあなたらしくないので、そう思われないようなものを作ろう。忘れないでほしいのだが、**あらゆるマーケティングはターゲット市場に訴えかけるためのものでなければならない**。だからもしもターゲット市場が、わざとらしくてやりすぎの、押しつけがましいマーケティング・メッセージに反応するとしたら、それを使わなければならないだろう。しかし、そうはならないと思う。

　こんなにも多くのオンライン・マーケターが長い1ページのセールス・レター型を用いるのは、うまく活用すれば、製品販売の優れたツールになるからである。1ページのセールス・レター型のサイトは、読者からの直接的な反応を引き出すために作られる。長い1ページのセールス・レター型が効果的なのは、全体を読んでもらえることを意図していないからだ。つまり、ざっと目を通せるように作られているのである。そのため、長い1ページのセー

ルス・レター型では、例えば色とりどりの大きな見出しや箇条書き、太字や強調表示のテキストが用いられる場合が多い。

　重要なのは、**市場を把握して、この種のセールス・ページにどんな反応を示すかを知る**ことだ。

●サービス・メニュー

　サービス・メニューは、サービスをどのように提供するかを一覧にしたホーム・ページである。訪問者がニーズに合わせて1つを選ぶと、別のページでよりターゲットを絞り込んだメッセージを自動的に読むことになる。その後、的を絞ったページを通して仮想会話を始め、訪問者や彼らが置かれている状況、そしてあなたがどのように役立てるかについて具体的なメッセージを伝えることができる。サービス・メニューによって、他のフォーマットでは得られない、カスタマイズされた価値や相互の交流を提供できる。

　ただし、気を付けよう。このフォーマットを使うと、1つの分野のエキスパートとしての役割を果たすのではなく、あれもこれもやりすぎているように思われる危険がある。また、このフォーマットでは最初に別のページを選択する必要があるために、会話を始められるオプトインにはそれほど直接結びつかない。

●評価

　ターゲット市場の差し迫ったニーズおよび切実な望みに直接訴えかける評価を提供するのは、素早くつながりを持ち、潜在顧客が実際にどれほどあなたのサービスを必要としているかを自分で判断するのに役立つ、素晴らしい方法である。

　評価は、クイズ、調査、個人プロフィールといった形式で行うことができる。そうした評価が有効なのは、インタラクティブ、つまり顧客を関与させ、評価するための資格を取得する行為が必要になるからだ。

評価者が評価に対する反応を知るには、Eメール・アドレスを入力しなければならない。プロセス全体を自動化し、新しい評価またはクイズを作成してウェブサイトに掲載し、リピート訪問者をウェブサイトに引き寄せることができる。

●ポータル

　ポータル・サイト（訳注：インターネットにアクセスする際の入口となるウェブサイト）は一般にウェブサイトの一覧、検索エンジン、特定のテーマに関する多数のコンテンツ、またはそのすべてを提供する。サービスのプロにはあまり使用されないが、製品やサービス、プログラムの数が多く、それぞれ種類が異なっている、あるいは別々のターゲット市場を対象としているような場合は、ポータル・サイトを選んでもよいだろう。このフォーマットによって、複数の提供物を提示できるので、訪問者はニーズに応じてどの製品またはサービスについてもっと多くの情報が欲しいかを選択できる。ただし、選択肢を増やしすぎて訪問者を混乱させる恐れがあるホーム・ページは、絶対に作らないように。

●バイラル・エンターテインメント・サイト

　バイラル・エンターテインメント・サイト（訳注：「バイラル」とはもともと「ウイルス（性）の」という意味。人から人に情報が伝わっていく様子をウイルスに譬えた表現）は口コミ——他の人々にあなたのメッセージを伝えさせること——によるマーケティング・アプローチに基づいている。バイラル・エンターテインメント・サイトは、感情に訴える、面白い、あるいは人々に「うわぁ！」と言わせる何らかの種類の媒体を提供し、自分のことを知らない人さえも含め、たくさんの人々と積極的なつながりを持てる優れた方法である。EntrepreneurIdol.comにアクセスしてみよう。とても面白いサイトだ。

●ブログ

"ウェブログ"の短縮形であるブログは、もともと単純なオンライン上の日記だったが、ここ数年でそれ以上に重要な存在になった。

近頃では、記事のエントリーのほとんどがブログのホーム・ページ上で行われている。以前のエントリーはアーカイブと呼ばれ、日付ごとに整理され、多くの場合トピックによって分類されている。たいていのブログでは、読者がコメントを投稿し、Facebook、LinkedIn、Twitterなどの他のソーシャル・メディア・プラットフォームで記事を共有し、さらに評価することができる。静的なウェブサイトとは異なり、ブログが読者（および検索エンジン）にとって魅力的なのは、インターネットにつながっていればどこからでもすぐに更新でき、新鮮でタイムリーで、適切なコンテンツを提供できるからだ。Eメールを送信できるなら、ブログを発表することができる。もちろん、ブログをこれまで説明してきた他のタイプのウェブサイトのいずれかに組み入れても構わない。

ブログの最大の欠点は、定期的に投稿しなければ効果がないことだ。頻繁に更新されないブログは、普通の静的なウェブサイトよりも悪い。私のブログ（michaelport.com/blog）を参考にしてほしい。

●ソーシャル・ネットワーク

ソーシャル・ネットワーキングとは狭い意味で言えば、個人を政治や宗教などによって、あるいは鉄道模型を収集する人といった特定のグループに分類することと言えるだろう。確かに、ソーシャル・ネットワーキングはこれまでずっと人間同士が直接会うことで構築されてきたし、現在でもそうすることが可能だ。しかしながら21世紀は、インターネットを活用して関心のある人々のグループをまとめることがぐっと容易になっている。オンライン上には数億の人々がいて、興味が同じで、ゴルフやバスケット作り、起業家

精神、スイミング、子育て、依存症などに関するアドバイスやサポート、またはつながりを与えられる人々に会うのを楽しみにしているのだ。オンライン上で人々を組織化したいなら、一般にソーシャル・ネットワーク・プラットフォームと呼ばれるタイプのウェブサイトを使うことができる。ソーシャル・ネットワーク・プラットフォームは、議論の場や情報、画像、動画などを投稿できる場所を備えたコミュニティー・センターのような役割を果たす。新しい人がコミュニティーへのアクセスを認められると、彼らはプロフィールを設定してすぐに交流を始められる。

ソーシャル・ネットワークのウェブサイトのフォーマットは、あなたがサービスを提供したいと思うコミュニティーのために尽くせる、寛大で有効な方法である。例として、ThinkBigRevolution.com を参照しよう。無料のこのサイトでは、私がサービスを提供する人々同士が、つながりを持ち連携することができる。基本的に、あなたならではの Facebook または LinkedIn を構築していいのだが、それらはあなたのターゲット読者のために特別に作られたものでなければならない。あなたのサイトは、規模は小さくとも効果の点では必ずしも劣るわけでなく、顧客の個人としてのニーズや職業上のニーズを満たし、コミュニティーのリーダーとしてのあなたと潜在顧客との人間関係を構築する効果的なツールになるだろう。自分自身のソーシャル・ネットワーク・サイトを作るのに活用できるサービスの一覧を参照したければ、Wikipedia.com を訪れ、「Social network hosting service（ソーシャル・ネットワーク・ホスティング・サービス）」を検索しよう。

●パーソナル・ブランド・アイデンティティ・サイト

企業のブランドではなくあなた個人のブランドのプロモーションをしている場合、このフォーマットを検討してみたいと思うかもしれない。MichaelPort.com で私は自分用にこのフォーマットを使って作ってみた。ところでこれは自分の仕事や主張、誰にサービスを提供しているかを示す1つのページで、本当に極めてシンプルである。本質的に私個人の Google の

プロフィール・ページのようなもので、ついでに言えばすべての人が持つべきものである。

> **4.16.5 練習問題** オンラインで好きなウェブサイトと嫌いなウェブサイトをそれぞれ3～4つ見つけよう。使われているフォーマット、好きな特徴と嫌いな特徴、およびその理由をリストにする。自分がどうしたいか——どうしたくないか——をデザイナーに示す例として役に立つはずだ。可能なら、この練習問題では自分のターゲット市場にサービスを提供しているウェブサイトを選び、何を提供しているか、それをどうやって提示しているかをメモしよう。現在どんなウェブサイトがあるかについての感覚が得られ、新たなアイデアがひらめくかもしれない。

ウェブ・デザイナーに期待できること

ビジネスを始めた頃、私は使ったことのないたくさんの斬新なアニメーションを用いたウェブサイトに6,000ドル以上を費やした。いやいやこう言うべきだろう。私はそのウェブサイトを5カ月間使ったが、何の甲斐もなかった。そのサイトは、見た目は格好良かったかもしれないが、有効ではなかったのだ。なぜなら、すべてがフラッシュ（訳注：Flash。アドビシステムズが開発している動画やゲームなどを扱うための規格）のフォーマットを用いており、顧客のために何ができるかではなく、自分が何をするかだけを伝えようとしていたからである。私はすぐに、**ウェブ・デザインの3つの必須スキル（デザイン、マーケティング、プログラミング）のすべてにおいて有能なウェブ・デザイナーを探さなければならない**ことを悟った。同じことをあなたにも勧める。今では私のウェブ・デザインはすべて、RetinaWebAgency.com に任せている。

自分のウェブサイトをどのように"デザイン"したいのかはもうわかって

いるのだから、次の課題は**どうやって人々にウェブサイトを"訪れ（そして居続け）"させるか**だ。あなたはうってつけの場所にいる。ページをめくれば、トラフィクの学校にたどり着けるはずだ――トラフィックを迅速（かつ安全）に自分のサイトに導く方法を学ぶことができるだろう。

Section2
ウェブサイトに訪問者を呼ぶ

> "インターネットはこの無料の市場というアイデアにこのうえなくふさわしいと思う。（中略）私たちはみな互いを必要としているのだ。"
>
> ——ピート・アッシュダウン

　セクション2では、ウェブサイトに安定したトラフィックの流れを作り出す方法、およびそのトラフィックをビジネスに転換する方法——「トラフィックの生成」と呼ばれているプロセスについて見ていく。ウェブサイトにもっと多くのトラフィックを生成するための、最も重要で理解しやすい、絶対確実な9つのテクニックと戦略、加えて誰かがあなたのサイトを訪問した際に、連絡を取り続けてもいい（その人に売り込みをしてもいい）という許可をもらえるようにするための、"ビジター・コンバージョン"の2つの必須原則を扱うつもりだ。

9つのウェブ・トラフィック戦略

●サイトを最適化する

　検索エンジン最適化（SEO）とは、検索エンジンに自分のサイトの存在を知ってもらい、検索ランキングの上位の方に表示してもらうための方法のこ

とである。検索エンジンを最適化すれば、誰かがあなたの提供するものを検索すると、あなたのサービスのリストが検索結果の上位に表示される。SEOは大きなテーマだ。本が丸ごと1冊書けてしまうくらいなので、ここでは基本を扱うのみに留めておくが、SEOを主要なトラフィック生成戦略にする場合は、どこか別のところでさらに学習を続けてほしい。

　検索エンジンのほとんどにサイトを掲載するためには、自分のサイトが存在することを知らせなければならない。したがって最初にすべきなのは、**各検索エンジンにあなたのサイトを登録するか、別のサイトをあなたのサイトに直接リンクさせるか**のどちらかである。そうすればあなたがゴールデン・タイムに進出する準備が整ったことを、検索エンジンに知らせることができるはずだ。

　主要な検索エンジンに登録したら、サイトを必ず**最良のキーワードで最適化しよう**。最良のキーワードは、ターゲット市場があなたが提供するものを探すために検索エンジンに入力する言葉またはフレーズだ。検索エンジンはそれぞれにウェブサイトのランク付けの基準が異なり、そうした基準を教えたがらないため、検索エンジン最適化の最も効果的な戦略は、**訪問者が見たいと思うコンテンツが豊富なページを作ること**である。つまり、あなたが提供するものを探すのに訪問者が使うのと同じキーワードやフレーズが、合法的にたくさん使われているページである。

　トラフィックの大半を自分のサイトに導くのに役立つキーワードやフレーズとはどんなものなのか、どうやって判断したらいいのだろう。そのためには、**ターゲット市場にとっての差し迫ったニーズと切実な望みに集中する**ことだ。探しているものを見つけるために、潜在顧客はどんな言葉を検索エンジンに入力するだろうか。あなたが考えているのとは違う言葉かもしれない。最適なキーワードやフレーズとは、感情に訴える、メリットの多い次のようなものである。

・検索数が最も多い。

- 競合数が最も少ない。
- あなたのサービスに投資する用意と意欲があり、投資が可能な、ターゲットとするトラフィックを引き付ける。

実は、何人の人々があなたの選んだキーワードやフレーズで検索しているかが正確にわかるツールがいくつかある。Googleは無料のキーワード検索ツールを提供しているので、Googleで「Googleキーワードツール」を検索してみるといい。サイトにふさわしいキーワードやフレーズが見つかったら、それと同じ言葉やフレーズを使ってサイトを最適化する。**最も適したキーワードが何かを理解することは、あらゆるオンライン・マーケティングの成功にとって不可欠だ。**

> **4.16.6 練習問題** 自分のサイトのトップ・キーワードおよびフレーズを5つ特定しよう。

●リンクポピュラリティーを高める

リンクポピュラリティー(インバウンドリンクの質と量(訳注:インバウンドリンクとは外部のウェブサイトから自分のサイトにリンクされていること))を高めて、自分のサイトに向かう質の高いインバウンドリンクを持つことは、次の2つの点において有益だと思われる(同じターゲット市場にサービスを提供しているか、関連するコンテンツを提供している、ランキング上位のサイトからのリンクがインバウンドリンクである)。

1. 検索エンジンのランキングを上げる。
2. 自分のサイトを見つけるための質の高いトラフィックを増やせる。

遊び半分で、リンク交換ソフトやプログラムに手を出そうなどとは考えな

いでほしい。リンクポピュラリティーは、合法的なやり方で高めなければならない。大事なのは、すでに優れたウェブ・トラフィックとステイタスを有する他のサイトとの間に関係を構築することである。友人5人——ウェブサイトを開いたばかりの——とリンクを交換するのは積極的な考えではあっても、検索エンジンのランキングを上げるのには大した効果はなく、サイトへのトラフィックが大幅に増えるのに役立つこともおそらくないだろう。強力なウェブ・プレゼンスを持つ人をたくさん知らないのなら、以下を実行してみるといい。

1. 同じターゲット市場でサービスを提供し、すでにサービスや製品に対する需要を生み出している他のプロのリストを作成する。
2. Yahoo.com にアクセスし、linkdomain;urlOfOtherProfessional.com と入力する。
3. 検索ボタンをクリックすると、入力した URL にリンクが貼られている Yahoo! のすべてのサイトのリストを確認できる。その後、そうしたサイトに連絡を取って友好関係を築き、彼らの生活や仕事に価値を与え、相互リンクを申し込む。

4.16.7 練習問題 トラフィックが多く人気もあり、自分と同じターゲット市場でサービスを提供しているサイトを5つ見つけよう。

4.16.8 予約でいっぱいにするための行動ステップ 次に、各サイトの所有者またはウェブマスターを20名の BYS リストに加え、その人たちと親しくなり、生活や仕事に価値を与え、(そうした要請をするのに必要な、相応の信頼を築いてから)相互リンクを申し込もう。必ずあなたの方が先に彼らのサイトへのリンクを貼って、彼らの役に立つことに熱心であるとわかるようにしよう。

●Eメールの署名を活用する

　サービスをプロモーションするための方法として、見過ごされることが最も多いものの1つが、Eメール署名ファイルの活用だ。Eメールの署名とはメールの末尾に置く情報で、自分が何を提供するかを人々に教え、ニュースレターや利用障壁のないその他のオファーに申し込むよう促すための、シンプルかつ効果的な方法である。

　署名ファイルで質問を投げかけ、それに対する答えが用意されている自分のウェブサイトへのリンクを載せることを検討してもいいだろう。例を示そう。

　明日は1日中、高い報酬を支払ってくれる顧客の予約でいっぱいですか？　違うのですか？　では、MichaelPort.com にアクセスしてください。私が力になれます。

　あるいは、次の例のように短くシンプルにしてみる。

　顧客を増やす方法を見つけよう。
　MichaelPort.com

> **4.16.9 予約でいっぱいにするための行動ステップ**　魅力的なEメールの署名を作り、すぐに使い始めよう。

●サイトをプロモーションする

　信頼を確立してサイトにトラフィックを呼び寄せる優れた方法は、**あなたがいつも考えているトピックに関する有益な記事を書き、ニッチなウェブサ**

イトやアーティクル・ディレクトリに無料で投稿することである。

　なぜこのやり方が効果的なのか。検索エンジンと同じように、ネット・サーファーは情報を貪欲に吸収する。つまり、**ウェブサイトを管理する人々は、ネット・サーファーに提供できる良質のコンテンツを切望している**のである。サイト管理者は、タイムリーかつ頻繁に更新される妥当なコンテンツがあれば、人々はウェブサイトを価値あるリソースと考えることを知っている。サイトの所有者が他では手に入らない質の高い情報を提供できれば、人々はそうした情報を得ようとそのサイトを定期的に訪問するだろう。

　そんなコンテンツを提供できれば、あなたは一躍脚光を浴び、カテゴリーの権威としてその名を知られるようになれる。あなたの書く情報が適切でタイムリーでよくまとめられていて、ニッチなウェブサイトやアーティクル・ディレクトリの特定のニーズを満たす限り、編集者のほとんどは喜んであなたの記事を受け取り、サイトに掲載するはずだ。

　こんなふうに思うかもしれない。「そんなやり方がなぜ、私のサイトへのトラフィックを生成できるのだろう」。

　記事の末尾に、サイトへのリンクの他にあなた自身に関する短い署名を含めることで、あなたのウェブサイトへのトラフィックを生み出せる。読者はあなたの専門知識や信頼できるアドバイスをすでに読んでいるので、価値ある資料をもっと読みたい、あなたの提供するサービスについてもっと知りたいと思うだろう。

　記事を書いてウェブで共有することが素晴らしいのは、利用障壁が全くないところだ。ニッチなウェブサイトやアーティクル・ディレクトリに記事を掲載すれば、無数の閲覧者にあなたの名前とウェブサイトのアドレスを知らせることになる。そのうえ、あなたの記事はGoogleやMSN、Yahoo! などのエンジンによる検索結果に表示されるのである。

●オンライン・コミュニティーに参加する

　その日の話題について話し合うオンライン上のグループ、例えばインター

ネットの掲示板、フォーラム、ソーシャル・ネットワーク、リストサーブ（訳注：コンピューターが自動で管理する自動メーリング・リスト）などは、数百万とまでは言わないが数十万はある。

　自分のターゲット市場が参加するコミュニティーに関与し、アドバイスやサポート、その他の価値を与えられれば、コミュニティーのリーダーになるチャンスが得られる。このようなコミュニティーの多くでは、プロフィールを作って自分の略歴、Eメール・アドレス、ウェブサイトのアドレスなどを掲載することができる。

　ターゲット市場で構成されるコミュニティーで（良い意味で）有名になれれば、コミュニティーのメンバーはウェブサイトを訪問してあなたについてもっと知りたい、あなたがどんなふうに自分の力になれるのかに関する情報をもっと得たい、という気持ちになるはずだ。Googleを検索すればこうしたグループが見つかる。ターゲット市場が自分たちの業界、状況、ニーズなどに合わせて作られたコミュニティーを見つけるために用いると思われる、さまざまなキーワードやフレーズを入力してみよう。3大ソーシャル・ネットワーキング・サービスであるFacebook、LinkedIn、およびTwitterについては、本章のセクション3で話すつもりである。

4.16.10 予約でいっぱいにするための行動ステップ　自分のターゲット市場のために役立ち、自分が詳しいトピックを主に扱っている、最も活発なオンライン・コミュニティーを5つ見つけよう。グループのメンバーとして、議論のテーマに価値を与える、知的で思慮深い記事を書けばいい。他のメンバーの質問に回答したり、役立つリソースを提案したり、業界に関連する話題について単に意見を述べたりしてもよい。何が起きるかはわからない――他の人の考えを読むだけでも、多くのことが学べるかもしれないのだから。

●パートナーとクロス・プロモーションを行う

　これは私が本当に好きなオンライン・マーケティング戦略の1つだ。なぜなら、私が素晴らしいと思う他の人々と提携し、その人たちをプロモーションすると同時に、彼らにも私をプロモーションしてもらえるからである。**新しい潜在顧客と迅速に信頼関係を構築できるようにするためには、他の人々に自分について話してもらうのがいかに重要か**、これまで見てきた。そう、**マーケティング・パートナーとのクロス・プロモーションは、それを実行する最適の方法**なのである。

　仕事仲間が自分のニュースレターの購読者にメールを送り、その中で私のサービスや製品、プログラムを推薦してくれたとしたら、その人のニュースレターの購読者が私を信頼してくれる可能性は高くなる。私がその人のプロモーションをした場合も同じだろう。そのようにして、潜在顧客と人間関係を築くのがぐっと容易になる。素晴らしい友人のそのまた素晴らしい友人に会うようなものだ。人は、自分の大好きな友人がその人のことを好きなら、その人はいい人だろうと思う。オンライン（およびオフライン）のクロス・プロモーションでも同じことが起きるのである。

　このようなクロス・プロモーションは多くのレベルで実行できる。たまたま同じターゲット市場にサービスを提供している他のサービスのプロと、またはより大きな業界団体や組織との間で。小規模企業の経営者を顧客に持つ会計士なら、7万5,000名の会員を持つオンライン小企業協会の加盟申請担当責任者との人間関係を構築すれば、その人は会員にあなたのサービスを宣伝してくれる。

　あなたにどれほどの数のニュースレターの申し込みが届くか、よく考えてみてほしい。そしてそれらの新たな潜在顧客が全員顧客に変わるとしたらどうか。可能性は無限だ。だから私は、オンライン・マーケティング戦略としてこの方法が好きなのである。

　検討すべき戦略は他にもいくつかある。

- 自分だけでは実行する余裕のない特別プロモーションを共同で行う。
- コンテストを開催し、パートナーが賞品を提供する。次のコンテストでは役割を交代し、パートナーのコンテストにあなたが製品またはサービスを商品として提供する。
- 顧客が販促資料に記載されているすべてのパートナーからその月に何かを購入したら、1人の参加パートナーが顧客に無料の製品またはサービスをプレゼントする。

オンラインのクロス・プロモーションは、大きなマーケティングの見返りをもたらす可能性がある。なぜなら、**パートナーが互いの顧客基盤を通じて事業をうまく拡大できるから**だ。あなたもあなたのマーケティング・パートナーも、従来の一匹狼型のネットワーキング、宣伝、または広報のやり方よりも効果的に、コストをかけず、確実により多くの潜在顧客への紹介が得られる。

4.16.11 練習問題　あなた自身の独自のクロス・プロモーションのアイデアをいくつか考え出し、マーケティング・パートナーとしてふさわしい相手を特定しよう。

4.16.12 予約でいっぱいにするための行動ステップ　以前の練習問題で特定した人々に働きかけ、つながりを持ち、アイデアを共有しよう。

●「友達に知らせる」フォームを使う

今後は、顧客の大部分が紹介によって得られることになるだろう。現在の熱狂的なファンがあなたのことをオフラインで話題にすれば、その人たちは

オンラインでもあなたについて誰かに話をしてくれるとは思わないか。「友達に知らせる」フォームがあれば、それが可能になる。訪問者があなたのウェブサイトの内容を気に入り、友人もあなたのサービスのメリットを享受できると考える、と想像してみよう。ウェブサイト上で「友達に知らせる」リンクをクリックすれば、その人は友人にあなたのサイトを紹介できるのだ。自分のサイトのプロモーションとサイトのアドレスを盛り込んだ、個人個人に宛てたEメールを自動で送信できるようカスタマイズすることもできる。Facebookなら、どのページにも「いいね！」ボタンを設置して、訪問者がそれをクリックすれば、あなたのページを気に入ったことを彼らの友人に知らせ、あなたのオンライン・ソーシャル・プラットフォームと地位を同時に確立することができる。

　これは驚くほどシンプルで効果的な戦略だ。繰り返すが、**他の人々にあなたを話題にしてもらい、潜在顧客との信頼関係の構築に力を貸してもらうの**である。もし冒険心が強く、独自の「友達に知らせる」フォームをコーディング（訳注：プログラミング言語を使ってソフトウェアの設計図にあたるソースコードを作成すること）してみたいと思うなら、オンラインを検索すれば無料の「友達に知らせる」スクリプトを見つけることができる。私たちはそれほどハイテクに精通しているわけではないので、ウェブ・デザイナーに設定を頼むのがたぶんいいだろう。

> **4.16.13 予約でいっぱいにするための行動ステップ**　「友達に知らせる」フォームを作るか、誰かを雇って作ってもらい、使い始めよう。

●オンラインのプレス・リリースの活用

　インターネットは、ターゲット市場とつながり、オンラインにおいて無料で宣伝を行う機会を数多くもたらしてきた。オンラインのプレス・リリースはマーケティング戦術としてはとかく十分に活用されてはいないが、ウェ

ブ・トラフィックを増やすのには効果的である。オンライン上の宣伝機会によって、あなたのサイトの検索エンジンのランキングは上がり、同時に信頼性が高まり、メディア各社への露出も増える。

例えば、「予約でいっぱいにしよう」認定コーチのシンディー・アール（GetKnownGetClients.com）はソーシャル・メディア・マーケティングとオンラインPRのエキスパートでもあるが、シンディーの顧客のレイチェルは「人々に勧めるためにいつでも準備しておくべきオファー」への申し込み数を増やしたいと考えていた。シンディーはレイチェルに、オンラインのプレス・リリースを発行するようアドバイスした。2人は協力してプレス・リリースを作成し、PRWeb.comを介して配信すると、数日の間にGoogle、Yahoo!などの検索エンジンやニュース・サイトを通じて200以上も読まれた。何より重要なのは、レイチェルの**イベントへの参加申し込みがおよそ50%も増えた**ことである。

オンラインのプレス・リリースを使ってサイトへのトラフィックを増やすことを検討してみよう。「予約でいっぱいにしよう」認定コーチのシンディーによれば、その結果、次のことが起こるだろう。

- サイトへのトラフィックがすぐに増える（通常24〜48時間以内に）。
- あなたに対する信頼が高まる——あなたのことを知り、好きになり、信頼する要因が増える。
- 小企業の経営者はあまりこのマーケティング戦術を用いていないため、他の人たちよりも傑出した存在になれる。
- 多くの場合、ペイパークリック広告よりもトラフィックの転換率が高い。
- 今後数カ月間も数年間もトラフィックをもたらす。オンラインのプレス・リリースは、永久に検索エンジンの索引に載るからである。

では、オンラインとオフラインのプレス・リリースの違いとは何だろうか。お知らせがある場合、小企業にとってオンラインのプレス・リリースはメディアに自分たちを見つけてもらうための最も早い、最も簡単な方法であ

る。PRWeb.com や PRNewswire.com といったサイトにプレス・リリースを送れば、あなたのニュースを Yahoo! News、Google News、Ask.com などの主要サイトに直接掲載してくれるので、ブロガー、ジャーナリスト、消費者を含む数十万ものニュース購読者やメディア出版物に働きかけを行うことになるのだ。

オンラインのプレス・リリースによってサイトへのトラフィックがすぐさま増え、検索エンジンのランキングが上がる。小企業の経営者にとって、PRWeb.com は圧倒的に最も機能が豊富なサービスで、価格も手ごろだ。

そのためには、うまくまとまった、的を絞ったプレス・リリースを書かなければならない。オンライン配信に最適なプレス・リリースを書くには、自分のビジネスに合ったキーワードをプレス・リリースの本文全体に使い、誰かがあなたのビジネスやトピックを検索するときに、あなたのプレス・リリースが検索エンジンにおいて目立つ形で表示されるようにしよう。**見出しやサブタイトル、本文にキーワードを使う**こと。

書くのが得意でなければ、プレス・リリースの執筆をフリーランスのライターか PR 会社に委託するのが簡単だ。多くのサイトにはプレス・リリース配信サービスがあり（一部のサイトでは待ち時間が24〜48時間必要である）、ほとんどが有料だが、さまざまな無料オプションを提供しているものもある。

オンラインのプレス・キット（訳注：ニュースリリースなど、関連する資料や写真を添付したファイルまたはその資料一式のこと。記者会見で記者の便宜を図るために用意されるケースが多い）も有益なツールだ。ウェブサイトに「プレス・キット」または「メディア・リソース」というタイトルのページを作ればいい。そのページには個人および会社の略歴、プレス・リリース、記事の掲載場所、主な営業担当者の仕事用の写真を盛り込まなければならない。ウェブサイトにページを追加する他に、オンラインのプレス・ページ・サービスのあるプレス・キットを設けてもよい。ジャーナリストやブロガーは、話のアイデアやインタビューを求めてこれらのサイトをしばしば訪問

する。

> **4.16.14 予約でいっぱいにするための行動ステップ**　顧客が達成した最も印象的な成果の1つについて、プレス・リリースを書き、PRWeb.com に送ろう。信頼できるプレス・リリースの作り方に関するヒントを、このサイトで得ることができる。あるいは、GetKnownGetClients.com を訪問し、オンライン PR やソーシャル・メディア・マーケティング戦略についてもっと詳しい情報を得よう。

●ペイパークリック広告から利益を得る

　検索エンジンのペイパークリック広告（PPC 広告）の使用は、効果的なマーケティング・ツールになり得る。ペイパークリックとはすなわち、広告がクリックされるごとに料金を払うという意味である。

　私が広告にお金を払う話をするのはこれが初めてだと気付いたら、意外に思うかもしれない。これまで紹介したその他のオンライン戦略には、時間以外のものはあまりかかっていないのだ。

　トラフィックを生成するのに、オンラインでは（費用をかけるとしても）たくさんのお金を費やしてはいけない。設定したキーワードで、通常の検索結果の上から8番目までに表示されているのなら、ペイパークリックを利用する必要はない。しかし上位8位に入れなかったら、ペイパークリックは大きな利益が得られる可能性を伴う、小さな投資に的を絞って注目を集めるための、素晴らしい方法である。

　見込み客が、あなたが提供するようなサービスまたは製品を検索していれば、ペイパークリック広告によって潜在顧客とつながりを持つことができる。広告を作ってキーワードを選んでおけば、検索エンジンにそのキーワードが入力された場合、通常の検索結果と同時にペイパークリック広告が表示される。広告料が発生するのは、誰かがそのペイパークリック広告をクリッ

クして自分のサイトを訪問した場合だけだ。

　ペイパークリック広告はサイトへのトラフィックを生成するのに効果的であり、どのキーワードやフレーズが多くのトラフィックを生み出すかを試したり、トラフィックのうち何％が潜在顧客や実際の顧客に転換するかを把握したりするのに優れている。Google AdWords（google.com/ads）やYahoo!（http://searchmarketing.yahoo.com（訳注：現在、このアドレスは利用できなくなっている。Yahoo! Search Marketing の日本のアドレスは、http://advertisingcentral.yahoo.com/searchmarketing/international/japan））のペイパークリック広告のアカウントを申し込むと、ウェブサイトに配置してデータを追跡できるコードが入手できる。

　広告が掲載される位置（サイトの上から下まで）は、入札価格、すなわちクリックごとにいくら支払いたいかに応じて決定される（Google は例外で、広告の掲載位置は入札価格とクリックスルー率（訳注：広告がクリックされた回数を、広告が表示された回数で割ったもの。この値が高いほど広告に反応しているとわかる）を合わせて決定される）。

　ペイパークリック広告によって大幅な数のトラフィックを生成するためには、どうしても最初の検索ページに表示される必要がある。もちろん、入札価格を変更すれば掲載順位を変えることはできる。しかし、心配は無用だ——毎日の支出額に上限を設定できるので、ペイパークリック広告が住宅ローンの支払額を超えたりすることはない。Google や Yahoo! で上から3番目までの位置にペイパークリック広告を載せるのが素晴らしいのは、**インターネット中の他のサイトや検索エンジンに同時に掲載される**という点である。

　注意：お金をかけたトラフィックは必ず転換させる（「成果」を上げる）こと。サイト訪問者のEメール・アドレスを確保し、訪問者をフォローアップする許可が得られなければ、ウェブサイトは意味がないと心に留めておこう。サイトにトラフィックを集めるためにお金を払ったにもかかわらず、トラフィックを「転換」できないことほど悪いものはない。それは、現金を積み込んだステーション・ワゴンを運転し、目的もなく街を走りながら、窓からお金を放り投げているようなものだ。しかし、トラフィックの大部分を潜

在顧客に「転換」できれば、そしてそのうちの何割かが実際に顧客になれば、賢い投資をしたことになる。それどころか、試しに計算してみたら、投資に対する実際の見返り額が正確にわかる。

> **4.16.15 予約でいっぱいにするための行動ステップ** google.com/adsにアクセスしてアカウントを設定しよう。それから、製品またはサービスの試験的な広告キャンペーンを作成する。1日の支出上限額を低くして、多額の料金を支払う羽目になる前にペイパークリックから収益を得る方法を学ぼう。Google.comには優れたチュートリアルと質問に答えてくれるヘルプ・ページがある。「転換」を追跡し、投資に対してどんな種類の見返りが得られるかを知ろう。

潜在顧客をリピーターにする2つの原則

　ウェブサイトに訪問者を引き付けて、彼らを友人に、そして潜在顧客に、最後には顧客に替えたいと考えていると思う。欲しいだけのトラフィックを生成できるのだが、もしそのトラフィックがこの先、あなたからより多くの情報、アドバイス、またはリソースを得るためにサイトにとどまるか再び訪問してくれなければ、あまり効果はない。

　ビジター・コンバージョンには2つの必須原則――**魅力と活用**――がある。この必須原則を理解して実行し、利益を得よう。ただし、絶対に使い方を間違ってはならない。

●魅力

　ウェブサイトは自分の家のようなものだ。誰かが家に来たら、あなたはまず何をするだろうか。飲み物やちょっとつまめる食べ物を出して、こう尋ね

る。「お腹は空いていませんか？　何か召し上がりますか？　水かアイスティーはいかがですか？」

　訪問者がよく知る人なら、その人の"好きな"スナックや飲み物を出してもいい。それどころか、家族や親しい友人だったら、彼らのあらゆる好物を買いにわざわざスーパーマーケットに出向いたりもする。

　これが"魅力"の原則だ。**サイトの訪問者がＥメール・アドレスとフォローアップの許可を与えてくれたらすぐに、"訪問者に価値ある何かを提供する"**のである。彼らがメール・アドレスを教えてくれるのは、あなたの魅力に興味を感じ、この先もっと素晴らしいものを提供してくれると期待するからだ。

　魅力的なオファーがウェブサイトの隙間に隠れないように注意しよう。ディナー・パーティーを開くとき、料理を家の変なところに隠したり、手の届かない場所に置いたりするだろうか。もちろんそんなことはしない。オードブルやおつまみを、できるだけ一番わかりやすくて手が届きやすいところに置く。そして当たり前だが、オードブルを置いた場所には、結局みんなが集まってくる！　ホストがオードブルを出し惜しみするパーティーに出たことはあるだろうか。みんながお腹を空かせて台所の周りをうろうろし始めるのを見たことがあるだろうか。

　私たちはいつでも欲しいものや必要なものを探しているので、ウェブサイトは訪問者のニーズや望みに訴えなければならない。だからどうか、オプトイン・フォームはできる限り目につきやすい場所に配置してほしい。"フォールドの上"（Above the fold）（下にスクロールしなくても見える、ホーム・ページの範囲）に置くのがいいだろう。

　最近私は、50名のサービスのプロをランダムに選び、試しにそのウェブサイトを調査してみたのだが、どんな結果が出たと思う？　ターゲット市場にすぐに素晴らしい価値のある何かを提供する、際立ったオプトイン・フォームを備えたサイトはたった7つしかなかった。他の43のサイトは、オプトイン・フォームがないか、あるとしても見つけにくい目立たない位置にあったのである。この本を出版した後でもう一度調査をしたら、全然違う

結果が出てほしいものだ。

> **4.16.16予約でいっぱいにするための行動ステップ**　オンライン講座や特別レポートなど、サイトの訪問者に提供する魅力をまだ用意していないのなら、第7章で説明した簡単なステップを使って製作しよう。それから、オファーのためのオプトインを、ウェブサイトに必ず目立つように提示すること。

●活用

　活用の原則は魅力の原則に続くものである。訪問者があなたのサイトに魅力を感じ、ミニ講座、ホワイト・ペーパー、特別レポート、Eブック、記事、音声教材、クーポン、またはその他の無料のオファーと引き換えにEメール・アドレスを教えてくれたら、**フォローアップを行って、手に入れたばかりの有益な情報または経験を訪問者が活用できるよう力を貸さなければならない**。

　ほとんどの人が、手に入れられる機会のすべてを有効に使っていない。たぶんできないのだろう。インターネットやEメールを通じて、入手できる機会のすべてを実行している人になると、数はもっと少ない。たとえ自分で望んで手に入れた機会であってもだ。無料の提供物を得るためにオプトインする時点では、その人は本当にそれを理解していないかもしれない——実際に使い、そこから学び、利益を得ることはないかもしれないのである。

　だからこそ、Eメールでフォローアップすることによって、オプトインした人が機会のすべてを実行に移せるように手伝うのが、あなたの責任なのだ。

　大変な仕事みたいだって？　いやいや、大きな視点で考える人にとっては、そんなことはない。自動Eメール対応システムを使って、指定した頻度で新たな連絡先に自動でEメールを送信するよう設定できる。メールは

日に1通、週に1通、または月に1通、それを1年間送ってもいい。決めるのはあなただ。メッセージは新しい友人に自分の存在を知らせ、あなたが提供するサービスやその他の役立つリソースを届ける。

　活用の原則で、魅力の原則をフォローしなければならない。好きなスナックや飲み物を気前よく提供する相手であるゲストに、「お茶はおいしいですか？　ぬるくなっていませんか？　氷を足しましょうか？　のどの渇きはおさまりましたか？」と尋ねるようなものだ。こんな提案をしてもいい。「そうですね、レモンをこんなふうに絞ると、もっとおいしくなりますよ！」。新しい友人に、あなたが与えた情報をどう使っているか尋ね、情報を活用できるよう力を貸そう。それがうまくできれば、好感度を高め、新しい友人とさらに意義のある、長く続く関係を構築し、彼らを友人から潜在顧客に、または顧客にだって替えられるかもしれない。

> **4.16.17 予約でいっぱいにするための行動ステップ**　潜在顧客があなたの提供するものを理解するのを手助けするための自動対応システムがまだないなら、MailChimp.com または ConstantContact.com を使って設定しよう。

　よし、ではちょっと休憩。散歩に出かけるのもよい。気楽に考えることだ。その後で「予約でいっぱいにしよう」ウェブ戦略のセクション3、ソーシャル・メディア・プラットフォームの構築に移ろう。

Section3
ソーシャル・メディア・プラットフォームの構築

> インターネットは、明日の地球村の広場になりつつある。
> ——ビル・ゲイツ

　ソーシャル・メディア・サイトは現れては消えていく。本書の初版を執筆していた頃、Ryzeはネットで最も人気のあるビジネス・ネットワーキング・サイトの1つだったが、この第2版を書いている今では、Twitterの毎月の訪問者数はおよそ5,000万人なのに対し、Ryzeは衰退した。再び蘇ることはないだろう。

　したがって、**成功するソーシャル・ネットワーキングと個人のプラットフォーム（どのように、良い意味で有名になりたいか）の構築を支える原則を理解する**ことが重要である。

　そのためにこれから、Facebook、LinkedIn、およびTwitterの3大ソーシャル・ネットワーク・サイトの概要を見ていく。これらのサイトで評判の高い人々の理由を理解すれば、うれしいことにその理解をアレンジして他のどんなソーシャル・メディア・サイトにも応用し、ネットワーキング活動をすることができる。

　また、オンライン・ビデオとその使い方の初歩をわかりやすく解説し、オンライン・プラットフォームを構築して信頼を確立し、最終的には顧客を獲得できるようにする。オンライン・ビデオはそれ自体がソーシャル・メディ

ア・プラットフォームであり、技術的に詳しくない人がビデオを撮り、編集し、アップロードするのが簡単になるにつれて、人気が高まっていくだろうと思う。

ソーシャル・メディア・サイトの活用法

　あらゆる人間関係やプラットフォームの構築と同様に、ソーシャル・メディア、つまりオンライン・ソーシャル・ネットワーキングの場合も、目標のために長期的に努力する意欲がなければならない。

　そのうえ、一部の専門家のアドバイスとは異なるが、ソーシャル・メディア・マーケティングはアシスタントや外部の企業に委託すべきではない。必要なら、Facebook のファンページを開設する際の技術的な問題を解決するのに誰かの力を借りるのはもちろんいいのだが、ソーシャル・ネットワークをオンラインに構築したいと心から思うのなら、**自分自身が関わらなければならない**。要するに、この場合は"ソーシャル"が要の言葉なのである。では実のところ、……それはどれくらい難しいかって？　家を出る必要すらない！　ただ時間を作らなければならないだけだ。そして、わかっていると思うが、顧客を獲得するためのマーケティングを実行する時間を作る必要がある。

　Facebook のファンや Twitter のフォロワーの大規模なプラットフォームを構築する場合、あるいはこの本を読んでいる今、最も流行しているその他のソーシャル・メディア・プラットフォームが何であれ、ネットワーキングの取り組みを、時間をかけて売り上げを伸ばすマーケティングの取り組みに替えられる。

　検索エンジンのランキング向上に興味があるなら、やはりソーシャル・メディア・プラットフォームが役立つはずだ。TheWritePaperSource.com（訳注：現在は接続できなくなっている）が最近行ったソーシャル・メディアに関する調査によれば、企業の88%がマーケティングを目的としてソーシャ

ル・メディアを活用しており、結果そのうち半数以上の企業の検索エンジンのランキングが上がり、ウェブサイトへのトラフィックが増えたことがわかった。

　ソーシャル・メディア・ネットワーキングから得られる投資利益には、質および量の両方がある。新たな顧客に転換できるリードや利益を増やすと同時に、コミュニティーや業界、自分の専門分野との積極的で専門的かつ有益なやり取り、およびサービスの提供を通じて、ブランド・アイデンティティを高められるだろう。

　これまで、従来型のメディアは専門的な報道機関やその広告主によって動かされていた。知っているように、オンライン・メディアとソーシャル・メディアはもっと民主的である。以前と比べ、問題、アイデア、および議論は市民によって動かされている。優れた人や物には自然と注目が集まるものだ。だから、素晴らしい製品やサービスを作れば、マーケティングが功を奏し、予約でいっぱいにできる。だが逆に、くだらない製品を生産したら、口コミは山火事のごとくソーシャル・メディアの森に広がっていくだろう。

Facebook——最大・最強のプラットフォーム

　このセクションではFacebookについて見ていくが、前提が２つある。まず、これまでにすでに基盤を構築するための取り組みを実行していること。そして次に、Facebookについて基本的な知識があり、プロフィールを登録していることである。

　インターネットで２番目に訪問者の多いサイト、Facebookは利用可能な最も強力なマーケティング・プラットフォームの１つだ。Facebookは、活発なユーザーの数は５億を超え、そのうちの半数は毎日ログインしており、多くのソーシャル・メディアと同様に、小規模ビジネスのマーケティング担当者にとって公平な機会となっている。

　Facebookがなぜ魅力的なのか。それはすべての人々が使うことのできる、

機能の豊富なインタラクティブ環境だからである。Facebookには、内蔵型Eメールのようなメッセージ送信やリアルタイムのチャットなど、連絡を取り続けるためのさまざまな方法がある。経験豊富なビジネスマンなら、Facebookの機能を活用してターゲット市場に注力し、グループおよびページで特別な興味を持つ人々をグループごとにまとめることができる。

Facebookによって、業界で最も傑出した人物に働きかけられるようにもなる。小規模ビジネスの経営者が、非常に短い期間で強力なプレゼンスを持つことだって可能なのだ。その結果、信用と信頼を得るプロセスが加速する——それもほとんど、いや全くコストをかけることなく。

Facebookはまた、ウェブサイトやブログ、およびTwitterなどのソーシャル・メディア・プラットフォームとの連携がスムーズだ。ブログの投稿は即時にFacebookのページに反映され、Facebookに投稿すれば、Twitterですべてのフォロワーに向けて自動的にツイートできる（まだTwitterにフォロワーがいなくても心配はいらない。フォロワーが欲しければ、このセクションの後半でその方法を教えよう）。

ここでは、マーケティングを念頭に置きながら、Facebookの始め方を説明する。Facebookを活用したマーケティングのすべての側面を扱うには、本が丸々1冊必要になるので、このセクションでは開始の方法と、Facebookのプラットフォームを構築し、インターネットのプレゼンスを向上させる方法についてのみ学んでいこう。

●なぜFacebookを使うのか

- 強力なネットワーキング・プラットフォームなので、顧客、見込み客、ネットワーキングのパートナーと連絡を取り続けることが可能になる。
- 言いたいすべてのことを、投稿すると同時に自分をフォローしているすべての人々の前で伝えられる。
- 考えられる限りあらゆる特別な興味を持つグループに対し、極めて的を絞ったマーケティングができる。

- ウェブサイト、ブログ、Twitter、YouTube のアカウント、およびその他多くのソーシャル・サイトとの結びつきがスムーズである。
- 潜在顧客および紹介パートナーとの信用・信頼関係が強力になる。
- Facebook を使わなければアクセスできなかったと思われる人々に、メッセージばかりでなくリアルタイムのチャットを通じて働きかけを行う。
- ウェブサイトで使っているのと同じオプトイン・フォームを利用して、直接 E メールのリストを作成できる。

ビジネスに Facebook を活用する——基本　ビジネス・プレゼンスのために Facebook を使うには、第一に"**個人としての**"プレゼンス（プロフィール）と"**ビジネス**"・プレゼンス（ページ）**との違いを理解する**ことが重要だ。それぞれが片方にはない特徴を備えている。だから、Facebook を最も効果的に活用するには、プロフィールとページを相互に関連付けて使おう。まずは両者の違いを把握するのが大切である。

その後で、Facebook でマーケティングをする際に利用できるさまざまなツールを紹介しよう。Facebook のグループやコミュニティーページについて誰かが話題にするのを聞いたことがあるかもしれない。どちらもビジネスに特別に適しているわけではないが、これらの目的がわかるよう簡単に説明しておく。

1. **プロフィール**：Facebook に登録すると、プロフィールが自動で作成される。これがあなたの個人としてのプレゼンスだ。プロフィールは2つのパート——プロフィールおよびホーム・ページ（ニュース・フィードとも呼ばれる）——で構成されている。ニュース・フィードでは、友達の投稿を読むことができる。プロフィールは、個人としてのあなたの姿が見られる場所だ。

    プロフィールにはいくつかタブがあるが、そのうち最も重要なのは「ウォール」タブと「基本データ」タブである。「ウォール」タブには

自分の投稿や友達からの投稿が直接表示される。「基本データ」タブにはプロフィールのすべての情報が含まれている。"プロフィールがページよりも優れている最大の利点は、友達の「基本データ」タブを見ることができ、プロフィールを通じて他の人々と親しくなれることである"。

「基本データ」タブには価値ある情報がたくさん盛り込まれている。訪問者なら誰でも「基本データ」タブが見られるようなプライバシー設定にしている人もいるが、ほとんどの人々は友達にしか見ることを許可しない。プロフィールの一番大きな制限は、友達の数が5,000人に限られる点である。5,000人と聞くと多いように思えるが、Facebookを主要なマーケティング戦略として活用すれば、すぐに友達ができるので驚くはずだ。

　プロフィールは1つしか作ることができないので、注意しよう。複数のプロフィールを作ると、ページが削除されて、それまで築いてきたすべてのものを失う危険がある。

2. **Facebook ページ**：ファンページともいい、これがビジネス・プレゼンスである。コード（電子ニュースレターのオプトイン・ボックスなど）をページに埋め込む能力を含め、Facebookページでは多くの最新機能が利用できる。自分のFacebookページを「気に入る」フォロワーの数に制限はないが、フォロワーとして招待できるのは、すでに友達である人々だけである。これが、Facebookをビジネスに利用したいと思う主な理由だ。ページのフォロワーを得る最も良い方法は、友達の数が5,000人に達するまで、Facebookの友達を活用することである。そのため、ターゲット市場にいる友達を対象にしたいと思うだろう。よって、ビジネスを行う相手に見られたくないような情報は、プロフィールに載せたりしてはならない。

3. **Facebook グループ**：主に特別な興味を共有する、プライベート・クラブに極めてよく似ている。プロフィールと同じように数は5,000人までと決められている。アプリの使用は認められていないため、

Facebookグループにオプトイン・ボックスのようなものを設定することはできない。
4. **コミュニティーページ**：機能の点ではページに似ているが、グループと同様に、ビジネスの構築というよりはむしろ目標や共通の興味のためにある。

●ツール

- **メッセージ**：FacebookのメッセージはEメールとほぼ同じである。友達に限らず、Facebookに登録している誰に対してもメッセージを送信できる。したがって、他者の意志を尊重し、彼らが興味を持つ、あるいは彼らにとって価値があると思われるメッセージを送るという目的を持つことが重要だ。メッセージを使用すれば、Eメールと同様に、複数の人々に同じメッセージを送信できる。メッセージを受信すると、それを知らせるフラッグが受信者のFacebook画面上部に表示される。
- **チャット**：Facebookのチャットでは、友達になった人全員とオンライン上でリアルタイムの会話ができる。Facebookでは、友達のオンラインの状況が表示される。
- **リスト**：自分が望む基準に基づいて友達リストを作ることができる。例えば、家族のリストを作り、家族だけが見られる何かを投稿してもいい。リストはビジネスにとってとても有益だ。最近連絡を取ったすべての人々のリストを作り、そのリストに含まれる人々がいつオンラインにいるかを簡単に確認することができる。
- **イベント**：Facebookでは、開催するイベントを発表して多くの人々をイベントに招待できる。あなたのすべての友達のホーム・ページの右側には、あなたのイベントリストが表示される。イベントリストと同じように友達の誕生日も表示される。
- **投稿**：ユーザーはプロフィールまたは管理するFacebookページのウォールに、投稿をすることができる。また、Facebookページまたは

プロフィールに設定された許可に応じて、友達のウォールや、Facebook ページのウォールに投稿できる。
- **コメント**：ユーザーは、許可があれば投稿にコメントすることができる。投稿されたトピックに関する相互のやり取りが可能になる。
- **いいね**："いいね"ボタンをクリックするだけで、ユーザーは投稿が気に入ったという意思表示ができる。Facebook ページの"ファン"になる前に、ユーザーは Facebook ページを"好きになり"、フォローする。
- **招待**：招待は Facebook のさまざまな場所で使用される。ユーザーを招待して友達になったり、他の人をイベントに招待したりすることができる。人々を招待して、Facebook ページを好きになってもらうこともできる。
- **ディスカッションボード**（訳注：現在この機能は使用されていない）：Facebook ページに「ディスカッション」タブを設置すれば、あなたや許可されたユーザーが議論を開始できる。掲示板のようなものだ。
- **広告**：自分のページや提供物、ウェブサイトの宣伝をすることができる。Facebook による広告では、多くの方法で地域や購買層などにより広告のターゲットを絞ることができる。
- **リンク**：ウォールの投稿、コメント、イベントリスト、およびノートでウェブサイトへのリンクを貼ることができる。
- **ノート**：独自の URL を持つ、ブログの投稿のような、投稿の拡大版である。

Facebook を使う目的は何か　企業が Facebook を活用する目的はたくさんある。いくつかを以下に示そう。

- 顧客を見つける。
- ネットワーキングのパートナーを探す。
- 戦略的な提携パートナーと共にクロス・プロモーションを行う。
- 信頼を築く。

- 認知してもらう。
- イベントを告知する。
- 製品やサービスを宣伝する。
- トラフィックをサイトに導く。
- トラフィックをブログに導く。
- Eメール・リストを作成する。
- 営業会話を行う。
- 熱心なファンの基盤を構築する。

「予約でいっぱいにしよう」のシステムをFacebookで活用する方法　「予約でいっぱいにしよう」のシステムのほとんどすべての側面を、Facebookで活用することができる。ただし、基盤を構築するための取り組みを実行していなければならない。

1. **あなたの知識を知っている人は誰か、彼らはあなたのことが好きか**：最も確実なFacebookの活用方法の1つが、自分の分野の専門知識を示すことである。自分が持つ資格のすべてをプロフィールに記載できる。Facebookページに役に立つ投稿を頻繁にすることによって、人々はあなたにどんな知識があるかを知る。Facebookによって、信頼を獲得するプロセスを加速させられるのだ。例を挙げるなら、「予約でいっぱいにしよう」認定コーチのウッディ・ハイケンがFacebookで何を成し遂げたかを知っておくべきだ。ウッディの専門は、マッサージ・セラピストに予約でいっぱいにするための方法を指導することなので、彼らの力になるためにFacebookファンページを作った(facebook.com/TheGrowingPractice)。そしてウッディは最高の仕事をした。彼のウェブサイトを訪問し（TheGrowingPractice.com）、どのような方法でFacebook戦略を一般的なサイトに生かしているかを確認しよう。

2. **「予約でいっぱいにしよう」営業サイクルのプロセス**：Facebookに

おいて、見込み客や活発な顧客に積極的に関与することによって、彼らはFacebookを介してあなたに関する情報を得、あなたがどんなふうに自分の役に立てるかを把握する。友達の誰がオンラインかがわかるので、リアルタイムのチャットでつながりを持つことができる。ターゲット市場にとって重要な情報を持っていれば、内容の充実した、参考になる興味深い投稿を通じて相互のやり取りを促し、ユーザーが自分のFacebookページを継続的に訪問するようにできる。Facebookは、時間をかけて人間関係を向上させることができる多くの方法や、自分のフォロワーに対し（正しいタイミングで）営業会話を行うためのプラットフォームを提供する。そのうえ、「人々に勧めるためにいつでも準備しておくべき」イベントを告知することもできる。

3. **情報製品の力**：Facebookで情報製品を宣伝するのは、とても簡単だ。ページにオプトイン・ボックスを掲載できるので、誰かの連絡先の情報と引き換えに、無料の情報製品を提供することができる。

4. **超シンプルな営業**：Facebookでは人々とたくさんのやり取りができるし、人々があなたと連絡を取りたいと思えば、Facebook上で簡単にアクセスすることができる。チャットではリアルタイムの会話ができるので、直接営業会話をすることも可能だ。

5. **ネットワーキング戦略**：Facebookによって、ネットワーク、知識、思いやりの気持ちを他者と容易に共有できる。

6. **ダイレクト・アウトリーチ**：ソーシャル・メディアによってたくさんのつながりを持つことが可能なため、Facebookを介して知り合いになりたいと思う人々に会うのはもっと容易になり得る。知り合いになりたい人を、友達になるよう招待すればいいだけである。ただし、その場合、自分自身のことについて紹介し、その人の業績を評価するメッセージを一緒に送らなければならない。知らない人に、自分のために何かするよう求めるメールを送るのは絶対にだめだ。前にも指摘したと思うが。

7. **紹介戦略**：Facebookでは、他者に紹介するだけでなく、他者の取り組みを宣伝するのも簡単だ。ビジネスの宣伝のために他者に役に立ってもらう最も優れた方法の1つは、まずは自分がその人たちのビジネスを宣伝することである。

8. **連絡を取り続ける**：Facebookを使えば、連絡を取り続けるのも容易だ。メッセージを送るのも、チャットに参加するのも簡単にできる。Facebookでは、個人的なやり取りを行うのが極めて簡単なのである。

9. **スピーチおよびデモンストレーション**：電話会議を主催し、Facebookで告知や宣伝を行うことができる。また、電話会議を録音して情報製品を作り、Facebookで宣伝してリストを作成することも可能だ。

10. **ライティング**：Facebookは、驚くべきライティング・プラットフォームである。短い記事を書いて読者に自分の仕事の内容を説明できるだけでなく、価値ある情報を提供して相互の交流を促す記事を書くこともできる。Facebookノートに長い記事を書いたり、ブログをFacebookページにフィードしたりすることも可能だ。Facebookには記事を書くための方法がたくさんあり、記事を書くことによって信頼を高め、自分の専門分野におけるエキスパートとしての地位を確立するのに役立つだろう。

11. **ウェブ戦略**：ウォールへの投稿、コメント、広告、およびノートにリンクを掲載すれば、Facebookと自分のウェブサイトを結びつけるのは簡単だ。また、FacebookアプリのNetworkedBlogsを使ってブログをFacebookページにインポートすれば、トラフィックを自分のブログに導くことができる。

Facebookの間違った使い方 Facebookの力は諸刃の剣になり得る。例えば、イベント機能によって「人々に勧めるためにいつでも準備しておくべき」イベントのスケジュールを立てて発表できるだけでなく、招待状を送信することもできる。ただし、気をつけよう。信頼や好感度、そして信用を失

う最も簡単な方法の1つが、Facebookの友達全員に招待状を送ることなのである。まったくイライラさせられる……東海岸に住む人にとって、今日の午後カリフォルニアで行われるイベントに招待されるほど間抜けに思えることはないだろう。ブラジルのアクロバット・ヨガのイベントへの招待状を受け取ったことさえある。誰かを招待する前に、よく考えよう！

人々をイベントに招く際、覚えておくべきポイントは、

- イベントに招待してもよいという許可をくれた人々だけを、招待すること。どうしたら許可がもらえるかって？　その人たちに聞いて、招待されたい人とされたくない人のリストをFacebookに作ろう。

イベントの招待状を送信する許可が得られたら、

- その人が出席するのに都合の良いイベントかどうかを確認する。直接会うイベントの場合は、開催地が地元の人だけを招待するようにする。
- 招待しようとする人が興味を持つと思われるイベントであることを確認する。
- 可能なら一斉送信メッセージではなく、個人に宛てたメッセージを盛り込んだ招待メールを送る。

Facebookでは、プログラマーなどが自由にアプリケーション（アプリ）を開発し、Facebookの機能に追加することができる。そうしたアプリケーションの中には、マーケティングのニーズに非常に役立つものがある。

しかしながら一方で、信頼を壊しかねないアプリケーションもある。マフィア・ウォーズやファームビルなどのゲームがそうだ。強力なビジネス・プレゼンスを構築するつもりなら、Facebookでゲームをするのはやめるのが得策だ。友達のウォールに、場違いなクイズやくだらないプレゼントなどといった不快な書き込みを投稿するアプリがある。使ってみたくなっても我慢すること。自分のウォールをこうした迷惑で邪魔な投稿によって汚された

くないと思うだけでなく、一緒にビジネスをしたいと思う相手のウォールを汚したくないとも思うはずだ。

Facebook の正しい使い方　Facebook を利用したおかげで、「予約でいっぱいにしよう」認定コーチのウッディ・ハイケンは自分の分野において早いペースで信用と信頼を築き、マッサージを職業とする多くの重要人物とつながりを持ち、たくさんのクロス・プロモーションの機会を手に入れることができた。自分の成功は、「予約でいっぱいにしよう」のシステムを Facebook のプラットフォームに適用した成果だと、ウッディは考えている。Facebook マーケティング計画を展開して 1 カ月も経たないうちに、ウッディは以下を成し遂げることができたのだ。

- 互いのクロス・プロモーションのために努力する、業界で最も影響力のある人々のグループに入ることができた。
- 1,400 名のファンを獲得した。そのほとんどが、ターゲット市場であるマッサージ・セラピストである。
- ニュースレターの購読者がゼロから 500 人超へと急増した。
- ブログのフォロワーが 500 人を超えた。
- 20 名以上の新たな顧客から予約を受けた。

ウッディは、個人個人にメッセージを送り、チャットをすることでターゲット市場に働きかけ、このような成果を得ることができた。ウッディは、Facebook ページのウォールにいつも役立つ情報を投稿し、刺激のある質問をするので、読者は反応せずにはいられない。それから彼は参加してくれた人々に、彼らの貢献を認めて感謝の意を表明する個人的なメッセージを書く。Facebook の正しい活用法は、他のマーケティングと全く同じだ。**時間をかけて人間関係を構築する**のである。

ウッディのファンページを見たければ、facebook.com/TheGrowingPractice にアクセスしよう。また、私のファンページは

facebook.com/michaelport で見ることができる。私が正しい使い方をしているかどうか、確かめてみてほしい。

LinkedIn──ビジネス上のつながりを強化する

　FacebookやTwitterと比べ、LinkedInはより企業的で職業的な印象がある。LinkedInは安定したソーシャル・ネットワークであり、仕事上の関係を結び、潜在顧客や顧客、特に企業市場に存在を知ってもらう素晴らしい機会を提供してくれる。LinkedInはまた、企業が求人を掲載し、求職者が雇用主になるかもしれない企業に自分自身を売り込むことができる、便利な求職サイトとしての役割を果たしている。

　LinkedInのミッションは、創業者によると「世界中のプロフェッショナルをつなぎ、より生産的になり、もっと成功を収めてもらうことである」。LinkedInの仕組みはFacebookと似ており、機能は若干少ない。LinkedInの好きな点は、仕事仲間や雇い主を推薦したり、彼らから推薦を受けたりできるところだ。そうした推薦は極めて効果的な証言になる。

なぜLinkedInを使うのか　LinkedInがなぜ、予約でいっぱいにするためのプロモーション戦略に加えるツールとして優れているのか、いくつかの理由がある。

- 専門家同士のネットワークによって、自分のスキルや過去の業務経験を強調できる。
- 企業および専門家の見込み客を見つけられる、しっかりとした環境である。
- 業界の最新の情報やトレンドを簡単に把握できる。
- プロとしてのアイデンティティをオンラインで管理できる。
- あなたのことを「知り、好きになり、信頼する要因」を構築できる。情

報の更新によって適切なコンテンツと知識を共有し、自分の専門分野のエキスパートとして知られるようになる。
- 強力なコミュニケーション・プラットフォームなので、顧客や見込み客、ネットワーキングのパートナーと連絡を取り続けることができる。
- ダイレクトメッセージ、およびグループやイベント調整のためのコミュニケーション・ツールを提供する。

ビジネスに LinkedIn を活用する——基本 LinkedIn の仕組みはどうなっているか。

"なぜ"LinkedIn を使うべきか、その魅力的な理由をいくつか確認したところで、次に LinkedIn が実際に"どう"機能するのかを見ていこう。

- **プロフィール**：LinkedIn のプロフィール・ページは履歴書のようなものである。スキルや過去の業務経験を記載するからだ。プロフィールの最初の部分は"見出し"で、自分が誰でどんな仕事をするかを短く説明する——"誰に何をするか"の主張を使うのにぴったりの場所であり、「予約でいっぱいにしよう」の対話を文章の形にしたものとも言えるかもしれない。
- プロフィールには、業界、地域のネットワーク、経験、学歴、ウェブサイト、興味も記載する。プロフィールをしっかりと書くことが重要だ。より多くの情報を示すほど、人々があなたを見つけ、つながりを持つ可能性は高まる。また、プロフィール全体に適切なキーワードを使えば、検索エンジンがプロフィール・ページとあなたを、そしてあなたの他のプロフィールをオンライン上で関連付けるのに役立つだろう。
- ウェブサイトのリストの下に、自分の Twitter のユーザー名を記載して、**LinkedIn のアカウントと Twitter をリンクさせる**ことができる。オプションだが、ページの下に個人的な情報や仕事上の情報を記載し、プロジェクトや新事業、仕事の引き合い、再び連絡を取りたいなどの場合に、自分を頼りにして構わないという意志を示してもよい。

- LinkedInでは会社や事業のプロフィールを別に作ることもできるので、ブランドを確立するのに役立つ。
- **ネットワークとつながり（コンタクト）の深さ**：LinkedInに特有の機能の1つが、ネットワーク上の人とのつながりの程度を1次、2次、3次の3段階（1次、2次、3次のコンタクト）で示す"つながり"の深さを表す機能だ。つながりの深さは、1、2、3の数字を丸で囲んで表示される。もしあなたが誰かと、そう、「予約でいっぱいにしよう」認定コーチと直接つながりを持っているとしたら、私にとってそのつながりの深さは1次だ。2次のつながりとは、直接つながりはないが、直接つながりを持っている誰かとつながりを持っているネットワーク上の人──いわば、友達の友達──を指す。2次のつながりといえば私は必ず、1980年代に放送されたファベルグ・シャンプーのCMを思い出す。1人の女性がこのシャンプーの素晴らしさを別の人に話し、その人が2人の人に話す、そしてその人たちがまた2人の人に伝える、といった具合に口コミが広がっていくというCMだった。若くてこのCMを覚えていないなら、YouTube.comで「Faberge Shampoo」を検索してみよう。
- また、LinkedInは**ネットワークにいる人々の総数を計算してくれる**ので、ネットワークのあらゆるつながりを利用して、数百人もの人々に幅広くアクセスできるというイメージが湧く。1対1のネットワーキングと同様に、ネットワークに誰かを加える際は、自分もその人のネットワークとつながるのだということを忘れてはいけない。それがネットワーキングのパワーなのだから。
- **推薦**：LinkedInならではのもう1つの機能が推薦だ。仕事仲間との間で互いに推薦状を書くことができるのである。例えば、以前の雇い主または同僚に、「LinkedInに推薦文を書いてくれませんか？」というリンクを送信して、短い推薦文を書いてくれるよう依頼できる。推薦されることによって、プロフィールを閲覧する人のあなたに対する信頼度が大きく高まるのは間違いない。推薦は、知名度を上げ、評判やブランドを構築するのに役立ち、また新たな顧客またはビジネス機会を手に入れる

のにも役立つ。推薦をしたり受けたりする数に制限はなく、推薦リストはプロフィール・ページの右側に表示される。

LinkedInのツール　LinkedInの機能のほとんどはFacebookと大変よく似ている。例えば、以下の通り。

- **イベント**：LinkedInで自分のイベントリストを作成し、コンタクト（訳注：LinkedInで直接つながっている知り合い）を招待することができる。
- **アプリケーション**：LinkedInのアプリケーションの機能は、Facebookと同じだ。自分のブログとリンクさせたり、ブログ記事をインポートしたりできる。また、Twitterのアカウントをリンクさせて、自分のツイートがLinkedInのプロフィールに表示されるようにすることもできる。
- **検索**：LinkedInで人や企業を検索できる。一般的なEメール・プログラムから連絡先をインポートすることもできる。
- **グループ**：趣味、またはもっと可能性の高いのがビジネスに関連した話題だが、そうしたものに焦点を当てた、同じ興味を持つ人々の独自のグループをLinkedInで作ることができる（つまり、「人々に勧めるためにいつでも準備しておくべきイベント」である）。
- **答え**：LinkedInにはフォーラムがあり、質問をしたり、ネットワークからすぐにフィードバックを得たりすることができる。これは市場を調査し、特定のトピックに関するターゲット市場の傾向を試す極めて優れたツールである。また、他の人が投稿した質問に回答すれば、あなたの知識を実証することもできる。

LinkedInで人を探す　LinkedInを使って人を見つけるにはいくつかの方法がある。

- ホーム・ページの一番上にある「検索」バーを使って検索する。

- Gメール、AOL、Yahoo!の現在のEメール・リストを使う。
- 他の人々にEメールを送り、あなたをフォローするよう依頼する。LinkedInはEメール・フォームを作成し、あなたのLinkedInのプロフィールに直接つながっている、インポートしたコンタクトに自動でメッセージを送信する。
- グループ検索で、共通の興味を持つ人々や、ターゲット市場にいる人々を探す。

LinkedInを使う目的は何か　他のセルフ・プロモーション戦略と同じように、まずは何を達成したいか考えよう。Facebookと同様に、LinkedInを使う目的は次のようなものが考えられるだろう。

- 顧客を見つける。
- ネットワーキングのパートナーを探す。
- 戦略的な提携パートナーと共にクロス・プロモーションを行う。
- 信頼を築く。
- 認知してもらう。
- イベントを告知する。
- 製品やサービスを宣伝する。
- トラフィックをサイトに導く。
- トラフィックをブログに導く。
- Eメール・リストを作成する。
- 営業会話を行う。
- 熱心なファンの基盤を構築する。

LinkedInの正しい使い方　ルイス・ハウズはソーシャル・メディアおよびLinkedInのコンサルタントであり、『LinkedWorking(仮邦題：リンクトワーキング)』の共著者である。ルイスはLinkedInで成功するためには何をする必要があるかを起業家に教えているので、当然その秘訣を知っているはず

だ。ルイスは、自分のビジネス全体をLinkedInを使って構築したのである。

私は個人的にルイスを知っているわけではないが、彼の最大の成功の1つが、クリエイティブな「人々に勧めるためにいつでも準備しておくべきオファー」だと知ったときにはワクワクした。ルイスは全米各地でLinkedInネットワーク・イベントと呼ばれるネットワーキング・イベントを主催している。彼はそうしたイベントをネットワーキング・イベントとして販売し、専門家を集めて結びつけることで、事前に承認を得た数百人もの見込み客に自分のビジネスを宣伝する機会を得ている。1回のイベントには数百人が集まり、参加コストは決まってたった10ドルだ。言うまでもなくルイスは、価値あるサービス──ビジネスのプロを結びつけること──をコミュニティーに提供している。

定期的に更新し、イベントを一覧表示し、イベントを大いに楽しむ、幸せな人々の笑顔の写真を提示し、プロフィール情報と過去の業績を活用するなど、ルイスはLinkedInのプロフィールを最大限に有効活用している。さらに自分のWordPress.comのブログをインポートし、SlideShare.comのスライドを使ったプレゼンテーションとリンクさせ、顧客や仕事仲間から素晴らしい推薦状を山ほど得ている。

Twitter──「いま」と「つながり」を生かせる場

Twitterは他のソーシャル・ネットワーキング・サイトとは若干性質が異なり、基本的には、人間関係を構築し、製品やサービスを宣伝できるコミュニティーが主体のミニブログ・サイトである。FacebookやLinkedInのように、ビジネス戦略の実行に役立つような、その他の機能はTwitterにはない。

Twitterのユーザーは、「いまどうしてる？」という問いかけに対する投稿を140文字以内で更新する。そのような短い投稿を"ツイート（つぶやき）"と呼ぶ。他の人のツイートをフォローすると、フォローした相手の更新がリ

アルタイムで表示される。Twitter は、初期設定ではすべての人が自分のツイートを見たり、フォローしたりできるようになっているが、友人にのみ公開するよう制限を設けることもできる。

なぜ Twitter を使うのか　Twitter がなぜ、「予約でいっぱいにしよう」ウェブ戦略の強力な要素なのかを示す理由がある。

- トラフィックをウェブサイトに導くのに役立つ。
- 検索エンジン最適化にとって効果的なマーケティング・ツールである。Twitter を通して投稿するツイートには、それぞれ独自の URL がある。つまり 1 つ 1 つのツイート自体がウェブ・ページのようなもので、Google の索引に登録される。
- あなたのことを「知り、好きになり、信頼する要因」を構築できる。更新することによって適切なコンテンツと知識を共有し、自分の専門分野のエキスパートとして知られるようになる。
- 顧客や潜在顧客と強力な個人的つながりを持つための、優れた方法である。
- リアルタイムのチャットおよびダイレクトメッセージなどの機能を持つ、確実なコミュニケーション・ツールである。
- 許可を基盤としたマーケティングが可能になる——フォロワーがあなたとつながりを持つことを選択し、ある程度のプロモーションを受け入れる。
- 多様なコミュニティーの対話に耳を傾けることができる。また、リアルタイムの素晴らしい市場調査の機会を提供してくれる。

ビジネスに Twitter を活用する——基本　"なぜ" Twitter を使ったマーケティングを行うべきか、その魅力的な理由について検討したところで、次に Twitter が実際に "どう" 機能するのかを見ていこう。

- **プロフィール**：Facebook のように、Twitter のユーザーは個人のプロフィールを設定する（フルネームがあまりにも長い場合を除き、できればプロフィール名は自分のフルネームにしよう。というのも、人々があなたを探す場合に使うのがフルネームだからである）。プロフィールにはユーザー名、写真またはロゴ、および短い経歴を記載する。経歴を書けるスペースは非常に限られているため、ビジネスの場所、ウェブサイト、ビジネスの主なキーワードを必ず盛り込むようにしよう。プロフィールの背景画像を選択することもできる。一般的な背景画像はTwitter が提供してくれるが、写真やさまざまな色、会社のロゴなどを使ってブランドを象徴する独自の背景画像をデザインすることも可能だ。視覚的なブランド・アイデンティティとウェブサイトが整合性を保てるよう、背景画像のデザインは、プロのグラフィック・デザイナーに任せるべきである。

- **フォローする**：Twitter に登録すると、他の人々をフォローできる。すなわちブログを定期的に購読するのと同じように、フォローした相手のツイートを読むことができるのである。他の人をフォローできるのは、Twitter にプロフィールを登録している場合に限られる。フォローしている人々が新たにツイートすると、あなたのホーム・ページに表示される。Twitter でプロフィールを設定すると、他の人があなたをフォローすることもできるし、フォローされれば、あなたのツイートはフォロワーのホーム・ページに表示される。このようにしてアイデアやコンテンツ、プロモーションなどを共有するのである。

- **Twitter のストリーム**：これは、自分の Twitter のホームに表示される、自分がフォローする人々のコンテンツ（つまりツイート）の流れを指す言葉である。

Twitter のツール　Twitter の機能は主に3つある。短いメッセージを送信し、非常に多くの人々に向けてツイートできる（ツイート）。また、短いメッセージを公開で特定の人に送信する（リプライ）ことができるし、短いメッ

セージを非公開で特定の人に送信することもできる（ダイレクトメッセージ）。

- **ダイレクトメッセージ**：ダイレクトメッセージとは、他のTwitterユーザーに送るプライベートメッセージで、公開されているタイムライン（Twitterのストリーム）（訳注：ツイートが時系列に表示される画面のこと）には表示されない。ダイレクトメッセージは自分のフォロワーにしか送ることができない。
- **リプライ**：@マークは特定のユーザー名に向けたツイート、またはその人が投稿したツイートに対するリプライであることを意味する。また、誰かのツイートに自分のユーザー名が含まれているという意味の場合もある。リプライは非公開ではなくTwitterのタイムラインに表示される。例えば、「予約でいっぱいにしよう」認定コーチのシンディー・アールにリプライを送りたい場合は、ツイートの本文に@CindyEarlと書かなければならない。また、自分のTwitterのホーム・ページ上部にある「@Connect（@つながり）」をクリックして、すべてのリプライやメンション（訳注：「@（ユーザー名）」の形式を含んだツイート）を閲覧することもできる。
- **リツイート**：リツイート（略語はRT）とは、他の人のツイートを自分のフォロワーに送信することで、基本的に誰かの発言を引用することをTwitter風に表現した言葉である。他の人によって投稿された価値ある適切なコンテンツを、フォロワーと共有する簡単な方法だ。
- **リスト**：Twitterのリストとは、何人かのユーザーをグループに分けて、特定の人たちのツイートをまとめて共通のタイムラインに表示するために使う機能である。20名のBYSリストをフォローアップするのに優れた方法である。
- **ハッシュタグ（#）**：ハッシュタグは、特定のトピックに関するツイートをグループ分けするために使う。ハッシュタグでグループ分けされた人気のトピックは、ホーム・ページの「日本のトレンド」（訳注：原文

では「Trending Topics（流行のトピック）」となっているが、現在のTwitterのページに合わせた）で確認することができる。ハッシュタグは、共通の関心事や、同じ会議またはワークショップに出席するなど、何らかの共通点を持つ人を見つけ、交流し合うのに役立つ。

●Twitter活用法

フォロワーを獲得する　では、ビジネスを成長させるために、Twitterをどのように使おう。Twitter戦略の重要な部分は、ニュースレターの場合と同じように、自分がツイートを介して提供するコンテンツに興味を持っている、条件を満たす、ターゲットとする人々のフォロワーを獲得することである。あなたのツイートをフォローする（またはTwitterストリームを読む）人々は、更新される投稿をすべてそれぞれのホーム・ページにおいてリアルタイムで見ている。Twitterによってターゲットとする読者の前に定期的に登場できるというわけである。

どのくらいの頻度でツイートするかはあなた次第だが、フォロワーをすぐに獲得したいと真剣に考えているのなら、少なくとも1日に3回はツイート（これは本当におかしな言葉だ）するようお勧めする。Twitterをマーケティング戦略の柱にしようと思うなら、もっと頻繁にツイートしなければならないだろう。ソーシャル・メディアで成功するカギは、**一貫性と頻度**である。

Twitterで人を探す　Twitterを使って人を見つけるにはいくつかの方法がある。

- Twitterのホーム・ページの上の「見つける」をクリックし、さらに「友だちを見つける」をクリックして探す（訳注：原文通りではなく、Twitterの日本語ページに合わせて訳している）。
- 今持っているGメール、AOL、およびYahoo!の連絡先リストを活用する。

- 他の人々にEメールを送り、あなたをフォローするよう依頼する。TwitterのEメール・フォームは、あなたのTwitterのプロフィールに直接リンクを持つ、インポートした連絡先に自動でメッセージを送信する。
- Twitterのイエローページのような役割を果たす、Twellow.comなどのディレクトリを使う。

フォロワーを獲得するためには、まずは**自分の分野の有力者をフォローすることから始め、次に有力者をフォローしている人たちをフォローしよう**。そうすれば、たくさんの人々があなたをフォローするようになり、Twitterのリストをすぐに作成できるだろう。

同じターゲット市場でサービスを提供しているライバルなどをフォローしたいと思うかもしれない。顧客を盗もうというのではなく、彼らをフォローすることで、自分が提供するサービスまたは製品に興味を持つかもしれない人々を見つけられる可能性があるからだ。「予約でいっぱいにしよう」の哲学に従えば、現実に競争などない。私たちは皆、さまざまな特徴を備えた独自のブランドなので、私たちに魅力を感じる人々はそれぞれ異なるのだ。常に忘れてはいけないのだが、**私たちにはサービスを提供する運命にある人と、そうでない人がいる。サービスを提供する運命にある人々を見つけるために、一生懸命努力することが私たちの仕事だ**。

Twitterを使う目的は何か　他のセルフ・プロモーション戦略と同じように、まずは何を達成したいか考えよう。FacebookやLinkedInと同様に、Twitterを使う目的は次のようなものかもしれない。

- 顧客を見つける。
- ネットワーキングのパートナーを探す。
- 戦略的な提携パートナーと共にクロス・プロモーションを行う。
- 信頼を築く。

・認知してもらう。
・イベントを告知する。
・製品やサービスを宣伝する。
・トラフィックをサイトに導く。
・トラフィックをブログに導く。
・Eメール・リストを作成する。
・営業会話を行う。
・熱心なファンの基盤を構築する。

メッセージは何か　言い換えるなら、いったい何についてツイートするべきかということである。80対20の法則をソーシャル・メディア・コンテンツの構築に適用することができる。Twitter（または他のソーシャル・ネットワーク）で共有するコンテンツの8割を何らかの知識を提供できるもの、または示唆に富んだ種類のものにし、残りの2割を宣伝に関するものにするべきだ。

　ターゲット市場にふさわしいヒントや戦略、記事、オンラインのプレス・リリース、リンク、コンテンツのリツイートを共有しよう。また、Tweetfeed (twitterfeed.com) を使ってブログ記事を直接 Twitter にインポートすることもできる。魅力的なコンテンツを提供すれば、フォロワーは宣伝ツイートにももっと興味を示してくれるはずだ。もうおわかりと思うが、**ソーシャル・ネットワークとは、人間関係をまず構築し、知識を与える適切なコンテンツを長い時間をかけてフォロワーに送って、エキスパートとしての立場を確立するためにある**のである。

自動化　外部の開発者（Twitter クライアントと呼ばれる）が、自動化し時間を活用するために Twitter で利用できるアプリケーションを数多く製作している。自動化ツールとして最も一般的に使用されているツールをいくつか紹介しよう。

- コンテンツの自動化と、ツイートの予約投稿。例えば、Twitter自動化ツールを使って1週間分のツイートを作成し、その週の特定の時間に投稿できるようスケジュールを設定することができる。忘れてはいけないのが、自動化できるのはヒントや戦略、引用、プロモーションに関するその他のコンテンツであり、1日のうちの個人的な出来事に関する内容は自動化できない。
- ダイレクトメッセージを使った、新しいフォロワーへの「ようこそ」メッセージ送信。
- 複数のTwitterアカウント管理。
- リプライ（@）、ダイレクトメッセージ、キーワードトラッキング、その他のソーシャル・ネットワークのアカウントを一度に見られる、マルチカラム表示。
- Twitterストリームに掲載されているリンクへのクリック数の追跡管理。
- 友人およびリストのグループ作成。
- 音声または画像コンテンツの投稿。
- どこにいてもツイートできる携帯電話やモバイル端末。

一番新しいTwitterアプリケーションのリストを見たければ、「予約でいっぱいにしよう」認定コーチのシンディー・アールのサイト（GetKnownGetClients.com）を訪問しよう。シンディーは優れたTwitterアプリのリストをサイトに発表しているので、読んでも、使っても楽しい。

Twitterの正しい使い方　クリス・ブロガンはメディア教育企業であるヒューマン・ビジネス・ワークスの社長であり、顧客と信用・信頼関係を構築することの大きな重要性について書かれた『ニューヨーク・タイムズ』紙のベストセラー、『Trust Agents（仮邦題：トラスト・エージェント）』の共著者である。

クリスはTwitterをビジネスに活用する達人だ。この章を書いている時点でのクリスのTwitterのフォロワー数は15万人以上、ツイート数は6万5,000

を超える。クリスのツイートは面白くて興味深く、すべてソーシャル・メディア・マーケティングに関連がある。そのスタイルは他の人とははっきりと異なる、カジュアルなもので、日常生活に関するツイートと、質の高い適切なコンテンツを有効に組み合わせている。クリスをフォローすれば、彼が80対20の法則に従っていることに気が付くと思う。実際、クリスのコンテンツのほとんどは教育的（ソーシャル・ネットワーキングの方法）なものか、個人的（さまざまな社会問題についてどう感じ、どう考えるか）なものである。明らかにセルフ・プロモーションをしているとわかるツイートは、ほとんどない。

　クリスの好きなところの1つは、そのユニークなスタイルだ。クリスのTwitter のホーム・ページのデザインは、ブランドとしての彼を象徴するグラフィックでカスタマイズされている。クリスの"誰に何をするか"の主張は、ホーム・ページを一目見たらすぐにわかる。また、クリスはTwitter を活用し、ダイレクトメッセージやリプライを頻繁に送って、フォロワーと直接コミュニケーションをとっている。Twitter の正しい使い方に加え、実際に役立つソーシャル・メディア・コンテンツの良い例を知りたければ、クリス（@ chrisbrogan）をフォローするべきだ。

　ぜひ、私のこともフォローしよう（@ michaelport）。

オンライン・ビデオ──知名度を高める強力な機会

　オンライン・ビデオをマーケティングおよびプロモーション・ツールとして活用するケースがこの数年で爆発的に増えているが、それにはもっともな理由がある。YouTube やその他の無料または低料金のビデオリソースが登場し、小規模ビジネスや起業家が迅速かつ容易に、低いコストで顧客に働きかけを行うことができるようになったのである。

　YouTube は今や訪問者数が4番目に多いインターネット・サイトであり、驚くべきことにGoogle に次いで2番目に人気のある検索エンジンなのであ

る。ビデオによって、市場において知名度や信頼を高める新たな機会が生み出される。

　ビデオの活用は、予約でいっぱいにするための最も強力なツールの1つになり得る。これまで説明してきたその他のソーシャル・メディア戦略と全く同じように、ビデオによるマーケティングだけで1冊の本が簡単に書けてしまうほどなので、ここではテクノロジーにこだわりすぎずに、手始めに実行する必要のあることだけに焦点を当てるつもりだ。また、ビデオ・マーケティングをあなたの利益になるよう有効活用するための方法をいくつか紹介し、オンライン・ビデオをうまく利用している起業家を何人か見ていく。

なぜオンライン・ビデオを使うのか　ビデオ・マーケティングはどうしてこれほど強力で新しい、予約でいっぱいにするためのプロモーション戦略なのか、その理由をいくつか挙げる。

- 前にも述べたように、ビデオは利用障壁が低い。オンライン・ビデオを製作するのに、投資はほとんど必要ない。始めるのに本当に必要なものは、ウェブカメラとYouTube.comの無料のアカウントだけである。
- オンライン・ビデオは、顧客や見込み客としっかりとした直接的なつながりを持つための、素晴らしい方法である。ソーシャル・メディアのように、ビデオはたとえ顔を合わせなくても人間関係を構築できる。
- ビデオによって、信用、信頼性、および好感度が高まる。画面上であなたを見たり、声を聴いたりすれば、人々があなたに親しみを感じるのが容易になるのだ。
- ビデオのもう1つのメリットは、検索エンジンのランキングを大幅に上げることができるという点である。SEOのエキスパートによればGoogleはビデオを大変好むそうで、フォレスター・リサーチの調査では、ビデオは通常のテキストと比べ検索ランキングで上位に表示される可能性が"50倍も高い"という結果が出ている。
- これらすべての戦略が共に機能して、オンライン・ビデオ最大の強みの

1つ——あなたが何者で何を提供するかについての認知度を高める——を生み出し、営業プロセスを加速させる。

ビデオをビジネスに活用する　ビデオ・マーケティングを"なぜ"用いるべきなのか、魅力的な理由のいくつかを検討したので、次に"どのように"ビデオ・マーケティングを活用したらいいか、いくつか例を見ていこう。以下に8つの例を提案する。

- **ウェブサイト**：ホーム・ページ用にウェルカム・ビデオを作り、"誰に何をするか"の主張および"なぜそれをするか"の主張を訪問者と共有してもいい。
- **ブログ**：ブログをビデオブログに替えれば、専門家としてのアドバイスや製品レビュー、自分のプログラムやサービスに関するニュースを提供できる。
- **販売ページ**：ビデオのセールス・メッセージはオンラインでますます一般的になりつつあるので、販売ページにビデオを追加して参入することができる。
- **顧客からの推薦ビデオ**：顧客または仕事仲間のために推薦ビデオを作ってから、自分を推薦するビデオを作ってくれるよう彼らに依頼する。
- **ビデオEメール**：Eメールにビデオ（またはビデオへのリンク）を盛り込んで、メッセージをビデオ・ポストカードにする。
- **ビデオ・コーチング**：ビデオを活用し、セッションや顧客とのミーティングをよりパーソナルで、インタラクティブで、ダイナミックなものにすることによって、より良いサービスを提供できる。Skype.com、Ustream.tv、またはDimdimなどのオンライン・ツールをチェックしよう。
- **ビデオ・チュートリアルとスクリーン・キャプチャ**：ビデオを製作するのにカメラの前にいる必要はない。Jingproject.com、Camtasia.com、またはScreenFlow.com（マック用）などのツールを用いてビデオ・

チュートリアルまたはオンラインデモを作成することを検討してみよう。

オンライン・ビデオを作るための4つの簡単ステップ　ビデオに関するこれらの提案が手強そうだと感じても、オンライン・ビデオの製作プロセス全体は、詰まるところ4つの簡単なステップにまとめられるので安心してほしい。

1．目標
2．メッセージ
3．フォーマット
4．配信とプロモーション

ではそれぞれについて手短に見ていこう……。

ステップ1：目標　まずは目標を念頭に置いて、ビデオで何を達成したいかについて検討しよう。目標には以下の事柄が含まれるだろう。

・オンライン露出を高める。
・トラフィックをウェブサイトに導く。
・エキスパートとしての地位を向上させる。
・信用と信頼を構築する。
・パーソナル・ブランドを確立する。

ビデオに何ができるか考えてみよう。ビデオはビジネスのどんな点に最も影響を及ぼすことができるだろうか。答えが何であれ、それは**必ず全体のマーケティング戦略の一部でなければならない**。ビデオ・マーケティングはその他のマーケティング計画と一体化させるべきであり、単なる付け足しや後からの思いつきであってはならないのである。

ビデオの目標が認知度の向上か、ブランディング、検索エンジン最適化、ウェブ・トラフィックの増加か、それとも顧客の興味を引き付けることにかかわらず、目標によって進むべき道が決まる。例えば、エキスパートとしての地位を高めることが目標なら、Ustream.tvで毎週インターネットライブ中継を行うことを考えてもよいだろう。無料のアカウントとウェブカメラがあれば、自分のインターネットテレビ番組『エキスパートに聞け』を製作できる。あるいは、教育的なビデオを使って指導する、または情報を提供するのが目標なら、CamtasiaやJingのスクリーン・キャプチャを使ったデモが最適かもしれない。

ステップ2:メッセージ ビデオの場合、その内容が最も重要である。よって、**技術よりもメッセージを重視するべき**なのだ。メッセージを考える際は、**ターゲットとする視聴者を一番に考え、彼らと何らかの価値を共有しよう**。ウェブにおける集中力の持続時間は短いので、要点を必ず押さえ、できるだけ短いビデオにする。ビデオのメッセージを作成する際に考えるべきその他のヒントをいくつか紹介しよう。

- メッセージとビデオの内容を一致させ、見る人を混乱させない。
- ビデオ全体のテーマを考えて、それに沿ったメッセージを作る。
- 最も重要なメッセージに、熱狂的と言ってもいいほど注力し続ける。
- メッセージには、言いたいことだけでなく、それを"どのように"伝えるかも含める。

メッセージに一貫性を持たせることが、なぜそれほど重要なのか。**ビデオメッセージが明確で理路整然としていれば、人々はあなたの仕事をすぐに理解するし、その結果顧客を引き付けるのがぐっと容易になる**からである。顧客があなたを求めるようになるのは、あなたが誰で、どんなサービスを提供するかについて曖昧な点がないからである。時間をかけて一貫したメッセージを送り続ければ、メッセージはブランドの一部になるはずだ。

ビデオメッセージの作り方がまだはっきりしないなら、次のような、異なるタイプのビデオメッセージを考えてみたらどうだろう。

- エキスパートのヒントシリーズ
- バックグラウンド──あなたが体現するもの──"なぜそれをするか"の主張
- ホーム・ページ上のパーソナル・メッセージ
- 製品発表の宣伝
- インストラクションまたはハウツーデモ
- 論説──ある問題やトピックについての見解、または不満
- 「トップ10」リスト
- 推薦または書籍レビュー
- 生放送のQ&A式『エキスパートに聞け』
- インタビュー形式
- スピーチデモまたはイベントのビデオ

ステップ3：フォーマット　ビデオ製作の3つ目のステップは、ビデオを共有するために使用する配信方法を決定することである。自分自身がカメラの前に立つか、それともスクリーン・キャプチャやスライドショーを作る方が好きか。事前に録画したビデオを編集したいか、生放送のインターネットテレビの方が好都合か。実際のビデオのフォーマットとなると、選択肢は数多くある。例えば……、

- **ウェブカメラで直接録画する**：おそらく最も早く最も簡単な方法である。
- **ウェブ放送されるライブを録画する**：Ustream.tvなどの無料のサイトを利用する。
- **ロケーション撮影**：フリップ・ビデオ・カメラなどの携帯型コンパクトカメラを使い、たいていは屋外で撮影する。
- **スクリーン・キャプチャまたはスライドショーを録画する**：パワーポイ

ントまたは Jingproject.com を利用する。
- **ビデオまたはフォト・メッセージを作る**：Animoto.com などのウェブツールを利用する。

どんな配信方法を選ぶにせよ、**フォーマットにはあなた個人のスタイルも反映される**ことを忘れないように。言い換えるなら、**配信方法によってもたらされる雰囲気や印象を考えなければならない**、ということである。ユーモアのある人、打ち解けた感じの人と思われたいか、それとももっと権威のある、知識を提供するアプローチの方が自分には合っているだろうか。

当たり前だが、フォーマットによって必要な機材が決まるため、基本的なことをざっと見てみよう。幸いにして、安価なウェブカメラ、コンパクトビデオカメラ、または小型カメラがあれば、最初の機材としては十分だろう。ほとんどのデジタルカメラには録画機能が付いているので、今持っているカメラですべて揃ってしまうかもしれない。カメラとコンピューター、そしてYouTube.com の無料アカウントがあれば、ビデオ製作の準備はオーケーだ。

ウェブカメラ、例えば人気のフリップ・ビデオ・カメラを使うにせよ、あるいはカメラを使わずに、Jingproject.com のソフトウェアでスクリーンキャスト（訳注：コンピューター画面を動画として録画したもの）を録画するにせよ、5段階のプロセスは同じである。

1．内容を考える。
2．機材の用意をする。
3．ビデオを録画する。
4．ビデオをウェブにアップロードする。
5．ビデオを共有・配信する。

ビデオを編集することにした場合──義務ではない──、まずはコンピューターまたはオペレーティング・システムに内蔵されている可能性の高い編集プログラムを使おうと思うだろう。Mac を使っているなら、たぶん

iMovie が標準で付属している。Windows ユーザーなら、ほとんどの Windows 搭載コンピューターには Windows ムービーメーカーが付いている。ビデオにグラフィックや音楽、シンプルな効果を加えたいと思ったときに最初に使用するプログラムとしては、どちらも優秀である。

もっと複雑な編集をしたい場合、およびマーケティングにもっとビデオを活用したい場合は、ルー・ボルトーネのサイト（OnlineVideobranding.com）を訪問してみよう。ルーは「予約でいっぱいにしよう」認定コーチであり、ビデオを使用して予約でいっぱいにするための方法を教える、紛れもない達人である。

髪型が決まらない日があったり、ひどくカメラ嫌いだったりする場合はどうしたらいいだろう。カメラの前に立ちたくなくても、素晴らしいオンライン・ビデオを作ってビジネスをプロモーションすることは可能だ。自分が画面に映らなくても、ビデオを作るのに役立つソフトウェア・プログラムやオンライン・リソースがいくつかある。

前に Animoto.com の名前を出したが、これは写真や文章を使ってビデオを製作する優れたウェブ・リソースである。Animoto は合成画像に音楽も付けられる。写真を入力すれば、Animoto ソフトウェアが、洗練されたプロのビデオを作ってくれるので、ウェブサイトにいつでもアップロードできる。さらに多くの機能が付いた同様のウェブサイトに、OneTrueMedia.com がある。

Jing（JingProject.com）や Screen.com（無料）、あるいはより高価で複雑なスクリーン・キャプチャ・プログラムの Camtasia.com を使って、ビデオ・チュートリアルやスクリーン・キャプチャを作ることもできる。パワーポイントのプレゼンテーションでさえ、オンライン・ビデオに作り直して使用することができるのだ。

ステップ４：配信とプロモーション　ビデオ製作の最後の要素はオンライン配信である。ただ YouTube.com にビデオをアップロードして、すぐに名声が手に入ると期待しているだけでは十分ではない。最大の効果を得るために

は、**ビデオを有効活用し、いくつかのプラットフォームに配信しなければならない**のである。ビデオの共有とプロモーションが、プロセスの重要なステップである。ビデオ配信の規模が大きくなればなるほど、あなたの認知度は高まるはずだ。

1つのビデオは多くの目的で使用できるので、複数のサイトに配信できる。もちろん、大物であるYouTubeの他にも動画共有サイトはたくさんある。配信プロセスを簡素化するために、以下を提案する。

- まずはビデオをYouTube.comにアップロードする。
- YouTubeから与えられた埋め込みコードを使い、自分のウェブサイトまたはブログにビデオを投稿する。YouTubeに提供されたリンクを使って、Eメールまたは電子雑誌を送ることもできる。
- YouTubeの自動共有機能を使い、Facebook、Twitter、MySpaceなどにビデオを同時に投稿する。
- YouTubeにビデオをアップロードできるようになったら、TubeMogul.comの無料アカウントを開くことができる。
- アカウントを設定したら、このサイトを出発点として、1回のクリックで10を超えるその他の動画共有サイトにビデオを次々に投稿することができる。

おわかりのように、YouTubeはビデオ配信の基盤としての役割を果たす。ほとんどの動画共有サイトと同じで、YouTubeは複数のソーシャル・メディア・プラットフォームとビデオを簡単に共有できるのだ。

YouTubeにビデオをアップロードする際に、心しておかなければならないことがいくつかある。第一に、ビデオのタイトルは必ず内容を的確に表し、キーワードを盛り込んだものでなければならない。それから、ビデオの説明の部分には、必ず最初にウェブサイトのURLを付けよう。説明の1行目にウェブサイトのアドレスを入れると、ウェブサイトへの活発なリンクになるだろう。最後になるが、YouTubeのタグには必ずキーワードをたくさん用

いること。

社交的になろう　ビデオ・マーケティングの素晴らしさの1つに、ソーシャル・メディアを介して認知度や露出を高められることがある。ビデオは本来口コミで広がっていく性質のものであり、知っている限り多くのソーシャル・メディア・プラットフォームでビデオを共有すれば、ウェブ全体にビデオの配信の範囲を広げられる。

　ビデオを製作したら、Twitter、Facebook、LinkedIn などのソーシャル・ネットワークを使い、できるだけたくさんの人々にビデオを見てもらうようにしよう。Twitter にはビデオの投稿はできないが、Tweetube.com（訳注：サイトには現在接続できなくなっている）や Twiddeo.com などといった、ビデオが簡単に使えるサイトを活用すれば、容易に Twitter でビデオを宣伝できる。

　Facebook もまた、ビデオを共有する優れたプラットフォームである。YouTube のビデオを Facebook でも共有できるし、Facebook に直接ビデオをアップロードしてもよい。その後新しいビデオをアップロードしたことを友達に知らせる。あなたのビデオに誰かがコメントすれば、ビデオが彼らのページにも表示される。

　もう1つ、ビデオに登場する人々にタグを付けて、Facebook で彼らに注意を喚起することはできるが、どうかくれぐれも、ビデオと何の関係もない人々にランダムにタグを付けることはやめてほしい。そんな行為は相手をイライラさせるくらいでは済まない——スパムである。

　正しく実行されたビデオ・マーケティングの例をいくつか見ていく前に、「予約でいっぱいにしよう」ビデオ・マーケティング戦略の重要事項を再び見直してみよう。

- コンテンツの質を重視する。
- 一貫性を保つ……数が肝心。
- ビデオをマーケティングの取り組みに組み込む計画を立てる。

・"完璧"よりも"実行に移す"方がよい。とにかく始めよう。
・ビデオは短く。魅力的な内容を共有する。

ビデオの正しい使い方　ビデオ・マーケティングの利点の1つは、ビデオを活用する方法はたくさんあるということである。と言うよりも、ビデオ・マーケティングを成功させるやり方は1つではない——制限があるとしたらそれは自分の想像力だけだ。だから、どんなウェブカメラを使うか、または撮影に照明を効果的に使ったかどうかよりも、**想像力と内容の方がずっと大切**なのである。顧客は魅力的な内容を求めており、そうしたビデオを製作する方法はたくさんある。起業家がビデオ・マーケティングを成功させる方法をいくつか示す。

モンキー・ビジネス　豪華な賃貸不動産と市場のほとんどを魅了できる潤沢な資金を持っているとしたら、何をするだろう。オンライン・ビデオについて考えるときだってもちろん、想像力を働かせなければならない。イブリン・ガヤルドは、コスタリカの自然保護区の真ん中にある高所得者向けの貸別荘を売り込むために、まさに想像力をフル回転させた。

イブリンと彼女の夫のデイビッドは、野生動物の写真家として世界中を旅するという冒険にあふれた仕事を辞め、2000年にコスタリカに移り住んだ。2人はコスタリカの太平洋岸にあるマヌエル・アントニオに2軒の夢の家、ディスカバリー・ビーチ・ハウスを建てた（それらの家には後にモンキー・ハウスという絶妙な名が付けられた）。しかしながら、休暇用の別荘ビジネスは、厳しい市場では特に難しい場合がある。

貸別荘を差別化してビジネスを成長させ続けるために、イブリンはビデオに注目した。フリップ・ビデオ、そして自分の活力と想像力だけを武器に、イブリンはディスカバリー・ビーチ・ハウスのバーチャル・ツアーと、周囲の海の息をのむような映像を録画した。

イブリンはビデオをきちんと編集し、自分のサイト（discoverybeachouse.com）とYouTubeのチャンネル（youtube.com/

user/DiscoveryBeachHouse）に投稿した。ビデオの閲覧者は数千人に上った。

　潜在顧客に別荘をくまなく紹介するツアービデオを提供しただけでなく、イブリンのビデオにはプールの側で遊ぶ猿の映像や、キャノピー・サファリ・ジップラインツアーなどの地元のアクティビティや遊びが盛り込まれていた。イブリンのビデオは、潜在顧客をその場にいて間近に見ているような気分にさせ、別荘の口コミ——そして予約——を生み出したのだ。彼女はまた、Twitter や Facebook などのソーシャル・メディアを通じてビデオを共有し、宣伝したので、コスタリカの貸別荘は新たな人々の目に触れることになった。イブリンのビデオ・マーケティング・キャンペーンは、オンライン・ビデオを使って潜在顧客に直接製品を紹介する、絶好の例である。

LouTube!　先に述べた「予約でいっぱいにしよう」認定コーチでオンライン・ビデオの達人であるルー・ボルトーネは、マーケティングおよびプロモーションにおいて幅広い経験を持っている。オンライン起業家になる前、ルーは E!（エンターテイメント・テレビジョン）とフォックス放送のマーケティング担当重役だった。ルイの強みの1つはビデオ製作なので、ビデオ・マーケティングを効果的に活用できるのも当然だ。

　それでも、独立したときはゼロからのスタートだった。顧客もいない、メーリング・リストもない、話をするほどの知名度もない。だが、思いついて YouTube に対抗して LouTube! を作ったところ、状況は一変した。

　ルーはブランディングのヒントについての動画を製作し始めたのだが、ビデオのメッセージに面白い、というよりは斬新な演出を巧みに施した。初期のビデオの中でも私のお気に入りは、「私はスパム」という Facebook のスパムに関する韻を踏んだ演説である。続いて彼は「オンライン・ビデオの十戒」を製作した——モーゼに扮し、小道具も音響効果も完璧に用意して。楽しいビデオやキャラクターが続き、ルーのオンライン・プレゼンスと評判が確立し始めた。ルーがさらにソーシャル・メディアを活用し始めると、彼のビデオの知名度は急上昇し、事業協力パートナーや新しい顧客の関心を集め

た。ビデオに関しては、ルーは私にとって頼りになる人なのである。

ルーの「LouTube!」ビデオは、情報とユーモア、人間的な魅力を併せ備えており、魅力的で記憶に残るオンライン・ブランドの基盤を構築した。笑いが止まらない彼のビデオは、LouBortone.tv で見ることができる。

ルーの例に従うか、自分で独自のビデオ・プレゼンスを生み出すか、インターネットテレビ番組『エキスパートに聞け』を作るか、自分自身のビデオ・マーケティングの道を行くか、いずれにしてもオンライン・ビデオは「予約でいっぱいにしよう」の強力なプロモーション戦略になる。

本気のソーシャル・メディア導入

ソーシャル・メディアをセルフ・プロモーション戦略に加えることを真剣に検討しているとしたら、まずは計画を立て、1日のうちで時間を決めて、これらのプラットフォームそれぞれに打ち込まなければならない。ソーシャル・メディアを有効に利用するためには、**一貫性と努力が必要だ**。結果は必ずしもすぐに明らかになるわけではない。ソーシャル・メディアの計画が効果を発揮し始めるまで、3～6カ月は見ておこう。

ソーシャル・メディアの専門家のナンシー・マルモレホ（VivaVisibility.com）は、ソーシャル・メディアへの投資利益には3種類あると示唆する。

1．相互交流による利益
2．関与による利益
3．投資による利益

ナンシーによれば、「相互交流による利益と関与による利益は、理想的にマッチするフォロワーを見つけ、彼らを正真正銘熱心なファンに替えるためにあなたが費やした時間が、直接反映されます。こうしたファンは、喜んで自発的にあなたのためにマーケティングを行ってくれます。投資による利益

が発生するのは、忠実なフォロワーがあなたの提供するものに反応するようになってからです。相互交流や関与によって、フォロワーは購入の準備が整えられるのです」。

毎日、毎週、毎月決まった活動を行って、ソーシャル・メディアを活用し始めよう。「予約でいっぱいにしよう」認定コーチのシンディー・アール（GetKnownGetCLients.com）はソーシャル・メディアのエキスパートでもあるが、次のタスクを定期的な活動に含めたらどうかと提案している。

毎日
- 個人的なツイートを投稿し、1日に2、3回以上更新する。
- 毎日15〜20分間、投稿とソーシャル・ネットワークのモニタリングの時間を確保する。
- 関連のある議論や会話、ダイレクトメッセージへの返信、友人の招待、Twitterのリプライ（@）への返信などに対応する。
- TwitterのストリームやFacebookのウォール、LinkedInのディスカッションを読み、自分にとって関連のある新しい情報がないか、またソーシャル・ネットワークと共有できるかどうか確認する。

週に2回
- 1週間に2、3回は新しい記事を書いてブログを更新する。ビジネスをプロモーションするために記事を活用している、あるいは電子ニュースレターを発行している場合は、ブログに同じ記事を再利用すればよい。ブログのコンテンツをビジネス関連の投稿や更新に利用することも可能だ。
- 業界関連の他のブログを訪問し、会話に参加する。

継続中
- 新しい写真や、製作してYouTubeに投稿したビデオへのリンク、ラジオインタビューからの音声素材（ブログ・トーク・ラジオのような）な

どを追加する。

　Facebook、LinkedIn、Twitter、およびビデオと言えば、いずれもとにかく重労働のように思えるかもしれない。頭の中では「やらなければだめなの？」と泣き言を言う小さな声が聞こえてきて、ベッドのカバーを頭からすっぽりかぶりたいと思うだろう。

　だが実際は、この章の冒頭で述べた通り、そんなふうに悩む必要はない。あなたのビジネスは、オンライン戦略がなくても繁栄できる種類のものかもしれない。けれども私たちの多くにとって、オンライン戦略は不可欠で、**ソーシャル・メディア・プラットフォームを存分に活用することは、成功への最も確実な道の1つなのだ。**

　それだけではない。この章の3つのセクションですでに見てきたと思うが、オンライン戦略は最初考えていたように手強くなどないのである。なぜか。それは自分の大好きなこと（つまり自分のビジネス）について社交性を発揮するのは難しくないからである。それどころか、他の人々とつながり、自分の知識を共有することからは、実に意欲をかき立てられる。結局のところ、ターゲットとする人々に力を貸すのが大好きなら、より良く、より迅速に、より簡単に彼らの役に立つほど嬉しいことはないだろう。インターネットはあなたの味方だ。**インターネットを活用して友達を増やそう。そしてもちろん、お金も。**

APPENDIX
最終的な考察

> これは終わりではない。終わりの始まりですらない。しかし、あるいは、始まりの終わりかもしれない。
> ——サー・ウィンストン・チャーチル

　おめでとう！　あなたはうまくやり遂げた。「予約でいっぱいにしよう」のシステムは、刺激的でやりがいがあり、ときに恐ろしく、常にワクワクさせてくれて、いつだって強力だ。懸命なあらゆる努力によって手に入れられる見返りは、プロセスに時間と労力を捧げただけの価値は十分にあるだろう。時間をかけてでも、これまで成し遂げたすべてのことを認めてほしい。なぜなら、それが簡単な仕事ではないからだ。それどころか、大変な努力だ！

　たくさんの領域を扱ってきたが、最初から最後まで、着実に、あなたは私にしっかりついてきてくれたのだ。

　あなたはもう、理想の顧客が誰で、自分に最も意欲と活力を与えてくれる人々とだけ仕事をする方法を知っている。また、情熱を持ってサービスを提供できるターゲット市場と、彼らの最大の差し迫ったニーズや切実な望みが

何であるか、彼らに提供すべき投資可能な機会とは何かを明らかにした。記憶に残り、自分にとって意義のある、あなたならではのパーソナル・ブランドを確立し、自分が誰にサービスを提供し、退屈で個性のない方法ではなく、好奇心をかき立てるやり方でどのようにその人たちにサービスを提供するかを、明確に述べる方法を知っている。

自分をエキスパートととらえるようになったあなたは、これからも知識を増やして市場に良質なサービスを提供し続けていくだろう。そして、好感を持たれる要素の大切さもわかっている。自分がサービスを提供したいと思う相手との信頼関係を構築できる、完璧な営業サイクルの作り方を知っている。そして、営業サイクルの要(かなめ)となる、ブランドを確立する製品やプログラムを製作する方法、製品やサービスの価格の決め方、成功へと導く潜在顧客との誠実な営業会話のやり方を学んできた。

あなたは、快適な方法で心から他者とネットワーキングすることができ、結果をもたらすウェブサイトの作り方、効果的な方法で直接他者に働きかける方法、数多くの紹介を生み出す方法、スピーチやライティングを活用してより多くの潜在顧客に働きかける方法、そして、「予約でいっぱいにしよう」7つの中核的なセルフ・プロモーション戦略すべてを実行する際に、あなたが接触すると思われるたくさんの潜在顧客と連絡を取り続ける方法を学んだ。

これまでに学習したすべてが重要なのだが、もっと大事なのは、「予約でいっぱいにしよう」のシステム全体の根底にある哲学を頭に入れておくことである。**あなたがサービスを提供することを"運命づけられている"人々がいて、彼らはあなたを待っている。その人たちを見つけたら、やりすぎではないかと思うくらい多くの価値を与え、それでもさらにもっと与える**ことを忘れてはならない。

本書の冒頭で、予約でいっぱいにできない人は、自分が何をすべきかをわかっていないか、わかっていたとしても実行していないかのどちらかだと述べた。今のあなたは、自分が何をすべきかはっきりわかっている。もう言い

訳は必要ない。ぐずぐずと先延ばしにしたり、オフィスに隠れたりする理由もいらない。

　今考えなければならないのは、**これまで学んできたことを使って、これから何をするか**である。本書の各章では、対応できる以上の顧客を手に入れるための練習問題と、予約でいっぱいにするための行動ステップを提示している。全部をこなしただろうか。答えがイエスなら、素晴らしい、進み続けよう。もしまだやり終えていないなら、今すぐに取り掛かろう。**成功は、行動し続けるかどうかにかかっているのだから。**

　そのために、MichaelPort.com では引き続き、本書で説明したコンセプトすべてに関するアドバイスやサポートを受けることができる。もし、もっと手助けが必要なら、「予約でいっぱいにしよう」認定コーチの指導を受けたいなら、予約でいっぱいになれるように、行動する気にさせ、責任感を持ち続けられるしっかりとした環境で仕事をしたいなら、高い評価を受けているオンライン学習プログラムに申し込む、近くのライブイベントに行く、あるいはパーソナル・メンタリング・プログラムで私の直接指導を受けるなどしよう。

　本書はここで終わるが、私たちの協力が終わるわけではない。ビジネスは生成力のある繰り返しのプロセスだ。予約でいっぱいのビジネスは成長を続けながらも山あり谷ありで、それに対応するのに伴ってあなた自身も変化し、進化し続けていくことだろう。できる限り最高の、最も効果的な方法であなたの役に立ち続けられることを楽しみにしている。

　「予約でいっぱいにしよう」のシステムを学ぶのに、私と共に時間を費やしてくれたことに、心から感謝する。忙しいスケジュールから時間を作って私の本を読み、アドバイスに従ってくれたことは、私にとってとても重要な意味を持つ。あなたの力になれて光栄だ。これらの原則や戦略、テクニック、ヒントが、あなたやあなたがサービスを提供する人々の人生において、大きな違いを生み出してくれるよう願っている。

　「予約でいっぱいにしよう」の方法によって、毎朝鏡を見て、自分のことを

猛烈に大好きになってほしい。そして大好きな仕事をし、予約でいっぱいにすると同時に、他の人々にサービスを提供してその人たちの人生を変えるのに、この方法が役立ってほしいと思う。

　私はあなたを愛している（別におかしな意味ではない）。

　大きな視点で考えよう。

マイケル・ポート
MichaelPort.com
questions@michaelport.com

　追伸　何か力になれることがあったら、言ってほしい。

参考資料

Bayan, Richard. 1984. "Words that Sell." Chicago: McGraw-Hill Contemporary Books.

Bly, Robert. 2000. "Getting Started in Speaking, Training, or Seminar Consulting." New York: John Wiley & Sons.

『マネー・ゲーム』、ベン・ヤンガー監督、ネバダ州ラスベガス、ニューラインシネマ、2000年

Brogan, Kathryn S. 2004. "Writer's Market." Cincinnati: Writer's Digest Books.

『ビジョナリー・カンパニー2―飛躍の法則』ジム・コリンズ著、山岡洋一訳、日経BP社、2001年

『人生を成功させる7つの秘訣』スティーブン・コヴィー著、日下公人、土屋京子訳、講談社、1990年（訳注：同書はその後1996年に『7つの習慣　成功には原則があった！ (The 7 Habits of Highly Effective People)』（ジェームス・スキナー、川西茂訳、キング・ベアー出版）として出版され、世界的ベストセラーとなった）

Crum, Thomas F. 1987. "The Magic of Conflict: Turning Your Life of Work into a Work of Art." New York: Touchstone.

Curtis, Dr. Glade B., and Judith Schuler. 2004. "Your Pregnancy Week by Week." Cambridge, MA: Perseus Book Group, First Da Capo Press.

『成功する「自分会社」のつくり方：夢を実現するための7つのステップ』マイケル・E・ガーバー著、クリストファー・D・ウィットマー訳、ダイヤモンド社、1988年

『パーミッション・マーケティング』セス・ゴーディン著、谷川漣訳、海と月社、2011年

『オマケつき！マーケティング：「常識破り」のアイデアで惹きつけろ！』セス・ゴーディン著、沢崎冬日訳、ダイヤモンド社、2005年

Levinson, Jay Conrad, and David Perry. 2005. "Guerrilla Marketing for Job Hunters."Hoboken, NJ: John Wiley & Sons.

『非言語コミュニケーション』アルバート・マレービアン著、西田司他訳、聖文社、1986年

Meyerson, Mitch. 2005. "Success Secrets of the Online Marketing Superstars." Chicago: Dearborn Trade Publishing.

『知能販のプロになれ！』トム・ピーターズ著、仁平和夫訳、TBSブリタニカ、2000年

『フリーエージェント社会の到来：「雇われない生き方」は何を変えるか』ダニエル・ピンク著、池村千秋訳、ダイヤモンド社、2002年

『好かれる人は（得）をする！：仕事がぐんぐんうまくいく絶対法則』ティム・サンダース著、森尚子訳、ランダムハウス講談社、2005年

『デキる人の法則』ティム・サンダース著、若林暁子訳、角川書店、2002年

Weiss, Alan. 1998. "Money Talks: How to Make a Million as a Speaker."New York: McGraw-Hill.

マイケル・ポートの連絡先

「予約でいっぱいにしよう」のトレーニング・コース、またはメンタリング・プログラムに参加するか、「予約でいっぱいにしよう」認定コーチになろう。

　トレーニングやプログラムに参加する、あるいは認定コーチになるのは、生きることや息をすることのようなものであり、エンジンをかけてあなたをドアの外に送り出してくれるハウツー・マニュアルのようなものだ。完璧なシステムを活用して、ビジネスを成長させ、収入を増やし、人生を進んでいける。

　MichaelPort.com を訪問し、もっと詳しい説明を聞こう。
　Twitter でマイケル（@ michaelport）をフォローしよう。
　Facebook のマイケルのページを見てみよう（facebook.com/michaelport）。
　マイケルに E メールを送ろう（questions@michaelport.com）。

　連絡を取るのをためらってはいけない。私たちはあなたの役に立つためにここにいる。そしてそれは、光栄なことなのだから。

運命をまっとうしよう

　数千という人々が、仕事への情熱を豊かなキャリアに変えて、他の人々に大きな影響を与えている。あなたにだってそれは可能なのだ。

著者について

『ボストン・グローブ』紙で「並はずれて正直な作家」、『ウォール・ストリート・ジャーナル』紙で「マーケティングの教祖」と称されたマイケル・ポートは、本書の初版、『Beyond Booked Solid（仮邦題：予約でいっぱいになったら）』『The Contrarian Effect（仮邦題：へそ曲がりのメリット）』、および『ニューヨーク・タイムズ』紙でベストセラーとなった『The Think Big Manifesto（仮邦題：シンク・ビッグ・マニフェスト）』といった4冊のベストセラーを持つ作家である。

マイケルは、テレビのパーソナリティーとしてケーブルテレビやキー局にレギュラー出演し、世界中の会議では講演者として総合的に最高の評価を受け、小規模ビジネスを成功に導くため、示唆に富んだ協調的な、成果を重視したメンタリング・プログラムを提供している。

1日の終わりにマイケルが最も大きな達成感と責任感を感じるのは、おそらくあなたと同じで、愛情深い親、息子、友人、そして市民としての自分である。

世界中でマイケルは、マーケティングおよび営業をテーマに、企業や業界団体に向けて講演を行っている。スケジュールの問い合わせは、Eメールで(questions@michaelport.com)。

詳細はMichaelPort.comでご確認を。

一生、お客に困らない!
日本人の知らなかった
フリーエージェント起業術

発行日　2013年8月25日　第1版第1刷発行
　　　　2021年4月16日　第1版第15刷発行

著　　者　マイケル・ポート
装　　丁　渡邊民人(TYPEFACE)
本文デザイン　小林麻実(TYPEFACE)
編集協力　正木誠一
翻訳協力　株式会社トランネット　安藤貴子
発 行 人　小川忠洋
発 行 所　ダイレクト出版株式会社

　　　　〒541-0052　大阪市中央区安土町2-3-13
　　　　　　　　　　大阪国際ビルディング13F
　　　　TEL06-6268-0850
　　　　FAX06-6268-0851
印 刷 所　株式会社光邦

©Direct Publishing,2013
Printed in Japan ISBN978-4-904884-45-4
※本書の複写・複製を禁じます。
※落丁・乱丁本はお取り替えいたします。

ダイレクト出版のベストセラー

大富豪の仕事術

DIRECT PUBLISHING

あのジェイ・エイブラハムがリスペクトする全米ベストセラー
『大富豪の起業術』の著者が誰も言わなかった
リアルで具体的な本物のノウハウを徹底解説！

マイケル・マスターソン著

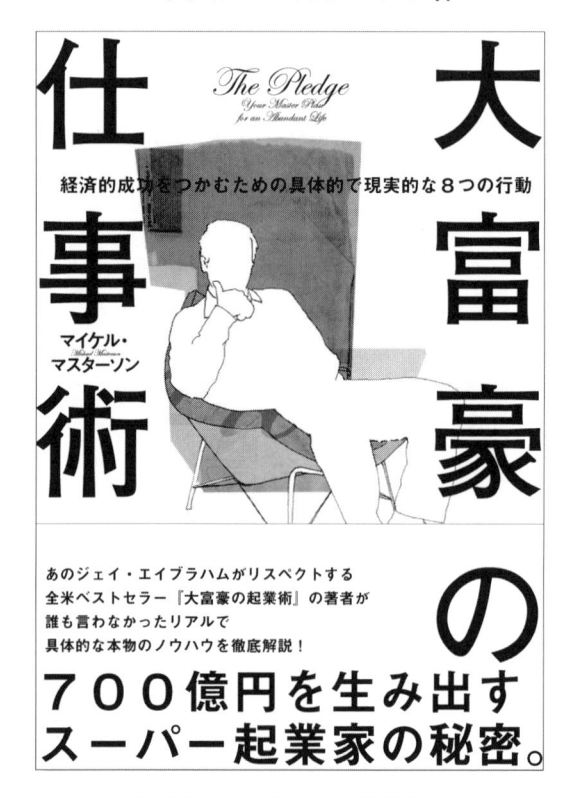

あのジェイ・エイブラハムがリスペクトする
全米ベストセラー『大富豪の起業術』の著者が
誰も言わなかったリアルで
具体的な本物のノウハウを徹底解説！

**７００億円を生み出す
スーパー起業家の秘密。**

定価：3,700円（税抜）

＊90日間の無条件満足保証付きです。100％満足できなければ、全額返金します。

絶賛発売中!!

詳しくはこちらをご覧ください。http://www.directbook.jp/bds/